MANAGEMENT
COMMUNICATION

管理沟通

交往行为导航

[澳] 郝洁 ◎ 主编

清华大学出版社
北京

北京市版权局著作权合同登记号　图字：01-2025-2751

本书封面贴有清华大学出版社防伪标签，无标签者不得销售。
版权所有，侵权必究。举报：010-62782989，beiqinquan@tup.tsinghua.edu.cn

图书在版编目（CIP）数据
管理沟通：交往行为导航 /(澳) 郝洁主编. --北京：清华大学出版社, 2025.6.
(清华大学管理学系列教材). -- ISBN 978-7-302-69257-7
Ⅰ.C93
中国国家版本馆 CIP 数据核字第 2025VE6054 号

责任编辑：付潭蛟
封面设计：李召霞
责任校对：王荣静
责任印制：曹婉颖
出版发行：清华大学出版社
　　网　　址：https://www.tup.com.cn, https://www.wqxuetang.com
　　地　　址：北京清华大学学研大厦 A 座　　邮　　编：100084
　　社 总 机：010-83470000　　　　　　　　邮　　购：010-62786544
　　投稿与读者服务：010-62776969, c-service@tup.tsinghua.edu.cn
　　质 量 反 馈：010-62772015, zhiliang@tup.tsinghua.edu.cn
　　课 件 下 载：https://www.tup.com.cn, 010-83470332
印 装 者：三河市龙大印装有限公司
经　　销：全国新华书店
开　　本：185mm×260mm　　印　张：12.5　　字　数：287 千字
版　　次：2025 年 7 月第 1 版　　　　　　　印　次：2025 年 7 月第 1 次印刷
定　　价：49.00 元

产品编号：102453-01

清华大学管理学系列教材编委会

主　　任：杨　斌

副 主 任：白重恩　陈煜波

秘 书 长：何　平

委员（以姓氏拼音排序）：陈　剑　程　源　李　飞
　　　　　　　　　　　　李　宁　肖　星

```
                                              ┌ 第8章：沟通的逻辑：高效演讲
                                              │ 第9章：沟通的情感：共情倾听
                                              ├ 第10章：沟通的智慧：协作共赢
                                              │ 第11章：沟通的礼仪：职场着装
                                              └ 第12章：沟通的权衡：时空情境
                                                        │
                                              ┌──────────────────┐
                                              │ 沟通的情境与策略 │
                                              └──────────────────┘
                                                        ▲
                                                        │
第1章：沟通的内涵  ┐
                   ├─ 沟通概述 ─┐
第2章：沟通的外延  ┘             │
                                 │
第3章：言语沟通   ┐              │
第4章：非言语沟通 ├─ 沟通的类型 ─┤
第5章：书面沟通   ┘              │
                                 │
第6章：跨文化沟通 ┐              │
                   ├─ 沟通的范式 ┘
第7章：虚拟沟通   ┘
```

序言

人生的开敞

郝洁老师的著作《管理沟通：交往行为导航》就要面世了。这是一本经过多年打磨的本科教材，曾在清华大学经管学院本科生的课堂上反复使用，经受住了学生的考验，并得到了充分的认可和高度的评价。这是一本在全球化的时代，融汇中西文化元素，深入浅出地介绍、分析和阐述沟通理论与实践的教材。它对沟通进行了新的分类，进而非常接地气地介绍了沟通的智慧和方法，对以往的沟通知识与理论进行了充分的阐释和新的拓展……我想进一步与大家分享的是，郝洁老师的这本教材，实际上给人们在信息化生存中提供了不断开敞人生的途径与建议。

21世纪，在中国社会经济不断走向世界的背景中，人们常常会以为，由于各种各样越来越先进和智能化的通信工具和技术的发明创造，以及网络的发展，信息社会已经成为一个沟通便利化的社会，人们可以随时随地地进行联系，可以与越来越多的人进行交流，也可以超越时空的限制，在不同时空中与人们进行对话，可以说，各式各样的交流无处不有、无时不有、无人不有。由此看来，仿佛世界的大门对我们越来越开敞。然而，我却有另外一种感觉，在今天的信息社会中，在某些人、某些时间和某些地方，真正的沟通好像越来越少了，彼此之间做到相互理解也越来越难了，人与人之间的共情几乎成为天方夜谭。大家虽然处在同一片蓝天下，共享着同一个网络，可是，那些表面的喧嚣中仿佛存在着某种虚伪，觥筹交错中好像渗透着某种功利的羁绊，而频繁交换的敬语与名片似乎正在拉大彼此的距离，以至于在手机通讯录那长长的单子里，越来越多的名字已被忘却。也许你不愿意相信，即使是住在同一栋楼的同一个单元，甚至同一层的邻居也是形同陌路，老死不相往来。在通信技术高度发达的信息社会，这难道不是一种讽刺吗？但它确实是一个现实情况。换句话说，科学把人与人的技术空间压缩了，可也把人与人之间的心灵距离拉大了。从表面上看，人与人的沟通越来越频繁，手机铃声响个不停，实际上彼此之间的信任却越来越少，以至于越来越不会沟通了，甚至是不能沟通了。"宅"已经不仅仅是对人们生存的物理空间的一种描述，也正在成为对信息社会中某些人心灵空间的一种桎梏。

我认为，上述种种现象正是一种新的社会问题，是匿名化社会的一种新的表现形态。信息技术的确具有这样一种二重性：一方面，它给人们带来了巨大的便利，在不久的将来，随着 5G 技术的推广，以及物联网的建设和发展，这种便利将越来越显著。另一方面，也正是这种信息技术，给人们带来了新的困惑与麻烦，它仿佛是给现代社会中人们之间的交往设立了一面玻璃幕墙，彼此能够看到对方，却也只能是隔墙相望；虽然能够借助技术手段，细致入微地观察对方的面容和形态，却往往是知人知面不知心，谁也猜不透对方的内心世界。人们或许可以通过互联网或物联网随心所欲地管理自己的衣食住行，也可以在网络空间管理自己的企业，进行各种生产活动和文化活动，等等，但人们更多是通过机器和键盘进行沟通，没有人与人之间交往时本该有的鲜活。我不敢说这是人们真正想过的生活，我甚至怀疑这种信息社会的发展是高质量的生存方式，这种活法真的是一种社会和人类的进步吗？

一个非常有趣的例子是，现在有许多零售商都非常热衷于发展网络营销，为了能够给巨大的网络消费群体提供购物方便而进行了大量的投资，发展了线上营销业务。然而，这些零售商并没有放弃线下的营销实体店，而是线上线下相结合。因为其管理者非常清楚，购物的目的不仅是寻找最优性价比，它本身就是一种非常必要的生活体验。所谓的线上交易线下体验、线下营销线上交易，正是这个道理。从消费心理学的角度看，线下实体店的营销不仅仅是一种消费模式，更是一种沟通模式。就好比有些人往往对逛商场、淘商品、遛大街乐此不疲，甚至津津乐道。我不懂营销的理论，但我猜想，这也许就是现代信息社会中人们对现实沟通的一种偏好、一种需要。

郝洁老师的《管理沟通：交往行为导航》正是抓住了现代信息社会中沟通的这种悖论和二重性，以信息社会的沟通实际为基础，从敞开人生的社会性需求出发，对信息社会及其商务活动中的沟通现象进行了非常系统、深刻、有创造性的描述和有针对性的指导。而且在我看来，这本书的一个非常重要的价值和特点在于它通过对不同类型的沟通活动的分析和描述，以及对沟通中各种不同的特征与要求的深入探讨，非常生动和具体地揭示了沟通本身所包含的开敞人生的意义。因为沟通并不仅仅是一种人与人之间话语与行为的交流，它更根本的意义是开敞了人们的生存空间。这种人生的开敞至少包含以下三层含义。首先，这种沟通开敞了人生的物理空间。其实，人生的意义并不在于金钱的多少与地位的高低，而在于生存空间的大小，以及能否充分享受世界之大所带来的不同体验，这也就取决于一个人的沟通能力。因为，一个人只有在沟通中才能获得各种不同的"镜子"，由此才能看到他人，更重要的是在他人的反应中看到自己、认识自己、发现自己，进而更好地做自己，更好地做事业，更好地净化自己的生命。

其次，这种沟通也开敞了人生的思维空间。其实，信息化社会为人们提供的并不仅仅是一种交流的工具和渠道，也并非一种娱乐化的手段和载体，而更多的是一个宽阔无垠的思维空间或虚拟空间。这种虚拟空间中的生存方式是建立在思维之上的，是一种心灵的飞扬与思想的驰骋。当然，它并非单纯是一种个体的想象，也不是独自的沉思，而是一种人与人之间的神交与精神的碰撞。正是在这种神交与碰撞中，人们才能互相激发出生命的热情，扩展存在的意义。更重要的是，在这种虚拟空间中的精神沟通里，人们可以进一步拓展自己的思维世界，获得更加丰富的人生价值，发现真正的朋友与合作伙伴，形成更加崇

高的生命追求。

然而，我更想说的是，这种沟通实际上是在舒展人们的灵魂。由于世态的炎凉与人生的沧桑，人们的灵魂已经布满一层层叠挤在一起的皱纹，它们甚至有可能挤压人们的生存空间，束缚人们的想象力，扭曲人们的形象，变形人们的动作，蒙蔽人们的人生目标。在信息社会中，人们尤其需要不断地舒展自己的灵魂。而沟通正是一种灵魂的舒展。在这种沟通中，人们的灵魂具有了对话的活力，形成了一种砥砺的机遇与开敞的窗口。其实，每个人的内心都在渴望和呼唤着这种灵魂的舒展。这是人的本性，是人生命的痒处。

虽然我无心去窥探郝洁老师的内心世界，我也没有权利去要求郝洁老师给我解读她自己的精神境界，但我可以感觉到，我与郝洁老师在沟通问题上的理解与领会是一致的。我相信，郝洁老师的丰富经历，以及她开朗的性格等，都会使她对沟通有一种非常深刻和独特的感悟。我希望各位读者不仅用眼睛去读这本书，用行动去实践这本书的建议，而且用心灵去体会沟通的意义，不断在沟通中舒展那已经被揉皱的灵魂。我想，这样或许可以更好地体会本书的价值。

谢维和

清华大学教育研究院教授

前言

一、本书的定位

沟通是人类社会最基础的连接方式，是心与心之间的桥梁，也是智慧的交融工具。在商务活动中，有效的沟通不仅仅是信息的传递，更是情感的共鸣、智慧的碰撞和价值的创造。每个人都是独特的个体，带着各自的文化烙印、思维方式和价值取向，而沟通则促进了人们对于各自独特性的理解与欣赏。在当今大数据时代，我们比以往任何时候都更需要真诚而有效的沟通，这不仅关乎工作效率，更关乎人际关系与个人成长。现代社会中，沟通的内涵早已超越了单纯的语言交流，涵盖了情感的共鸣、信息的精准传递以及关系的不断修复与深化。而其外延形式，也从传统的面对面交谈扩展到数字化、多元化的互动场景之中。中国传统文化中的沟通强调"意会"与"默契"，而现代商业环境则更注重逻辑清晰与效率并存。面对这样的融合挑战，沟通不再只是单向的表达，而是寻找"共识"的过程，是在多元背景中探寻共同价值、共享文化的艺术。

本书立足国内外先进理论并结合实践，试图在传统东方智慧与现代国际商务需求之间搭建一座桥梁，探讨如何在快节奏的商业环境中保持沟通的温度，在追求效率的同时不失人文关怀。我们相信，真正有效的沟通应该是一种能够激发创造力、促进理解、实现共赢的艺术。这不仅是一项职业技能，更是一种生活态度，是让交往活动更具效率和可持续性的重要途径。

二、本书的创新

本书的诞生基于2019年完成并于2020年出版的《沟通基础》，曾是本人博士研究和教学经验的初步凝练与总结。而如今，从教十余年，随着时代的发展和沟通实践的日益复杂，尤其是在后疫情时代以及人工智能技术广泛应用的背景下，沟通作为一种重要的人际交往媒介，深刻地影响着各个层面的关系和事件的走向与结果。本书在《沟通基础》的基础上进行了全面的修订与拓展，融入了过去五年多新积累的教学研究成果及社会反馈，力图为读者提供更加精准而实用的沟通知识体系。

在编写本书的过程中，我们秉持"立足中国实践，对接国际前沿"的理念，以全球化背景为视角，阐述了沟通在多元文化中的复杂性与重要性，

力图搭建一座融合中西方沟通理念的桥梁。具体而言，本书系统性地梳理了沟通的核心理论与实践方法，将国际先进的沟通理论与中国本土的商务实践相结合，从沟通的本质到主要形式、到核心类别，再到常见商务情境中需要具备的策略与技能。书中既有对西方成熟沟通学科的理论介绍，也融入了大量源自中国企业和管理实践的鲜活案例，特别关注了中国特色的人际关系处理方式、商务礼仪规范等内容，力求在理论与实践之间找到最佳平衡点。同时，本书注重融入中国传统文化的独特智慧，如解读"意会而不言传"的交流方式在当下社会和不同组织文化环境中的应用，以及其中对关系与默契的价值观认同的解读，从而结合中国本土语境下的沟通特质与国际化语境，为读者呈现一种具有普适性和文化深度的沟通模式。无论是商务谈判中的策略分析，还是线上或线下的跨文化场景中的关系构建，本书都力求兼顾国际化的规范性与中国特色的灵活性，帮助读者在全球化的沟通环境中找到自己独特的优势。

本书的创新还体现在深化对沟通核心理论与概念剖析的同时，更注意结合实践，并在沟通的策略、方法论及案例研究等方面增添了丰富的维度。例如，第1、2章"沟通的内涵"和"沟通的外延"，通过添加当下最新的行业案例和研究动态，使深奥的理论知识更加容易被青年学生理解并贴近实际应用；第3、4、5章"言语沟通""非言语沟通"和"书面沟通"，通过对章节的精细化调整，体现了时代赋予的视角。特别是在后疫情时代及人工智能的飞速发展背景下，社会和商务沟通模式都发生了深刻变革，这三种基本人际交往的形式在看似更加简单便利的互联网环境下，同时也对人们的表述和理解等方面提出了更高的要求，如对言语符号所代表意义的深度与广度的掌握、对非言语资讯的敏锐意识与信息捕捉、对书面文字的逻辑认知与把控。本书及时捕捉了2019年后互联网与人工智能对社会沟通形式影响的变化，增添了对远程办公、云端协作等新型沟通场景的分析与应对策略，使理论与实践更加贴合时代需求。这种传承与创新并重的思路，旨在帮助读者在理论学习和实践探索中找到最佳平衡，为个人与组织的高效沟通能力提供切实支持。

另外，本书在结构编排上新增了诸多富有特色的章节，旨在回应信息时代和现代商务环境下的新需求。例如，第6章"跨文化沟通"，作为沟通学科中的经典主题，深入探讨了在多元文化背景下如何构建共识与互信的策略，为读者解析文化冲突中的有效应对方法；第7章"虚拟沟通"，作为近年来的一个前沿学科主题，则聚焦于互联网科技的发展如何改变传统沟通方式，并深入分析了虚拟环境下沟通的挑战与伦理规范。同时，本书还开创性地加入了"沟通的礼仪：职场着装""沟通的权衡：时空情境"等内容，试图从更广阔的人文与社会视角为沟通注入新的内涵。这些内容不仅能够帮助读者在理论上深刻理解沟通的多样性，还在实践中提供了具有针对性的工具与方法，使本书在同类教材中更加具实用性与创新性。

最后，本书在以纸质教材为中心的基础上，融合了互联网等信息技术，包括导读小视频、电子课件与大纲、知识图谱、案例阅读等，从而方便教师开展教学和学生进行自学。本书已经校内测试使用，符合当代大学生和研究生的认知规律，具有启发性。本书采用图文并茂的形式和言简意赅的语言进行阐述，可增加可读性，能够在激发读者学习兴趣的同时帮助读者轻松地掌握沟通学科的核心知识。

三、框架设计

在现代商务活动中，沟通不仅是信息的传递，更是情感的桥梁、智慧的体现与文化的交融。本书秉持"知行合一"的理念，以商务沟通的实践需求为导向，通过科学合理的框架体系，为读者构建了一幅完整的商务沟通知识图谱。本书首先从沟通的核心概念出发（第1部分），厘清沟通的内涵与外延；其次，关注沟通的主要形式（第2部分），包括言语、非言语、书面等关键类型，为读者搭建理解沟通行为的理论支柱；再次，结合学科的交叉与前沿（第3部分），探讨跨文化与虚拟环境中的沟通特性，为时代变迁下的实践提供支持；最后，回归沟通能力的核心素养（第4部分），从高效演讲、共情倾听到协作共赢等多个维度，为职场与人际场景中的高效沟通提供详尽的实践指南。

本书力图通过扎实的理论阐释与细致的案例分析，帮助读者深刻理解不同情境下的沟通需求与策略。从宏观理念到微观技能，强调有效沟通并非一种单一模式，而是一种需要不断适应的动态过程。沟通者应基于情境分析与自我反思，灵活调整策略，以实现最大化的沟通价值。正如人与人之间的每次对话都有其独特性，我们希望通过本书，帮助读者成为更加敏锐、睿智与自信的沟通者，在人际交往中架起更加稳固的桥梁。

章 目	章目名称
第1部分	沟通概述
第1章	沟通的内涵
第2章	沟通的外延
第2部分	沟通的类型
第3章	言语沟通
第4章	非言语沟通
第5章	书面沟通
第3部分	沟通的范式
第6章	跨文化沟通
第7章	虚拟沟通
第4部分	沟通的情境与策略
第8章	沟通的逻辑：高效演讲
第9章	沟通的情感：共情倾听
第10章	沟通的智慧：协作共赢
第11章	沟通的礼仪：职场着装
第12章	沟通的权衡：时空情境

四、目标与愿景

本书编写的初衷是为广大读者提供一本兼具理论深度和实践价值，同时又紧密结合本土文化背景的沟通教材，帮助读者系统地了解沟通的本质与内涵，掌握关键的沟通策略与分析方法，并在各种情境中有效地应用这些知识与技能。本书立足沟通的核心理念，以国

际通用的知识框架为基础，结合中国文化和商业环境的特性，探索现代社会快速变化中的沟通挑战。我们的目标是：让读者不仅学会"什么是沟通"，更能深刻理解"为什么沟通"及"如何沟通"，从而在多变的商业与社会环境中，成为更有洞察力、更具影响力的沟通者。

在此，我要向我的导师，即清华大学教育研究院谢维和教授表达我最深的敬意和感激之情。从15年前初入高等学术领域的启蒙，到如今在编写这本书期间的悉心指导与建议，谢教授始终以他的严谨治学态度和对年轻学者的深切关怀引领着我。可以说，没有谢教授多年来的支持，就没有这本书的问世。同时，我也衷心感谢清华大学及经管学院的领导，对我学术和教学工作上的持续支持、帮助与培养。感谢我身边的前辈与朋辈的同事们，我们之间多年来的互相协作和真挚交流，让我在学术之路上不觉孤单。感谢我的助教团队——陈旭华、韩玉、江静培、卢咏珈、孙雨滢、张紫微——在书稿创作过程中的大力支持；特别是韩玉与陈旭华两位优秀的同学，在过去的两年中我们不断深入探讨、对接，始终以严谨负责的态度持续投入，为书稿的逐步完善奠定了坚实的基础。从书稿的初稿编排到具体内容的完善，每个人的贡献都不可或缺，是这份集体的智慧和努力，才使本书得以呈现在大家面前。

对于我自己而言，编写本书不仅仅是一场学术和专业能力的考验，更是一次自我成长的旅程。在整理和提炼沟通理论的过程中，我更加深刻地认识到沟通的复杂性与美妙之处；在总结实践案例与设计学习框架的过程中，我不断思考如何让这些知识真正为每一位读者所用。本书的完成，是一个里程碑，但绝不是终点。我希望未来能够通过更多的研究和教学实践，与广大读者继续探索沟通的奥秘。

最后，我想表达我最大的期待：希望本书不仅能够帮助大家领悟新的价值塑造、习得新的技能、掌握新的知识，更能启发大家在不同情境中，用沟通去连接人与人、心与心。在这个复杂的时代，我们需要更多的包容、理解与善意，而沟通是关键所在。我相信，沟通不仅能帮助我们表达自己、理解他人，更能成为普惠大众、传递价值的桥梁。衷心祝愿每一位读者在沟通中发现自我，也能在交往中成就他人。

编 者
2025 年 2 月

目录

第 1 部分　沟通概述

第 1 章　沟通的内涵 ———————————————————— 2
　　1.1　沟通的本质 ———————————————————— 2
　　1.2　沟通的要素 ———————————————————— 4
　　1.3　沟通的障碍 ———————————————————— 7
　　1.4　沟通的类别 ———————————————————— 9
　　本章小结 ——————————————————————— 11
　　课后练习与讨论 ———————————————————— 11
　　教学游戏：我说你画 —————————————————— 11
　　即测即练 ——————————————————————— 12

第 2 章　沟通的外延 ———————————————————— 13
　　2.1　沟通的效果 ———————————————————— 13
　　2.2　沟通的动机 ———————————————————— 15
　　2.3　沟通的形式 ———————————————————— 16
　　2.4　沟通的策略 ———————————————————— 18
　　本章小结 ——————————————————————— 27
　　课后练习与讨论 ———————————————————— 27
　　案例模拟 ——————————————————————— 27
　　即测即练 ——————————————————————— 27

第 2 部分　沟通的类型

第 3 章　言语沟通 ————————————————————— 30
　　3.1　语言符号 ————————————————————— 30
　　3.2　语境作用 ————————————————————— 32
　　3.3　沟通风格 ————————————————————— 34
　　3.4　积极表述 ————————————————————— 38

本章小结 ·· 41
课后练习与讨论 ·· 42
案例模拟 ·· 42
即测即练 ·· 42

第 4 章　非言语沟通 ·· 43

4.1　基本概念 ·· 43
4.2　面部表情 ·· 45
4.3　肢体语言 ·· 47
4.4　声音品质 ·· 50
4.5　整体形象 ·· 52
本章小结 ·· 54
课后练习与讨论 ·· 54
教学游戏：我说你画 ·· 54
即测即练 ·· 55

第 5 章　书面沟通 ·· 56

5.1　商务写作 ·· 56
5.2　写作原则 ·· 58
5.3　写作障碍 ·· 61
5.4　行文结构 ·· 62
5.5　实用文书 ·· 66
本章小结 ·· 71
课后练习与讨论 ·· 72
案例模拟 ·· 72
即测即练 ·· 72

第 3 部分　沟通的范式

第 6 章　跨文化沟通 ·· 74

6.1　文化的概念 ·· 74
6.2　文化的相关理论 ·· 77
6.3　文化的维度与误区 ·· 78
6.4　跨文化沟通的差异 ·· 82
6.5　跨文化沟通的技巧 ·· 85
本章小结 ·· 86

课后练习与讨论 ··· 86
案例模拟 ··· 87
即测即练 ··· 87

第 7 章　虚拟沟通 ··· 88

7.1　虚拟沟通的概念 ··· 88
7.2　虚拟沟通的纽带 ··· 90
7.3　虚拟沟通的形式 ··· 94
7.4　虚拟沟通的障碍与规范 ·· 96
7.5　虚拟沟通的典型情境 ··· 98

本章小结 ··· 100
课后练习与讨论 ··· 101
案例模拟 ··· 101
即测即练 ··· 101

第 4 部分　沟通的情境与策略

第 8 章　沟通的逻辑：高效演讲 ··· 104

8.1　演讲的概念 ·· 105
8.2　演讲的架构与策略 ··· 107
8.3　演讲的状态与气场 ··· 109
8.4　演讲的视觉辅助 ··· 111

本章小结 ··· 112
课后练习与讨论 ··· 113
案例模拟 ··· 113
即测即练 ··· 113

第 9 章　沟通的情感：共情倾听 ··· 114

9.1　倾听的概念 ·· 114
9.2　积极倾听的定义 ··· 116
9.3　积极倾听的原则 ··· 118
9.4　积极倾听的障碍 ··· 121
9.5　无偏见倾听 ·· 124

本章小结 ··· 126
课后练习与讨论 ··· 126
案例模拟 ··· 126

XIII

即测即练 ··· 127

第 10 章　沟通的智慧：协作共赢 ··· 128

　　10.1　团队协作的概念 ··· 128
　　10.2　团队沟通的策略 ··· 130
　　10.3　团队沟通的表达技巧 ·· 132
　　10.4　团队沟通的冲突管理 ·· 135
　　本章小结 ·· 141
　　课后练习与讨论 ·· 141
　　案例模拟 ·· 141
　　即测即练 ·· 142

第 11 章　沟通的礼仪：职场着装 ··· 143

　　11.1　商务着装范式 ·· 143
　　11.2　男性商务着装规范 ·· 147
　　11.3　女性商务着装规范 ·· 156
　　11.4　着装的色彩信息 ··· 161
　　本章小结 ·· 166
　　课后练习与讨论 ·· 167
　　案例模拟 ·· 167
　　即测即练 ·· 167

第 12 章　沟通的权衡：时空情境 ··· 168

　　12.1　沟通的时机 ··· 168
　　12.2　沟通的场合 ··· 171
　　12.3　沟通的人际距离 ··· 174
　　12.4　沟通的动态平衡 ··· 178
　　本章小结 ·· 181
　　课后练习与讨论 ·· 181
　　案例模拟 ·· 182
　　即测即练 ·· 182

第1部分 沟通概述

第1章

沟通的内涵

从出生伊始，我们便被沟通交流所包围，并不断通过言语或非言语的形式，接受或传递着信息和情感。无论是有意识的、清晰的思维表述，抑或是无意识的、本能的情感传达，每一个眼神、面部表情、语言词汇，甚至一个人的存在方式都在阐释着沟通的含义。在学习、工作与生活中，各种形式的沟通作为人们的日常活动推动着彼此乃至组织间的交流。但通过观察，我们不难发现一个有趣的现象——面对同样的事情，不同的沟通者往往有着独特的沟通风格和方式，并通过不同的策略和技巧以及不同的言语词汇和非言语信息，塑造出天差地别的沟通结果。

细究个体沟通水平差异产生的原因，对沟通这一概念的认知程度显然是其中不可回避的重要因素。沟通并非简单地说话，而是一个依循目标、设计过程、达成结果、获得反馈的完整闭环，拥有独特的方法论，依循一套缜密的内在逻辑，同时也展现着沟通者的语言基础、知识储备、行为能力、逻辑思维、审美观念乃至伦理道德。《中庸》有云：行远必自迩，登高必自卑。对沟通的学习者而言，掌握这样看似简单实则丰富饱满的学科体系往往需要从基础概念开始。作为《管理沟通：交往行为导航》的首章，本章将从正反两个方面对沟通的内涵进行论述，帮助大家建立对沟通的初步认知，了解沟通的本质、沟通过程中的各个要素以及沟通过程中可能面临的各种障碍。在此基础上，本章将依据不同的标准对沟通进行分类，从多个视角观察沟通行为，同时一窥本书的整体脉络。

1.1 沟通的本质

在信息时代，沟通通常是为了实现设定的目标，凭借一定的载体和渠道，发挥思维、语言和肢体的整合行为能力，在个人与群体间互通信息、交流情感与传达思想的过程。成功的沟通往往基于对沟通内涵的理解和对自身行为以及能力的清晰认知，沟通者往往需带着明确的目标去思考和组织想要传递的信息。在当今社会，有逻辑地展现自身知识、表达自己的思想是一项技能，也是一门科学，更是一种艺术。

在人际交往中，沟通通常是指人们思想和情感信息传递的过程，也是综合体现一个人能力、修养、格局的方式之一。在这个过程中，沟通者作为主体，结合自身内在动机，或在外在刺激下，运用思维、语言和肢体能力作出行为反应。其目的可以是自我调节，即自我沟通，也可以是与周围的人互动交流，即人际沟通。信息发送者和信息接收者都是沟通的参与者，而语言的文字符号和非言语行为则是信息沟通的主要形式。面对面的实体交流，以及通过电视、电话及网络等工具进行的虚拟交流是常见的沟通方式，沟通的参与者通过这些方式以单向或双向互动的模式传递信息，建立感情，交换思想或观点，发挥自身影响力。

根据哈贝马斯的交往行为理论[①]，有效性和合理性是成功沟通的重要基础。其中有效性包括事件的真实性、文化规范的正确性及主观的真诚性。也就是说，信息的内容应与客观事实相符，即便是感受也需在表达时采用合适的词汇，以避免误解。同时沟通内容需要与交流事件或问题紧密相关，有助于启发思想、解决问题、推动发展。此外，在实际沟通过程中我们还需要注意合理性和恰当性，适应所处环境的文化，并考虑所有沟通参与者的接受能力。也即开篇所述，针对特定的沟通对象，选择恰当的方式方法展开沟通，并在不受强制的前提下通过交流论证达成共识。

关于沟通，生活中经常出现的错误观点包括：

- 错误观点1："沟通不是太难的事，我们不是每天都在进行沟通吗？"
- 错误观点2："我告诉他们了，但是他们没有搞清楚我的意思。"
- 错误观点3："只有当我想要沟通时，才会有沟通。"

以上观点从不同角度反映了人们对沟通的片面理解。持第一种观点的人认为，我们每天都在与人打交道，说话有什么难的？然而，正是因为人们把沟通等同于说话，将其看得过于简单，忽视了沟通过程的复杂性，所以在沟通问题前不做充分准备，造成沟通障碍甚至导致沟通失败。持第二种观点的人认为，"只要我传达了信息，就完成了沟通任务，对方没有理解我的意思，是对方的过错，与我无关"。殊不知，沟通不是单向的，而是双向的。只有接收信息的一方正确理解传递信息一方的表达时，才是真正意义上的沟通。正因如此，秉持观点2的人经常发现，工作、学习和生活中事与愿违的事时有发生。持第三种观点的人认为，"当我默不作声时，就没有沟通"。事实上，沟通既包括言语沟通，也包括非言语沟通。当演讲者站在台上，他紧蹙的眉头、来回搓动的双手，都在清晰地向观众传递着"我很紧张"这个信息。

日常涉及的人际沟通常常涵盖以下五个方面：想说的、实际说的、听到的、理解的和反馈的（见图1-1）。理想的情形是，信息接收者对信息的理解符合信息发出者的表述预期。但这看似简单的沟通过程，在现实生活中却往往因各种各样的因素而不尽如人意。图1-2中的A和B分别表示信息发送者和信息接收者，而此处的"说"和"听"都是广义的，分别指"说、写、做或其他的信息传递形式"，以及"听到、看到或接收到的"。正如图1-2中

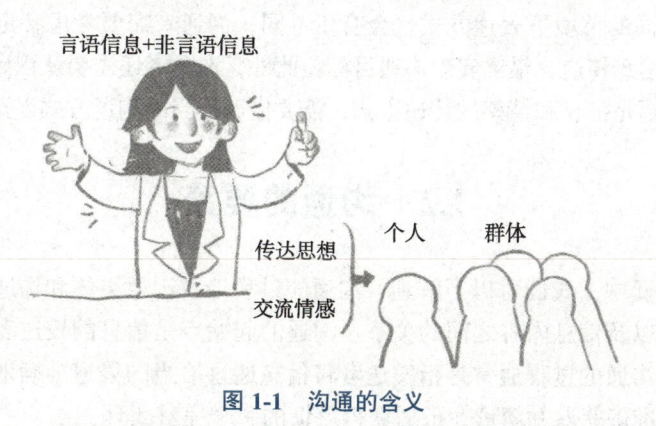

图1-1 沟通的含义

[①] 尤尔根·哈贝马斯. 交往行为理论（第一卷，行为合理性与社会合理性）[M]. 曹卫东, 译. 上海：上海人民出版社，2004.

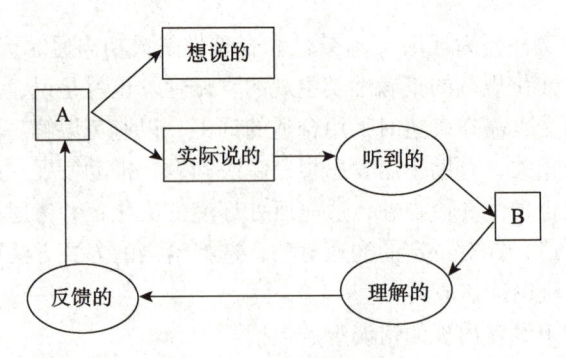

图 1-2　日常沟通现象

所展现的那样，表达者所思与所述可能有所出入，其所述的内容与听者所理解的意思又可能大相径庭，最终造成不必要的误解。这些沟通中的误解，有些可以被意识到并被及时修正，有些则不能被意识到，进而造成更严重的后果。

在这样的沟通过程中往往有多重因素直接或间接地影响着沟通的效率和结果，但其中最重要的是所传递信息的性质和准确性。简单来说，作为沟通者，我们在选择沟通策略和方法的时候，需要尽可能地结合信息接收者的理解范畴，清晰明确地表述信息，从而提升沟通效果。举个简单的例子，一个供应商在对逾期付款的客户催款时可能会有两种说法：

"我想你不妨查看一下你的账目，是不是逾期了？"

"张先生，您有一笔逾期未付的账款，本周末是我们合作框架下的最后期限，请您尽快完成付款。"

在真实的情境中，供应商可能出于不同的考虑和个人特点或情绪选择不同的沟通策略，同时非言语表述也在很大程度上影响着沟通效果。但就信息本身来说，第一句话以问话方式结尾，即便是语气坚定的反问，在表达形式上也会显得含混不清，造成沟通目标不明确的陈述结果。而第二句话的表达则会让客户清晰了解当下情况、对方的目的和要求，以及后期的具体操作细节。同时，第二句话在逻辑上更加清晰规整，沟通目标也更明确，因此在大多数情况下都能完成有效沟通。当然，在沟通这门学科里，不同的沟通者面对不同的沟通对象，在不同的情境下表达方式也会有所不同，沟通者需要考虑特定文化背景下如何对沟通对象进行信息传递，最终实现沟通目标。此外，沟通者还需要认识到，沟通是一个双向交流的过程，更是信息和情感的传递方式，需要借助恰当的沟通方式以达到互相理解。

1.2　沟通的要素

从沟通的内涵中，我们可以了解到，沟通的过程涉及沟通主体和沟通客体，即信息发送者和接收者，以及信息内容之间的关系。沟通的起始点是信息的发送者，终结点是信息的接收者，有效沟通的过程通常是指发送者将信息通过恰当的渠道准确地发出，并被接收者在当时情境下准确获取并解读，最后获得反馈的一个完整闭环。

在循环往复的沟通过程中，最初的信息接收者在终结点上作出回复反馈后又传递了新的信息。此时，初始信息接收者转变为信息发送者，初始信息发送者则转变为新的信息接

收者。一般来说，当一个沟通过程结束时，信息发送者若对自己所传递信息的反馈有所了解将会更有助于形成沟通闭环，使之成为一个有效沟通的过程。

一个完整的沟通过程可以用图 1-3 表示，包含目标、信息发送者、信息、编码、渠道、解码、信息接收者和反馈、情境等九个要素。

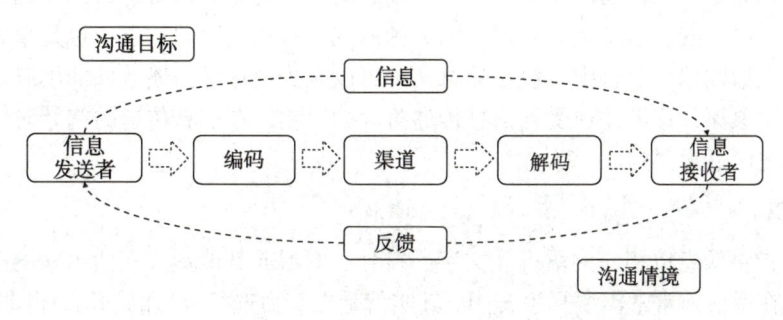

图 1-3 沟通的过程

1. 目标

沟通目标，如图 1-4 所示，既是一段沟通开始的触发动机，也是沟通者在沟通结束后希望达成的结果。大多数沟通者开启一段沟通都有其目标，一段简单的寒暄问候可以帮助达成建立初步信任、启发深入交流的目标，而一段正式的会谈或演讲则发挥交换信息、加深认知、实现合作的作用。沟通目标对于信息发送者和信息接收者都是重要参考因素之一，当大家带着明确的目标围绕某一事项展开交流时往往更容易达到预期效果。对于沟通者来说，在沟通开始前明确沟通目标有助于厘清思路，以更具有逻辑性的方式叙述核心问题，保障听众在一定程度上准确理解。对于信息接收者和其他参与者来说，当其对所参与沟通的目标有一定了解时，也更容易完成有效沟通。然而，部分沟通者经常忽视沟通目标的确定与传达。例如，当一名销售部经理希望针对来年工作展开部署时，若不在会前提出会议主题和会议目标，可能会使其他与会者一头雾水，容易造成低效沟通。

图 1-4 沟通目标

2. 信息

在任何一次沟通中，信息都是核心要素。在个人日常工作生活中，最常见的沟通者是"我"，随着年龄的增长，个体参与的组织越来越多，不同的组织也可能成为更宏观层面的沟通发起者，如"本部门""我司""我校"。尤其在当今多元化的社会，基于组织和团体的合作与互动越发频繁，因此在日益复杂的沟通活动中，明确谁是信息发送者至关重要。在

此基础上，信息发送者可以根据自我客观认知与他人评价全面了解自我、明确自身定位，进而实现有效的沟通。

3. 信息发送者

信息发送者是一段沟通的主体，产生于信息的发送者，通常是由信息发送者经过思考或事先酝酿后产生的。信息是物质存在的一种方式、形式或运动状态，也是事物的一种普遍属性，一般指数据、消息中所包含的意义，可以减少消息所描述事件的不确定性。听众对于信息的印象深刻程度往往受到信息传递阶段的影响，在信息传递的初始阶段和终止阶段，听众的记忆最为深刻。

4. 编码

编码是指将信息以相应的语言、文字、符号、图形或其他形式表达出来的过程。牙牙学语的幼儿在说话前常常需要冥思苦想，其实就是在努力选择合适的词语，也即编码信息。虽然沟通者较少能意识到编码过程的存在，但是编码过程的确十分重要。在传递信息和交流情感的过程中，信息发送者通常会根据沟通的实际需要，选择合适的编码形式向接收者发出信息，以便其接收和理解。

5. 渠道

沟通渠道通常指的是沟通媒介，常见的沟通渠道有口头、书面、电话、电子邮件、会议、录像和记者招待会等。随着互联网的发展，以微信为代表的即时通信软件成为许多现代人偏爱的沟通渠道。一般来说，口头沟通渠道主要用于即时互动性沟通，沟通内容具有一定的伸缩性，无须严格记录，沟通形式活泼，富有感情色彩。书面沟通渠道主要用于要求严谨、需要记录备案的沟通。无论口头沟通还是书面沟通，都可以作为正式的或非正式的沟通渠道。正式的沟通渠道主要用于涉及法律问题的谈判、合同契约的签订等情形，如合同、标书、意向书、报告、演讲及新闻发布会等；非正式沟通渠道主要用于获取新信息或互动性较强的情形，如电子邮件、打电话、讨论会和会谈等。对于信息发送者来说，能否选择最合适的渠道传递信息在很大程度上决定了沟通的效果。

6. 解码

接收者理解所获信息的过程称为解码。接收者的文化背景及主观意识对解码过程有显著的影响，这意味着信息发送者所表达的意思并不一定能被接收者完全理解，这也是日常工作生活中沟通失败的重要因素之一。沟通的主要目标是让信息接收者尽可能地接收并理解信息发送者的真实意图，而信息发送者和信息接收者使用同一种语言进行沟通是解码的重要基础。这里的"同一种语言"，不仅仅是交往工具本身的语言，如中文或英文，同时也包括方言、术语和俚语（详见第3章）。充分地理解沟通中的语言是一种理想状态，也是沟通者需要注意的环节，因为每个人都具有自己独特的个性视角，而这些个体的差异通常会反映在编码和解码过程中。

7. 信息接收者

接收者通常是指信息发送的对象，接收者不同的接收方式和态度会直接影响到其对信息的接收效果。作为信息发送者，在沟通开始前应尽可能对被沟通的对象有充分的了解：

听众是谁？他们是主要听众还是次要听众？他们是否可以采用多种接收方式？他们在参与沟通时是积极的、消极的、还是漠不关心的？步入大学校门之前，大部分人的沟通听众相对单一，大多围绕家长、老师和同学，而成为一名大学生后，随着交际面的扩大、阅历的增加，每个人所面对的世界更大、舞台更大，沟通的听众也更加多元化。作为信息接收者则应秉持积极开放的态度，有意识地调用听觉、视觉、触觉等多种感官接收信息，以达到良好的沟通效果，否则就可能出现信息遗漏甚至交流阻断的情况。与此同等重要的是听众，也就是沟通对象。

8. 反馈

信息接收者对所获信息做出的反应就是反馈，这也是一个常常为人所忽视的沟通要素。反馈从本质上讲分为两种：正反馈和负反馈。当接收者确认信息已收到，并对信息发送者做出反馈，表达自己对所获信息的理解时，沟通过程便形成了一个完整的闭合。反馈可以折射出沟通的效果，使信息发送者了解信息是否被接收和正确理解。对于信息发送者来说，沟通这一动态过程往往是为达到某一成果而设计的，这意味着他们需要及时获得听众的反馈意见，据此做出调整，进而最大限度地获取支持。信息接收者也可能有意或无意地运用反馈作为影响沟通行为的方法。例如，听众对一位演讲者的反应能在很大程度上影响演讲者的行为。如果演讲者听到喝彩或看到点头示意，就会继续使用当时的沟通方式；反之，如果他得到的反应充斥着嘘声、蹙眉、打哈欠或不专心，而他对这些行为又较为敏感的话，就会及时修正其沟通方式以符合听众的期望。正因如此，反馈使人与人之间的沟通成为双向互动的过程。

9. 情境

沟通总是在一定的背景情境下发生的，而任何形式的沟通都会受到多种背景因素的影响。不同的时代或不同的经济、政治、文化和科技的背景对沟通常常有着不同程度的影响。因此，具有不同文化背景的人在进行相互沟通时，其文化背景的差异会对沟通过程和沟通效果产生显著的影响。例如，北方人大多生性豪放，交流时喜欢开门见山、直来直去，而南方人在沟通时多倾向于采取迂回策略。人们在社会中所处社会地位和环境的不同也会对沟通过程和沟通效果产生直接影响。一般地位高者在沟通过程中显得自信而主动，地位低者则显得卑微而被动。从某种意义上讲，沟通的背景情境直接影响着沟通的成效。

1.3 沟通的障碍

在现实生活和工作中，从信息发送者到信息接收者的沟通过程并不都是畅通无阻的，其结果也并不尽如人意。不同的身份角色、社会地位，对沟通另一方的了解程度，沟通双方的个人特征（如感知、态度和个性特征等），文化差异，沟通信息的长度及清晰程度，语言的选取，对语言细节的应用等都会对沟通的质量产生影响。在众多干扰源存在的情况下，沟通过程中常会出现各种障碍，导致沟通目的无法实现。而在简单的信息沟通过程中，沟通障碍是指导致信息在传递过程中出现噪声、失真或中止的因素，主要来自信息发送者、

信息传递渠道、外界环境、语言文字及信息接收者等。

　　源于信息发送者方面的障碍主要是沟通目标不明确，思路不清晰。一些情况下，沟通者对自己的沟通目标和将要传递的信息内容并不明确，有时甚至相互冲突，这也是沟通过程中遇到的第一重障碍，往往直接导致沟通的其他环节无法正常进行。信息发送者在沟通之前必须有明确目标，即"我要通过哪种渠道向谁传递什么信息并实现什么目的"。无论口头演讲还是书面报告，都要求信息发送者思路清晰，条理分明，使人一目了然，心领神会。此外，若信息发送者口齿不清、语无伦次、闪烁其词或词不达意、文理不通、字迹含糊，都会造成信息失真，使接收者无法理解其真实的意思表达。

　　源于信息接收者方面的障碍主要在于信息接收者对信息的过度加工，以及他们自身存在的知觉偏差或心理障碍。过度加工是指信息接收者在信息交流过程中，有时会按照自己的主观意愿对信息进行"过滤"或"加工"。如由决策层向管理层和执行层进行的下行沟通中，由于经过逐级领会而"添枝加叶"，其所传递的信息或被断章取义，或面目全非，导致信息的模糊或失真。知觉偏差则指信息接收者的个人特征，诸如个性特点、认知水平、价值标准、权力地位、社会阶层、文化修养、智商、情商等，它将直接影响其对信息传递者的正确认识。人们在信息交流或人际沟通中，往往习惯于以自己为准则，对不利于自己的信息视若无睹，甚至颠倒黑白，以达到自我防御的目的。信息接收者心理障碍则是由于其在人际沟通或信息交流过程中曾经受到过伤害或有过不快的情感体验，因而形成"一朝被蛇咬，十年怕井绳"的心理定式，对信息传递者心存疑惑、怀有戒备，或者由于内心恐惧、忐忑不安而拒绝接收所传递的信息，甚至抵制参与信息交流。

　　信息传递渠道的障碍是指信息传递过程中外部客观传递媒介造成的沟通失败。往往是传送者知道该说什么，可是选择了错误的渠道和媒介，因而导致信息传递受阻。比如，沟通者有一件急事需要朋友帮助，却选择发送邮件的方式，这可能会导致他的朋友无法及时看到信息而错过帮助他的时间。另外，图片可以起到语言无法达到的表达效果。在当今互联网时代，用互联网制作并发送图片是快捷传递信息的有效方法之一。

　　语言文字障碍是指语言使用不当从而造成低效甚至无效的沟通。当人们在不同的情形中使用同一个词汇或在相同的情形中使用不同词汇时，就会发生语义问题。比如，在英语中一个单词"charge"就有15种不同的含义。人们使用专业化程度很高的行话、术语或者超出他人词汇量范围的语言时，也同样会产生语义问题。传送者和接收者由于各自经历的不同和理解方式的差异，对于同一词语在不同环境中有不同的看法，当双方就词语的意义发生巨大分歧时，通过交谈进行沟通可能就无法进行。典型的例子如"还欠款十万元整"，其中"还"究竟是"归还"欠款十万元，还是"仍然"欠款十万元，语意非常模糊。另外，传送者出于保密需要或对接收者缺乏信任而对信息有所保留，也可能导致接收者无法准确接收和理解信息。

　　外界环境也常常直接影响信息接收者获得信息的能力。具体的环境障碍可以从两个角度进行分析：一是狭义的噪声以及各种影响信息传递的声音。混乱嘈杂的环境中往往存在很多噪声，如公路上的鸣笛声、房间内计算机键盘的敲击声、人员在办公室内频繁走动的脚步声等。二是广义的环境背景，包括政治、经济、社会与技术等。尽量理性地选择符合

广义环境背景的沟通内容与沟通方式可以帮助沟通者改善沟通效果。关于广义的环境背景，本书将在第 12 章进一步详细论述。

1.4 沟通的类别

本章的前三节分别介绍了沟通的本质、沟通的要素和沟通过程中可能面对的障碍。本节将按照三种不同的标准对沟通进行分类，帮助大家理解不同分类下各种沟通的基本特点，获得对于沟通更加宏观的了解。同时，本节梳理并展示本书的框架与结构。

在日常生活、学习与工作中，沟通者往往需要在不同的场合选择合适的沟通方式，通过各种沟通方式的相互配合实现最佳的沟通效果。依据不同的信息传递方式，沟通可以被划分为言语沟通、非言语沟通和书面沟通。

言语沟通是指沟通者通过口头表述的方式向沟通对象发送信息、表达情感、展示思想的过程，其灵活性与互动性使其得以快速处理信息并提供即时反馈。绝大多数沟通者可以轻易完成简单的言语表述，但想要通过言语沟通实现较为复杂的沟通目标则绝非易事。这就需要沟通者利用更为有效的沟通技巧，以清晰准确的用词和周密严谨的逻辑完成言语沟通的整个过程。

非言语沟通是人际交往与合作的演化过程中最先出现的沟通方式，也是最为重要的沟通方式之一。在语言文字出现后，作为一种帮助沟通者传递与解读"言外之意"的重要方式，非言语沟通依旧在人际沟通的过程中发挥着重要作用。非常著名的梅拉宾法则（The Rule of Mehrabian）指出，在面对面沟通中仅有 7% 左右的信息由语言传递，38% 左右的信息由非言语沟通中的声音品质传递，约 55% 的信息则由非言语沟通中的面部表情和肢体语言等要素传递。非言语沟通在沟通过程中的重要性可见一斑。非言语沟通有着比言语沟通更为丰富的组成，包括了语言符号以外的各种符号系统：面部表情、形体语言、音质音量、外在形象、空间时间把握及沟通环境等。许多非言语信息往往细微又转瞬即逝，因此沟通者往往需要通过系统地学习与训练来控制自身非言语行为并感知他人通过非言语沟通传递的信息。

书面沟通是一种通过文字表达信息的方式，可以很好地记录与留存在沟通过程中传递的信息。在人类文明的历史进程中，自文字诞生之日起，书面沟通就在人们生活、工作的方方面面发挥重要作用。于大多数工作者而言，商务环境下的正式书面沟通——商务写作，在日常各类书面沟通中占有极高的比重。商务写作往往要求更为简洁规范的遣词造句，更为清晰准确的沟通目标与更为严谨周密的行文逻辑。因此，沟通者在商务写作的过程中一般需要遵循更为严格的写作规范以保证商务活动中的高效书面交流。本书的第 3、4、5 章将分别对言语沟通、非言语沟通和书面沟通进行详细梳理，帮助分别了解这三类沟通的核心概念，并从实际沟通的角度为大家提出一些可行的建议。

在不同学科和研究的视角下，沟通可以被划分为人际沟通、群体沟通、组织沟通、大众沟通、跨文化沟通和虚拟沟通。人际沟通是指个体之间面对面的信息、情感和思想的交流，是一种较为基础的沟通形式。这种沟通多发生在两个或少数几个个体之间，往往具有

更强的互动性,既追求传递信息与解决问题,也强调建立与维护人际关系。群体沟通是指在三人或以上的群体中进行的信息交流与互动。它在团队合作、问题解决和集体决策中发挥了重要作用。由于群体的组成成员往往具有不同的技能、背景与性格,多样性成为群体沟通最为重要的特点。这种多样性可以带来丰富的视角和创造性的解决方案。组织沟通是指在企业、政府机构或非营利组织内部进行的沟通交流,不仅包括上下级之间的正式沟通,还涵盖部门间的协作以及非正式交流。这种沟通的目标不仅是信息传递,有时还包括激励员工、协调任务以及塑造组织文化等。层级性是组织沟通的关键特性,在大型组织中,信息往往需要经过多个层级的传递,这可能导致信息失真或延迟,进而影响沟通目标的实现。因此,组织往往会不断优化沟通方式以提升组织沟通的效率。大众沟通是指通过电视、广播、报纸、互联网等大众媒介向广大公众传递信息的过程。这种沟通形式的特点在于覆盖范围广、受众规模大,并且具有显著的社会影响力。大众沟通的目标多种多样,包括信息传播、娱乐、教育和舆论引导等。这几个方面主题在社会学和组织行为学领域有更多的探讨。

跨文化沟通是指具有不同文化背景的个体之间传递信息、共享知识及理解情感的过程。在国际局势日益复杂多变的今天,跨文化沟通的重要性日益凸显。在跨文化沟通的过程中,沟通者既可能面对来自言语与非言语信息的差异,也可能面临不同文化间的价值观冲突。沟通者的文化敏感性和跨文化适应能力往往可以在应对这些差异与冲突时发挥重要作用。虚拟沟通是指沟通者借助互联网技术,以非传统面对面的方式与沟通对象进行交流的过程。虚拟沟通具有便捷性、匿名性与广泛传播性,这些特性既为人们的沟通活动带来了远超过往的便利,也导致了新的争议与问题。基于跨文化沟通和虚拟沟通在当下社会中的重要性,本书将在有限的篇幅下于第 6 章和第 7 章分别对这两个方面进行详细的讨论。

依据所处的不同情境,沟通可以被划分为公共沟通、商务沟通、学术沟通和危机沟通。公共沟通主要面向广大公众,目标在于传达信息、建立公众关系和促进互动。它通常由政府机构、非政府组织、企业或媒体进行。公共沟通需要用清晰、简明且具有吸引力的语言来表达,以便不同文化背景和社会角色的人群理解。商务沟通则聚焦于企业内部和外部的信息交流,其目标是提高组织效率和促进协作。在企业内部,商务沟通包括员工之间的协作、上下级的汇报以及跨部门协调;在企业外部,则涉及客户沟通、供应商协作及市场推广等内容。高效的商务沟通依赖于明确的信息传递、灵活的沟通方式以及清晰的反馈机制。学术沟通是发生在学术环境中的信息交流,强调逻辑性、严谨性和知识共享。无论是学术论文的撰写与发表,还是学术会议中的探讨,学术沟通都以推动学术进步为核心目标。研究者需要用精确的语言、数据和论证结构来支持观点。危机沟通是在危机事件或突发事件中进行的信息管理,目标是迅速传达信息、控制局势,并维护组织的公众形象。危机沟通往往要求在第一时间,向公众传递真实而可靠的消息,同时表达对事件的重视和处理态度。这些类型的沟通虽然在内容、目标和方法上各有侧重,但需要的核心能力是相同的。这些核心能力包括严谨缜密的逻辑思维、体贴细腻的倾听共情、求同存异的团结协作和恰到好处的沟通礼仪,以及对时机与场合等细微因素的综合把握。综上,本书将在第 8~12 章分

别结合不同的情境对这五种核心能力展开详细的介绍，帮助大家明确这五种能力分别代表的具体要求和培养它们的具体方法。

本章小结

作为全书首章，本章以沟通的本质为起始，详细介绍了沟通的各个要素，展现了沟通的完整闭环流程，梳理了沟通过程中可能出现的各种障碍，并通过从多个角度分类沟通为大家提供了了解沟通的不同角度。在阅读本章后，大家应可在脑海中搭建起关于沟通基础概念的简单框架，并对本书的框架脉络有所把握。沟通是一门技巧性很强的学问。只有正确认识、不断练习，才能渐渐领悟其中的真谛。在下一章中，我们将以本章内容为基础，明确定义有效沟通，展示有效沟通的基本原则，总结实现有效沟通的必备意识。

课后练习与讨论

1. 沟通的定义是什么？在阅读本章之前，你是如何理解沟通的？
2. 沟通活动中存在哪些要素与过程？回顾最近一次沟通活动，对其进行拆解与分析。
3. 沟通障碍有哪些？在现实生活中，你遇到过什么沟通障碍，又是如何克服的？

教学游戏：我说你画

- **教学目标**：充分理解沟通活动中各个要素与过程的重要意义，认识沟通障碍的存在。参考图形如下：

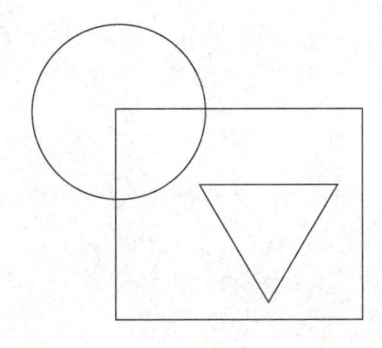

- **游戏步骤**：

步骤一：在同学中挑选一人担任"传达者"，其他人担任"倾听者"。"传达者"用一分钟时间查看事先准备好的样图，随后对"倾听者"下达画图指令。"倾听者"根据"传达者"的指令画出样图上的图形，在此过程中不得提问，直至完成图形绘画。

步骤二："传达者"用一分钟时间查看另外一张样图，随后对"倾听者"下达画图指令。"倾听者"根据"传达者"的指令画出样图上的图形，但在此过程中可以随意提问，直至完成图形绘画。

步骤三："传达者"与"倾听者"一起将两次绘图的结果与样图进行对比，讨论两次绘图精确度之间的差异，理解沟通的重要意义。

管理沟通：交往行为导航

即测即练

自学自测 扫描此码

第 2 章

沟通的外延

在当代国际化的商务环境中，沟通往往对于组织内部管理与外部合作都具有举足轻重的作用。在内部管理中，有效的沟通可以增进组织内部人员之间的相互理解，帮助管理者进行组织管理、激励员工的工作积极性和奉献精神，并在企业改革中帮助员工理解改革的必要性、明确适应企业变化的方式以减少改革的阻力。在外部合作中，有效的沟通更与成功的客户关系维系、市场营销和商务谈判息息相关。毋庸置疑的是，在多数公共场合能否实现有效沟通是决定成败的重要因素之一。但是，多数沟通者对于有效沟通仍然缺乏足够的认知。

事实上，当代商务环境中的有效沟通不同于日常生活中与熟悉沟通对象的交流。后者多为一种出于本能的习惯行为，前者则需要有意识地运用个人的语言、行为和思维能力，获取和使用知识，并进行准确表达。这种具有目的性的沟通行为体现出的是沟通者的能力和知识水平。我们从书籍阅读中收获了文化知识，在体育运动中训练了肌肉行为，在数学推演中锻炼了逻辑思维，这些能力与知识会在沟通过程中建立紧密的联系，有机地反映在沟通者分析情境、选择策略、使用具体方式方法进行沟通的全过程当中。本章从探讨有效沟通及其原则出发，分析人类进行沟通活动的主要动机，展示沟通行为的不同方式并在此基础上为大家介绍有助于实现有效沟通的多种沟通策略，帮助大家在沟通中更快速地找到切入点，将自身积累的知识、能力切实应用于沟通之中。

2.1 沟通的效果

对许多沟通者来说，一段沟通的结果是评价沟通是否有效的唯一标准。如果一段沟通可以实现个人的沟通目标即为有效沟通，反之则为无效沟通。这样的认知很大程度上忽视了实现沟通目标这一结果背后的一系列复杂思考与抉择，也削减了有效沟通这一概念的意义。事实上，有效沟通是对整个沟通过程进行系统性的思考、优化与整合，沟通者想要实现有效沟通，就必须对自身沟通动机与沟通方式形成明确的意识，综合考虑目标、情境、沟通对象等多种因素，根据特定的情况，从沟通者、沟通对象、信息、渠道、文化五个方面出发选择合适的策略，并通过综合考虑确保这些策略互为助益而非相互抵牾。在这样的前提下，沟通目标的实现往往也会水到渠成。在现代社会，尤其是各种商务环境中，有效沟通是指在树立清晰目标的前提下，通过了解具体沟通成员在物质与精神方面的相关需求，采取合适的沟通渠道与沟通策略，使其积极参与沟通过程，最终就某一事件达成共识。在沟通实践中，CARE 原则（见图 2-1）是实现有效沟通的基本准则。

图 2-1　沟通中的 CARE 原则

CARE[①]原则具体指：

1. 有针对性（changeability）

有针对性是有效沟通的基本保障。每一段沟通都会涉及如下六个要素：who（与谁沟通，既包括沟通参与者是谁，也包括参与者长期的沟通风格和短期的心境、情绪如何）、what（沟通什么）、why（为何沟通）、when（什么时间沟通）、where（在哪里沟通）和 how（如何沟通）。正如世界上没有两片相同的树叶，世界上也几乎不存在六要素都完全相同的沟通，即使两段对话发生在同一地点且内容相同，也不可能发生在同样的时间。六个要素中任意一个发生变化，都可能引起沟通过程与结果的巨大改变。因此每一次沟通都具有独特性，只有依据现实情况进行有针对性的安排才能达成沟通目标。换言之，沟通者为达到良好的沟通效果需要因人、因事、因时、因地来调整沟通策略和方法，并采取合适的沟通方式。例如，我们应该根据沟通对象的教育程度和行业背景来决定术语的取舍以及知识的使用，根据对方习惯的信息接收方式决定采用何种沟通渠道，根据所沟通事项的复杂程度来决定内容和篇幅，根据时间的长短来把握阐述方式，根据当地文化背景来调整内容基调。简言之，也就是审时度势，用最有效的方式和方法让沟通发挥最大意义和价值。

2. 良好的态度和意识（attitude & awareness）

态度和意识是有效沟通的必要条件。态度通常是指个人对某一客体所持的评价与心理倾向。换句话说，就是个人对环境中的某一对象的看法——是喜欢还是厌恶，是接近还是疏远，以及由此所激发的一种特殊的反应倾向。一般认为，意识是人脑对客观事物间接和概括的主观反映。只有良好的沟通态度和沟通意识才能促进有效的沟通。首先，人们在进行沟通时，要端正态度，认真对待沟通行为，将沟通内容置于理性思考的范围之内，避免情绪化。其次，沟通者要意识到沟通过程的发生以及该过程可能给沟通对象带来的影响。也就是说，对自己的言行及其传递的信息有一定意识，而不是无意识的本能行为。

3. 相互尊重（respect）

相互尊重是有效沟通的基本前提。人的性格、情绪、认知能力、社会身份、社会经验

[①] Mary M. 管理沟通指南——有效商务写作与交谈[M]. 钱小军, 等译. 北京：清华大学出版社, 2010.

等都存在差异，在经济全球化的时代，这些差异集中地体现在各种沟通过程中。但无论处于哪个社会群体的人，都有获得社会承认和尊重的需求。认识到人群中存在的各种差异，并能根据这些差异与沟通对象进行沟通，既是尊重他人的表现，也能反映沟通者自身素质。俗语"人敬我一尺，我敬人一丈"。就是指每个人都希望得到别人的尊重。在这点上，有些公司水平较高的主管则不会先要求得到员工的尊重，而是首先做到"敬人一尺"，然后自然赢得"敬我一丈"的回报。

4. 换位思考（empathy）

换位思考是有效沟通的初步保证。它也称同理心，即设身处地地觉知、把握与理解他人的情绪和情感，主要体现在情绪自控、倾听能力等与情商相关的方面。同理心是一种认知层面的能力，离不开理性思考的支持。也就是说，人们仅依靠情绪，是难以获得换位思考能力的。在沟通中，经常发生的一个现象是，沟通者仅从自身的认知角度出发，而忽视了对方所处的位置、情境等，因而造成沟通失序。在许多公司里，这样的例子几乎每天都在上演：运营部门的员工无法理解为何产品开发部门否定了他们提出的需求；产品开发者不能理解为何研发部门的成果与理想要求间总是存在差异；设计师不明白文案究竟需要什么风格的配图；执行者无法理解客户为何永远不满意……凡此种种，大多是因为缺乏换位思考的能力。要想建立和维持良好的沟通关系，沟通者就要具备理性地感知他人感受的能力，避免在沟通中过度地自我表达。

2.2 沟通的动机

动机通常被定义为由某种目标或对象所引导的、激发并维持个体活动的内在心理过程或内部动力。动机是人类大部分行为的基础之一，人们的沟通行为往往会受到动机的驱使。人们在不同情境下因不同目标而产生的交流需求即所谓的沟通动机。常见的沟通动机包括说明事物、表达情感、建立关系等。不同的人在不同的情境下面对不同的事件会产生不同的沟通动机，这些动机的背后往往隐含着一定的心理学和社会学理论。本节将从社会比较理论、社会交换理论与自我呈现理论这三种经典的理论出发，探讨动机在沟通中的表现和意义，帮助大家更好地理解沟通行为。

1954年，美国社会心理学家利昂·费斯汀格（Leon Festinger）提出了社会比较理论。费斯汀格指出，当无法确定自身的态度、意见或行为是否正确时，人们倾向于将他人的态度、意见或行动作为暂时性的判断标准，使自己的认识与周围人保持一致。通过这种社会比较，人们能够获得关于自身行为或观点的相对定位，从他人处寻求认同与共识，从而减少不确定性并建立自信。因此，这种社会比较行为常常成为一种沟通动机。例如，在一场会议中，当某人对某个议题持模糊态度时，可能会通过与他人讨论来了解主流观点，并借助主流观点推动自己对于这一议题的思考。1958年，乔治·霍曼斯（George C. Homans）提出的社会交换论则从另一角度解释了沟通动机的问题。该理论认为，人际交往的本质是一种资源交换过程。人们在交往中会权衡自己的付出与获得，只有当双方的"精神利润"（即报酬减去代价）均为正值时，交往才可能持续下去。换言之，乔治·霍曼斯认为人们

的沟通动机为获得正向的精神利润。这一理论在日常生活中表现得尤为明显。例如，在朋友之间，某人可能会主动倾听朋友的烦恼，希望通过这样的支持行为换取友谊的深化，进而在自己需要时获取来自朋友的同样的精神支持。

在此二者之后的1959年，美国社会学家欧文·戈夫曼（Erving Goffman）在其出版的著作《日常生活中的自我呈现》中提出了自我呈现理论。戈夫曼认为，人际交往得以顺利进行的关键在于交往双方试图使用各自的语言和行为向对方传递与自己相关的信息，即向对方"呈现自我"。在这一过程中，人们试图通过控制他人对自己的印象，从而确保获得愉快的评价。这种行为不仅是一种表达自我认同的方式，也是维系社交关系的重要手段。在日常生活中，自我呈现的行为随处可见。例如，在社交场合中，人们通常会选择得体的服装、使用恰当的语言，并注意自己的行为举止，以便给他人留下良好的印象。这种行为背后隐藏着一种策略性考量：通过控制和优化他人对自己的认知，个人可以强化自己的正面形象，享受收获他人认可的喜悦并与他人建立更为稳固的社交关系。

与具体的、外在的沟通目标不同，沟通动机往往是抽象的、内在的，来源于个人的需求、欲望或心理状态，是促使人开始沟通行为的根本原因。对于沟通者而言，深入剖析自我沟通动机可以加深对于自我沟通目标的反省与思考，明确浅层沟通目标是否可以满足自我的深层需求，并根据内在需求对外在的沟通目标进行调整。如果沟通者可以透过外显的沟通目标了解沟通对象的沟通动机，则可以在沟通过程中更为准确地触达沟通对象的内心需求，令沟通对象产生"知音"之感。这对于沟通活动的顺利进行和双方长久人际关系的建立都具有极大的推进作用。

2.3 沟通的形式

随着人类社会中沟通活动的不断发展，人们所采用的沟通方式也在不断演化。时至今日，在不同的分类标准下沟通的方式可以被划分为许多不同的类别，本节将主要依据其中的两种对沟通的不同形式加以介绍。根据沟通的正式程度，沟通方式可以分为正式沟通和非正式沟通。这两种方式在沟通的目标、渠道、信息可靠性与应用场景等方面各具特点。

正式沟通是指在明确的框架和流程下进行的信息交流。这种方式的沟通有严格的规则，通常以正式的言语沟通或书面沟通的方式出现。其核心在于确保信息的准确性和一致性。正式沟通具有以下几个显著特点：其一，具备明确的目标。正式沟通一般由特定的沟通目的所驱动。正式沟通的目标往往聚焦于实际问题，如传递信息、推动行动、解决问题或获取共识等。正因如此，正式沟通对于表达方式存在较为严格的要求，需要清晰准确，避免含糊不清的用语或情绪化的表达。其二，通过固定的渠道。正式沟通往往通过预先设定的渠道进行，例如企业的内部会议、邮件系统、公告栏或政府的政策文件。这种预先设定的沟通渠道与流程保证了信息能够被及时准确地传达。对于信息接收者而言，来自正式渠道的信息往往更具有可信度，可以降低信息接收者核实信息所需的成本。其三，需要详细的记录。正式沟通通常需要详细的记录，如邮件存档、文件存档和会议记录等，都是对正式沟通内容的详细记录。这些记录为后续工作提供了重要依据，同时也方便在出现争议时追

溯信息的来源。正式沟通以其目标明确、渠道规范和记录详细的特点，确保信息在复杂环境中的准确传递，并以此支持组织中共识的达成与问题的解决。然而，正式沟通同样存在灵活性低、沟通成本较高和缺乏情感传递等缺陷，这些缺陷则需要用适当的非正式沟通补足。

非正式沟通是指在没有固定结构或流程的情况下进行的信息交流。这种沟通方式偏向于自然、自发的互动，常常发生在非正式场合，如朋友之间的聊天或同事间的即兴讨论。非正式沟通主要有以下几个鲜明的特点：其一，强调情感交流。与正式沟通不同，许多非正式沟通常常在日常生活中自然地发生，并不追求实现特定的事务性目的，而是强调情感的传递与人际关系的维护。因此，非正式沟通对于表达方式并不严格要求，经常也会包含沟通者自然而然的情感流露。比如成绩优异的学生与父母分享获得奖学金的喜悦，考试失利的同学与好友交谈排解痛苦都属于非正式沟通中的情感表达。其二，不要求规范的沟通渠道。非正式沟通没有渠道限制。沟通者可以根据自身需要和情境状况自由选择任何渠道。例如，公司同事在茶歇时间就各自工作进行简单交流，即可掌握彼此工作的基本情况，便于双方的协作。其三，缺乏信息记录。非正式沟通一般是即时性的，结束后往往不会形成书面记录。非正式沟通的沟通者可能会遗漏或误记沟通中传递的信息，一旦出现争议沟通双方也很难追溯沟通中的信息来源。正因如此，非正式沟通往往不能应用于重要的工作或决策场合。

根据信息发送者希望信息接收者做出的不同回应，沟通方式可以被划分为告知、说服、征询和参与四种，如图 2-2 所示。在不同的沟通方式下，沟通者对于沟通内容的控制力有所差异，沟通对象的参与度和进行反馈的积极性也有所不同。

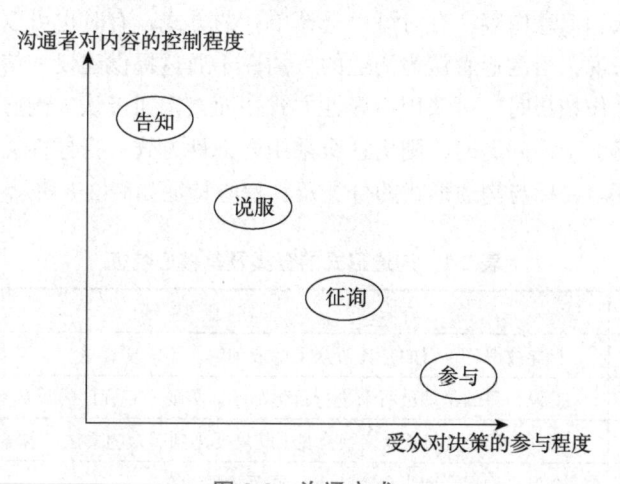

图 2-2 沟通方式

1. 告知方式

告知是指听众参与程度低、信息发送者对内容控制程度高的方式，如传达有关法律、政策方面的信息，做报告、讲座等。一般用于沟通者属于权威或在信息掌握程度上处于完全控制地位的状况。沟通者仅仅是向对方叙述或解释信息或要求，沟通的结果在于让听众接受沟通者的解释和要求。如领导通知下属需完成的任务，但不需要他们参与决策过程。

2. 说服方式

说服是指有一定的听众参与度，信息发送者对内容的控制带有一定开放性的沟通方式，如推销产品、提供服务、提出建议或观点等。一般发生在这样的背景下：沟通者属于权威或在信息方面处于主导地位，但听众有最终的决定权，沟通者只能向对方指出做或不做的利弊，以供对方参考。沟通者的目标在于让听众根据自己的建议做出决策。如销售人员向客户推销产品，或技术部门主管向预算委员会提出增加研发经费的建议，对方可以选择是否接受对方意见，最终决策权仍然保留在听众手中。

3. 征询方式

征询是指听众参与程度较高，信息发送者对内容的控制带有更多开放性的沟通方式，如咨询会、征求意见会、问卷调查、民意测验等。一般发生在沟通者希望就计划执行的行为得到听众反馈的意见和建议，或者沟通者希望通过商谈来共同达到某个目的。双方都要付出，也都有收获。

4. 参与方式

参与是四种沟通方式中听众参与程度最高、信息发送者对内容控制程度最低的一种方式，如团队的头脑风暴、董事会议等，它具有最大程度的合作性。所有参与其中的沟通者可能事先尚未就某一重要问题形成最终决定，需要通过共同讨论去发现解决问题的办法。如采用头脑风暴法，要求与会者就某个创新性的问题提出新的解决思路等。

在上述四种方式中，前两者（告知和说服）统称为指导性方式，后两者（征询和参与）统称为咨询性方式。上述各种沟通方式不存在孰优孰劣的问题，沟通方式的选择完全取决于沟通目的、听众和信息内容。有时可以选择单一的方式，有时也可以综合运用多种方式进行沟通。一般来说，当沟通者认为沟通的目的在于通过提供建议、信息或制定标准的方式帮助下属提高工作技巧时，可采用指导性方式；而当沟通者认为沟通的目的在于帮助他人认识其思想情感或个性问题时，则更适合采用咨询性方式。指导性方式重在能力，而咨询性方式重在态度。目标与沟通形式的分类及其核心特征如表 2-1 所示。

表 2-1 沟通形式的分类及其核心特征

沟通形式	核 心 特 征
告知	指导或解释，目的是让听众了解或理解。不需要意见
说服	劝说，目的是动员听众进行目标活动。需要一定程度的听众参与
征询	协商，目的是与听众交换意见。既需要得到听众的看法，也需要对互动过程有所控制
参与	合作，沟通者和听众为达成一致而共同讨论

2.4 沟通的策略

在社会交往中，无论是商务工作还是日常生活，人们往往需要掌握一些基于沟通意识和相关理论的沟通策略和方法。相对来说，策略指的是宏观方面，而方法指的是具体的操

作层面。本节以沟通策略作为主要内容，常见的沟通方法将在后文中详细介绍。管理沟通策略模型通常包括五个方面：沟通者策略（communicator strategy）、沟通对象策略（audience strategy）、信息策略（message strategy）、渠道选择策略（channel choice strategy）和文化策略（culture strategy），如图2-3所示。

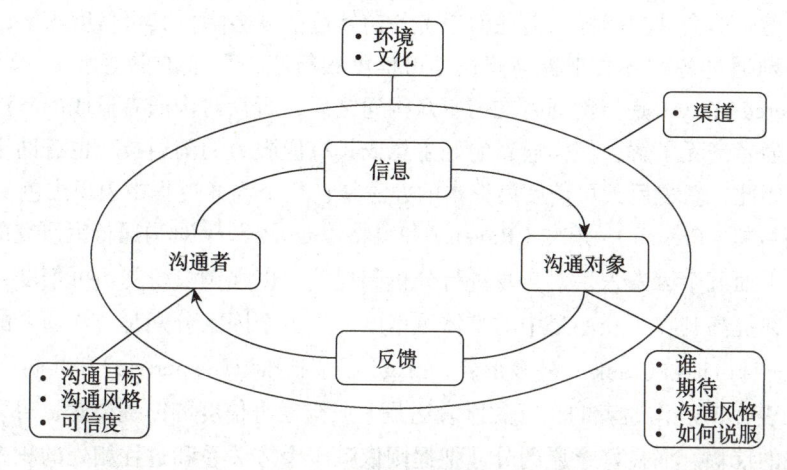

图 2-3 管理沟通策略模型

2.4.1 沟通者策略

在一段有效的沟通中，沟通者往往需要清晰且客观地认知自身的沟通风格，界定自身的沟通位置与信誉，明确沟通目标。以此为基础，沟通者方可选择恰当的沟通方式，并最终实现有效沟通。具体而言，沟通者策略包括沟通者的自我分析和沟通目标的确定两个重要方面。

1. 沟通者的自我分析

沟通者自我分析的根本是解决"我是谁"这个问题。沟通者分析"我是谁"的过程，就是自我认知（self-cognition）的过程，需要沟通者剖析自身的物质认知、社会认知和精神认知，分析自身内在动机和外在动机之间的统一程度，并对自身的形象、能力、地位、个性特点、价值观等方面进行客观定位。沟通者在此基础上分析"我处于何种地位"的过程就是自我定位（self-position）的过程。此处的定位是指在沟通过程中，沟通者与信息接收者所处的相对位置。举例来说，一名大二学生既可以是班长，在班级工作中起到上传下达、协调引领的作用，也可以是课程小组中的成员，在组内工作中起到参与贡献的作用。

在沟通过程中，"我是谁"的问题与沟通者的可信度直接相关。所谓可信度，简而言之，就是在听众的认知当中沟通者值得信赖的程度。沟通者的可信度不同，听众接受信息的难易程度就可能不同，沟通者选择的沟通方式通常也应有所差异。总体而言，沟通者可信度越高，通过沟通实现目标的可能性也会越大。因此，切实提高沟通者可信度至关重要。

可信度又包括初始可信度和后天可信度。初始可信度（initial credibility）是指在沟

发生之前听众对沟通者的看法。作为沟通策略的一部分，沟通者需要向听众强调他们自己的初始可信度。形象地说，沟通者可以把可信度当作"银行账户"。假如人们对沟通者推崇备至，即使沟通者的决策或建议不受欢迎，或者不能完全与他们的期望相一致，他们仍可能对沟通者充满信任，容易接受沟通者的决策与建议。但是，需要注意的是，就像使用银行存款后储蓄必然会减少一样，消耗沟通者的初始可信度会降低其可信度水平，因此，沟通者必须不断通过各种方式来提高其在"可信度银行账户"上的储蓄水平。后天可信度（acquired credibility）是指沟通者在与听众沟通之后，听众对沟通者形成的看法。即使听众事先对沟通者毫无了解，但沟通者的好主意或具有说服力的沟通技巧也有助于其赢得后天可信度。因此，获得后天可信度最根本的办法是在整个沟通过程中表现出色。

根据福兰契（French）、莱文（Raven）和科特（Kotter）[1,2]对沟通行为研究的观点，沟通者可以从下面五个因素入手对自身进行分析和提升，以强调自身初始可信度或增加后天可信度，最终提高其在听众心目中的整体可信度。这五个因素分别是：沟通者的良好意愿（goodwill）、身份地位（rank）、外表形象（image）、专业知识（expertise）和共同价值（shared values）（见表2-2）。沟通者的良好意愿表达是形成沟通可信度的前提要素，可以帮助其获得沟通对象的信赖，而良好意愿的分寸把握则依赖于个人关系和过往相处的积累。沟通者的身份地位是形成沟通者可信度的外部助力，反映了沟通者的等级权力。有时为了增强沟通效果或达到沟通目的，沟通者可以通过强调自己的头衔和地位以增强自身可信度。沟通者的外表形象能强化听众对沟通者的好感，是产生吸引力并形成沟通者可信度的外在因素。沟通者自身的专业技术水平和素质，特别是知识能力，是构成沟通者可信度的内在要求。沟通者和沟通对象的共同价值，包括道德观、行为标准，是沟通双方形成良好的人际关系、维持长期沟通的本质要素，若沟通双方在沟通开始就建立共同点和相似点，将信息和共同价值联系起来，则可迅速提升沟通者的可信度。

表 2-2 影响可信度的因素和技巧

因素	建立基础	对初始可信度的强调	对后天可信度的加强
良好意愿	个人关系、长期记录值得信赖	涉及关系或长期记录	通过指出听众利益来建立良好意愿
			承认利益冲突，做出合理评估
身份地位	等级权力	强调沟通者头衔或地位	将沟通者与地位很高的某人建立联系（如共同署名或进行介绍）
外表形象	吸引力，让听众产生好感	强调听众认为有吸引力的特质	通过认同你的听众利益来建立你的形象；运用听众喜欢的言语或非言语表达方式
专业知识	知识和能力	包括经历和简历	将你自己与听众认为是专家的人联系起来，或引用他人话语
共同价值	道德准则	在沟通开始就建立共同点和相似点，将信息与共同价值结合起来	

[1] French J, Raven B. "The Bases of Social Power," in Studies in Social Power, D. Cartwright (ed.). Ann Arbor, MI: University of Michigan Press, 1959.
[2] Kotter J. Power and Influence[M]. New York: The Free Press, 2008.

2. 沟通目标的确定

在沟通行为发生之前，明确自己的多维度沟通目标往往能很大程度上提高沟通效率。这种目标可以分为总体目标、行动目标、沟通结果目标和沟通过程目标四个方面（见表 2-3）。首先，确认总体目标，指的是沟通者期望实现的最根本目标，譬如达成合作并与客户建立信任。其次，明确行动目标，指的是沟通者自身在完成总体目标中实施的具体的、可度量的并且有时限的行为步骤，例如 3 个月内进行 6 次且每次不低于 20 分钟的客户售后随访。再次，确立沟通结果目标，指的是沟通者希望通过每一次沟通所取得的结果。最后，制定沟通过程目标，即沟通者根据沟通结果目标、听众特点、情境等所选择的具体言语和非言语行为，也就是在沟通过程中具体使用哪些词汇语句以及如何表述等。

表 2-3 沟通目标实例

总体目标	行动目标	沟通结果目标	沟通过程目标
交流各部门工作情况	每两周一次全公司报告	老板和各部门经理将了解本部门工作和业绩	1. 通过数据、图表直观展示部门成果 2. 选择谦虚自信的风格 ……
维护客户关系	每月与五位新客户签订合同	赢得客户青睐，达成合作	1. 换位思考，帮助客户分析利弊 2. 客观展示公司优势 3. 逻辑清晰、礼仪得当 ……
提升市场份额	在月底之前全市市场份额达 20%	销售代表们加深对我司产品的了解，增加产品代理量	1. 通过幻灯片详细、准确展示公司产品特点 2. 采取谦和自信的态度，既为公司自豪，又充分尊重销售代表 ……

2.4.2 沟通对象策略

沟通对象策略主要是根据沟通对象的需要和兴趣去组织所要传递的信息，这往往被认为是沟通策略中最为重要的部分。对沟通对象的了解越深入，则获得预设沟通效果的可能性就越大。这里主要包括沟通对象是谁、已知信息及期待信息、感受等。

1. 了解沟通对象

"沟通对象是谁"看似是一个简单问题，但在真实的商务环境中也可能并不简单。一方面，个体的名称、职务和个人形象等外在信息可能无法反映其性格、思维方式和价值取向等深层特点，沟通者对于沟通对象可能缺乏清晰的认知；另一方面，在许多情况下沟通者可能不是一个个体，而是一个群体。有些时候，沟通者可能会拥有多个不同的听众群体，当对象超过一人时，他们往往根据其中对沟通目标影响最大的人或团体，即主要对象调整沟通内容，更有助于达到预期的沟通目的。一般来说，沟通中的听众分为直接听众和间接听众。直接听众，是指那些直接从沟通者处获得口头或书面信息的人或团体，也就是日常工作生活沟通过程中的信息接收者。他们通过各种渠道与沟通者保持直接联系，并决定

否接受沟通者的建议或是否按照沟通者的提议行动。间接听众，又称为潜在听众，即那些通过直接听众转述而间接获得信息的人或团体。他们可能会对沟通者的提议发表意见，或在沟通者的提议得到批准后负责具体实施。

无论直接听众还是间接听众，其中都存在一些重要角色，包括守门人、意见领袖及关键决策者。这些角色或许由同一个人充当，也可能由不同的几个人担当。守门人，即沟通者和最终听众之间的"桥梁听众"，他们有权阻止沟通者的信息传递，因而他们也有权决定沟通者的信息是否能够传递给主要对象。守门人可能出现在公司的高层，也可能出现在基层，有时守门人也可能来自企业外部。对守门人的分析，主要在于确定是否必须通过此人来传递信息。如存在，则分析他是否会因为某些理由而改变信息或封锁信息。意见领袖，即听众中有强大影响力的、非正式的人或团体。他们可能没有权力阻止信息传递，但他们可能因为拥有政治、社会地位或经济实力而对沟通者的信息传递产生巨大影响。而关键决策者，顾名思义，即可以影响整个沟通结果的关键决策者。如决策者存在，则沟通者往往需要依据其判断标准调整信息内容。

一旦确定了沟通对象的范围，就应对之进行仔细了解。有时可以借助市场调研或其他已有的数据，但大多数情况下可以采取换位思考的方式，想象自己是他们中的一员，或者向所信任的人征询意见。了解沟通对象时，可以对其成员进行逐一分析，考虑他们的教育层次、专业背景、年龄、性别及兴趣爱好，他们的意见、喜好、期望和态度。如将沟通对象作为一个整体来了解，则往往需要通过分组的方式对其进行框架式分析，如他们的群体特征、立场、共同规范、传统、标准准则与价值观等。

2. 了解沟通对象的期待

通过上述分析，我们可以明确沟通对象的类型和特点，接下来需要进一步分析在特定的沟通事件过程中，沟通对象已经知道了什么，以及期待或需要知道什么。其中，沟通者特别需要掌握以下三个方面的信息：沟通对象对背景资料的了解情况、对新信息的需求，以及他们的沟通习惯。

掌握沟通对象对整体背景资料的了解程度非常重要，其中需要判断对方已经知道多少基础信息，哪些资料是对方必须了解的，以及哪些专业术语是他们能够理解的，抑或是习惯的信息接收方式，进而帮助沟通者确定提供的具体信息量。若沟通对象对背景资料的需求量高，则需要准确地解释一些陌生的术语和行话，将新的信息和他们已经掌握的信息结合起来，并给出非常清晰的结构。若多个沟通对象需求不一致，在某些场合，沟通者可以利用"简单回顾"之类的开场白重温背景知识或将其列入单独的附录或讲义中。

沟通对象对新信息的需求则是沟通对象需要知道什么新信息。根据具体沟通主题，沟通者应及时掌握听众还需要了解多少细节和例证。对于新信息需求高的沟通对象，可以通过提供足够的例证、统计资料、数据及其他材料满足他们的需要。对于新信息需求低的沟通对象，如有的沟通对象倾向于依赖专家意见，把做出判断的权力交给专家，则应主要向这些沟通对象提供决策建议。概括而言，沟通者需要考虑沟通对象实际需要什么信息，而不要只考虑自己能为他们提供什么信息。若需求不一致，在某些情况下，可将更多的细节材料列入单独的附录或讲义中。

沟通对象的期望和习惯可以帮助沟通者确认沟通的风格、渠道等，从而尽可能地提高沟通效率。因此，在分析风格偏好时，要分析沟通对象在文化、组织和个人的风格上是否有偏好，如正式或非正式、直接或婉转、互动性或非互动性交流形式；在分析渠道偏好时，则要了解沟通对象在渠道选择上的偏好，如书面还是口头，纸面报告还是电子邮件，小组讨论还是个人交谈等。

3. 了解沟通对象的感受

了解沟通对象的感受也是尽可能地理解对方对不同沟通方式的接受程度和反应。根据不同的沟通主题，沟通对象往往可能出现三种意见倾向：正面、负面、中立。了解沟通对象的态度便于对信息做出调整。因此，掌握沟通对象对沟通信息的感兴趣程度是一个非常关键的问题。一般情况下，人们往往通过对方阅读或聆听信息的专注程度来判断这一点，当沟通信息与沟通对象的利害直接相关，譬如涉及他们的财务状况、组织地位、价值体系、人生目标时，则其更容易对沟通产生较大的兴趣。

若预判沟通对象会表现出正面或中立的意见倾向，沟通者可以通过强调信息中的成果以加强他们的信念。而若预判沟通对象会出现反面意见，则需要根据沟通事件的本质及各方的具体情况妥善处理。

此外，沟通者需要了解沟通对象是否能做到自己提出的要求。这需要考虑沟通者的一些想法是否会让沟通对象感到过于耗时、复杂或艰难。如沟通者所提出的要求对沟通对象来说比较复杂或困难，则可以通过进一步沟通化解，这包括将想法和要求细化为更小的要求，尽可能简化步骤，以及提供可供遵循的程序清单和问题检核单。

在具体的沟通过程中则可以考虑采用以下方法提高自己的说服力：强调对方的收获、提高自己的可信度、高效组织信息结构。

（1）强调对方的收获。也就是尽可能地站在对方的角度理解他们的需要，从而提高对方的参与动机。不同的听众所期望的收获也不同，有的是直接物质层面的东西，因而沟通者比较容易识别，沟通时能够明白地告知。有的收获则是一些精神层面的东西，沟通者需要深入地去了解和发掘。对于后一种类型的收获，可以使用下面的方法：了解能引起听众需求动机的感受、恐惧或欲望；找出事件的客观性和对听众的影响；启发听众怎样做才能满足他们自身的需求。

（2）提高自己的可信度。如果沟通对象与主题的关系较小或对主题的关注较少，沟通者则可以尝试提高自己的可信度，并将此作为一个驱动因素去提升整体说服力。这包括探讨共同价值观以及共同出发点。以"共同价值"的可信度驱动，就是构建与听众的共同出发点。如果在一开始就能和听众达成一致，在以后的沟通中就更容易改变他们的观点。从共同点出发，即使讨论的是全不相关的话题，也能增强沟通者在沟通主题上的说服力。比如，先谈及与听众在最终目标上的一致性，而后再表明为达到目标在方式上存在的不同意见。此外，还可以传递良好意愿，遵循"投桃报李、礼尚往来"原则，以便利回报便利，以让步回敬让步。在此需注意可信度的一种极端的说服方式是利用权力和地位对沟通对象进行恐吓与惩罚，如斥责、减薪、降职乃至解职。研究人员发现，惩罚会导致紧张、对立、恐惧与厌恶，它只有在确保对方顺从且确信能消除不良行为而又不影响良好行为产生时才

23

能奏效。因此，地位可信度和惩罚技巧一定要慎用。

（3）**优化信息的组织结构**。通过信息组织结构进行说服，即利用信息内容中开场白、主体和结尾等结构的合理安排来说服沟通对象。通过开场白说服沟通对象，就是从一开始就引起沟通对象的注意，如一开始就列举沟通对象可能得到的收获；或先列举存在的问题，采用"提出问题、解决问题"的模式；抑或先讨论并明确话题与沟通对象之间的关系，唤起沟通对象的兴趣。通过沟通内容的主体说服沟通对象，就是通过适当的内容安排在沟通过程中增加说服力。而通过信息结尾安排说服沟通对象，就是通过简化沟通对象对目标的实现步骤以激发其兴趣，如列出便于填写的问题或易于遵循的检核清单，或列出下一步骤或下一行动的具体内容等。

2.4.3　信息策略

沟通信息策略是指在信息沟通发生之前思考如何强调一些具体信息，以及如何完善沟通信息的组织结构。在思考如何强调具体信息时，可根据首因效应或近因效应来调整。也就是人们通常对最开始或最近获取的内容及信息印象深刻，因此在一场沟通过程中，需注意不要把重要信息"埋藏"在沟通的过程中，而是注意在开头和结尾时给予强调。一般而言，在进行强调时适合采用直接表述法。只有沟通对象或信息本身要求使用间接法时，才采用间接法。开门见山地说明主要观点的方法称为直接法，而把主要观点保留到最后的方法称为间接法。

直接法的优势在于有助于沟通对象理解和持续记忆。因为先了解结论可以使沟通对象更容易了解形成结论的思路，从而节省沟通对象的时间。直接法以沟通对象为中心，有助于他们更好地理解发起沟通者的目的，因为它关注的是信息的传递，而不是发起沟通者获得结论的过程。相比之下，间接法的优势在于循序渐进，缓和因观点不同而可能引起的冲突；以逐步转变沟通对象的态度来步步推进，达到"推销"自己主张和见解的目的。

组织信息对沟通的成败也有重要影响。沟通者在每次沟通之前，可能会掌握很多素材和信息，这些素材和信息中有好的、有坏的，有完整的、有破碎的，而组织好这些信息是信息策略制定的关键环节。只有当沟通者将一个清晰的概念传递给沟通对象时，才能实现有效的沟通。这一清晰概念的组织包括确定目标、明确观点及安排主题内容和结构三个方面：

1. 确定目标

每位沟通者在沟通之前必须有一个明确的目标，正如在许多管理实例中，管理者总是预先为管理行为设定一个目标一样。沟通目标可能是解决某一个问题、使建议被采纳或赢得下属（同事或领导）的尊重。根据沟通者所采取的不同策略，可判断出其目标的区别。指导性沟通的目标是要求沟通对象接受沟通者的观点，或产生所期望的行为或结果。咨询性沟通的目标，则可能是为了获取某种信息、得到某个结论或者得到对方的支持。

2. 明确观点

成功的沟通需要明确的观点，而信息策略中的观点就是沟通的支点。沟通的基本出发点，

就是使沟通双方达成共同的愿景。沟通中最困难的问题是说服对方赞成自己的观点。如果目标是使沟通双方都能从沟通中达成共同的愿景，那么观点就是打开这个目标大门的钥匙。

3. 安排主题内容和结构

即以最恰当的语言阐述沟通目标，并注重沟通的信息如何被理解，而不是沟通者说了什么。在信息结构的安排上，要分析内容、论证和结构的组合与统一。从信息的论证分析来看，在确定中心信息时，需实现沟通过程的一致性。同时，应在分析沟通对象的基础上，先获取直接沟通对象的支持，再平衡次要沟通对象的利益。因此，为了让所有沟通对象都能够接受你的观点，论证过程中就要有效地使用逻辑和依据。有说服力的论据一般包括：事实和数据、共同的知识、大家普遍认同的例子及权威观点。以这些依据作为论证的大前提和小前提，才可能推理出为大家所共同接受的结论。如沟通者不能在整个沟通过程中合理组织依据和论证，往往会给人一种信息堆砌的感觉，缺乏说服力。

2.4.4 渠道选择策略

沟通渠道策略的选择是指对信息传播媒体的选择。过去，这一策略的选择基本上局限于书面和口头两种不同的渠道，而当代社会出现了更多渠道，包括电话、传真、电子邮件、语音信箱、电子会议、视频会议、电子公告板、新闻小组等。这些新的渠道改变了人们对于沟通渠道的传统认知。例如，传统的非正式会议及闲谈没有任何形式的永久记录，而现在的电子会议上（所有与会者被同时集中于电脑网络或通过电子邮件联系）的一切信息都被永久地记录在打印纸或现场电子公告牌上。又例如，传统的书面文件通常语气严谨、用词刻板、条理分明、语法无误，而且一般不包括非文字的符号图标，而电子邮件却更富有创造力，一些表情符号的适当使用也能帮助情感的表述。

在比较以下两组沟通渠道的区别时，大家不难发现，第一组沟通渠道更侧重信息的单向传递，而第二组沟通渠道更侧重信息的互动。两组渠道孰优孰劣呢？其实，这两组渠道各有各的优点，而看似单向的、一对多的信息传播也并非低效或无用。试想，当一所大学或拥有上万员工公司的领导在春节期间，希望向大家致以诚挚的新春祝福时，全面的双向沟通和一一关心问候是无法完成的，此时最有效的沟通方式是利用现代科技，将温暖的信息用最快的方式统一传递出去：

- 第一组：电视、收音机、报刊、报告、宣传册、告示牌、意见箱；
- 第二组：会议、电话、邮件、微博、微信、社交活动。

在选择合适的沟通渠道时，信息传递者有必要对不同沟通渠道的特点及优劣势进行分析，从而根据沟通事件的性质以及具体情境进行判断选择。整体来说可以通过三个方面进行判断选择。

首先，选择书面沟通渠道还是口头沟通渠道。一般在需要记录和保存沟通信息、处理大量细节问题、采用精确的用词让听众更迅速地接收信息时采用书面沟通。而若需要更为丰富的表达效果，在严格与持久性方面的要求较少且无须永久记录沟通信息时一般使用口头沟通。

其次，选择正式沟通渠道还是非正式沟通渠道。正式沟通渠道一般适用于法律问题的

谈判或关键要点和事实的表达。正式沟通渠道具有精确、内敛、技术性与逻辑性强、内容集中、有条理、信息量大、概括性强、果断、着重于行动、重点突出、力度大等特点。正式书面沟通渠道包括大部分备忘录、建议书、报告、信件等；正式口头沟通渠道包括演讲、概况说明及讲座等。非正式沟通渠道与正式沟通渠道相反，它适用于获取新观念或新知识的场合。非正式沟通渠道具有迅速、交互性强、无拘无束、新颖、有创造力、开放、直接、流动性强、较灵活等特点，它包括书面的表达（电子邮件、通知、草稿），对团体的口头表达（互动性研讨、小组会）以及对个人的口头交流（面对面、语音信箱）等。

最后，选择个体沟通渠道还是群体沟通渠道。个体沟通渠道适用于个人关系的构造，获知他人的反应，获取属于隐私或机密的信息。如需将信息传达至某一个人，可选择当面讨论、电脑可视会议、语音信箱、传统书面方式、传真或电子邮件。群体沟通渠道则适用于团体关系或形象的构建，取得团体反应（包括可能的一致意见），防止排除某人或确保团体中的每个成员都同时接收到了沟通者的信息。如需将信息传达至某一团体，则可选择报告会、问题解答会、电子公告板、聊天团队、新闻团组、远程可视会议、电话会议、集会、传统书面表达、传真及电子邮件等。

2.4.5 文化策略

每个人或组织机构乃至国家之间的沟通方式都受到文化的影响，包括讲话的语言和沟通过程中所传递的非言语信息以及感知对方的方式。文化背景上可能由于国家、地区、行业、组织、性别、人种、工作团体不同而有所区别。可以说每一个沟通策略的制定，都受到特定沟通过程中文化内涵的影响。多元文化影响到企业信息在员工中如何构思、计划、传递、接收及理解。今天，越来越多元化的员工队伍包含着更广泛的技能、传统、背景、经验、观点和态度，所有这些都会影响到工作中员工的行为。管理者面临着与多元化员工沟通的挑战，团队面临着一起合作的挑战，公司面临着与商业伙伴、社区和平共处的挑战。与跨文化交流有关的内容可参见第 6 章。

当两种不同文化的人交流时，他们都倾向于使用自己的文化来编辑和解读信息。词汇的意思、手势的含义、时间和空间的重要性、人际关系的规则，所有这些以及沟通的其他许多方面都受文化影响。正因如此，人们在跨文化沟通时可能产生误解，尤其当沟通涉及深层次的认知和情感时。文化之间的差别越大，误解的概率越高。交流方式、价值观及非语言信号的差异经常会给工作和生活带来沟通障碍。而跨文化沟通（cross-cultural communication）则往往是指成长于不同文化背景的个体进行交流，并通过言语表达和非言语表达进行信息和情感的传递和接收。每一个传递和接收的活动对信息都是有影响的，为了成功地交流，沟通者就需要掌握所遇到的不同文化与本民族文化之间的差异以及怎样克服这些差异的基本知识。在商务环境中，员工的跨文化沟通能力同样愈发受到重视。[1]正如研究所述，对多元文化掌握更多的人往往更能帮助企业国际化发展。更多关于文化及跨文化沟通的内容参阅第 6 章。

---

[1] Hao J, Xie Z, Sun K. Whose international experience matters more? Decision-makers with international experience in Chinese family firms[J]. Chinese Management Studies, 2022, 16(2): 397-421.

本章小结

本章在沟通概述的基础上介绍了有效沟通的基本概念与根本原则。有效沟通不是简单的结果评判，而是对整个沟通过程一系列的要求。为了实现有效沟通，沟通者需要对自己的沟通动机、沟通方式有所认识，根据实际情况从五个基本方面选择最恰当的沟通策略。

下一章起，本书将进入第 2 部分——沟通的类型。在这一部分中，我们将介绍、分析不同沟通类型的特点，并针对不同类型介绍更加具体详细的沟通方法。

课后练习与讨论

1. 什么样的沟通是有效沟通？有效沟通的 CARE 原则是什么？
2. 常见的沟通方式有哪些？它们分别有什么特点？
3. 沟通策略模型的五个方面分别是什么？包括哪些具体内容？

案例模拟

阅读下文案例并结合自身经验，讨论小清在学生会内联部的工作中可能遭遇的各种困难，并尝试提出合理的解决方案。在进行案例分析的过程中，注意回顾、使用前两章所学的相关知识。

小清近期加入了院系学生会的内联部。内联部的主要职责是协调学生会各部门间的关系，为各部门的协同工作提供保障，并组织学生会内部的各类活动。因此，内联部成员需要与其他部门进行密切交流。小清以为她只需要定期与沟通对象微信交流即可，将之视为一份清闲的工作。

然而，随着正式工作的开展，小清意识到她的任务并不如她想象的那样轻松。每个部门都有各自的日常工作安排，时常无法安排出空闲的成员参与多部门联合工作。每次组织学生会内部的联谊活动，往往需要反复沟通联络才能确定合适的时间地点。即使是这样，依然每次都有成员因为各种原因无法参加。一个学期以来，小清为部门内部的工作付出了大量时间和精力，却也对沟通活动产生了更加深刻的认知……

即测即练

第 2 部分　沟通的类型

第 3 章

言 语 沟 通

在日常生活与工作中，沟通活动主要以言语沟通、非言语沟通和书面沟通三种形式呈现，如图 3-1 所示。本章及后续两章将逐一对这三种主要形式进行详细的介绍。言语沟通是指沟通者通过口头表述的方式向沟通对象发送信息、表达情感、展示思想的过程。尽管使用言语进行沟通于多数人而言轻而易举，但真正清晰、准确地使用语言达成沟通目标却并非易事。许多沟通者在沟通当中都会出现词不达意、逻辑混乱、态度不当等一系列问题，由此导致沟通对象接收的信息含糊混乱，最终使得一段沟通徒劳无果。因此，沟通者需要摒弃对于言语沟通的轻视之心，通过认真学习真正实现有效的言语沟通。

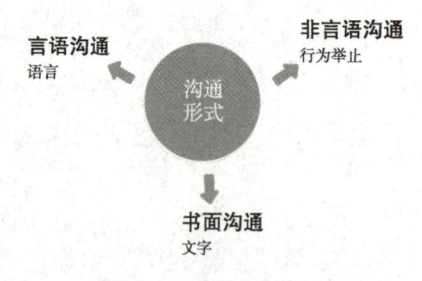

图 3-1 主要沟通形式

本章从言语沟通的主要媒介——语言符号开始，通过介绍其本质和特点帮助大家进一步了解这一司空见惯却往往被忽视的符号系统。在此之后，我们将阐释语境这一概念以及它在沟通中的作用。在上述理论知识的基础上，接下来的内容将介绍谦和自信的沟通风格并引入积极表述这一沟通方法，从实际应用角度帮助大家更有效地进行言语沟通。

3.1 语 言 符 号

语言是由语音、词汇和语法构成按照一定规律构成的系统，是人类社会中最重要的信息传播媒介之一。作为人类进行沟通、表达认知的主要工具，语言帮助人们传递信息、分享共识、表达思想感情。奥地利著名语言哲学研究者路德维希·维特根斯坦（Ludwig Wittgenstein）认为，语言在协助人们交流思想的同时，某种程度上也影响人类对世界的认知和思考，并在潜移默化中改变人们的观点[①]。可以说，语言是人类思想文化的"载体"，也在某种程度上牵制着人们的思维。因此，准确地理解、使用语言对于个人内在思想的形成与对外沟通交流的顺利进行均有重要意义。如果沟通者希望提高自身言语沟通能力，就

---

① 路德维希·维特根斯坦. 逻辑哲学论[M]. 贺绍甲，译. 北京：商务印书馆，1996.

必须对语言有更为深入的了解。

从某种意义上来讲，语言可以被视为一种符号，是对某种信息或事物的抽象概括，同时也是一种象征指代，通常以文字或图案来表示。语言符号往往易于理解，且便于传播，极大地减少了人们的交流障碍，促进了个体之间的相互沟通。当然，语言符号也存在一定的局限性，譬如诞生于日常生活的语言往往无法用于说明深刻的思想。这种观念在古代先贤的著作中早有论述。老子在《道德经》中以"道可道，非常道；名可名，非常名"开篇，认为永恒不变的"大道"是无法用语言说明的。庄子在《南华经·外篇·天道》中也认为先贤著作只是其思想的一部分，其完整思想是无法用语言文字传承的。

语言符号也可被视为一种文化象征，代表着某一个群体的集体印记，具有民族情感与文化表现力。在瑞典语言学家费尔迪南·德·索绪尔（Ferdinand de Saussure）眼中，语言符号是一种系统[1]。比如，中国的汉字，历经不同时代的发展，由甲骨文、金文，至小篆、隶书，再至楷书、行书与草书，表达相同含义的汉字符号在沿袭前代形式的同时，也在不断演进变化。就语言符号的具体应用而言，汉字从古代的文言文到如今的白话文也经历了语音语序等方面的变化发展。

在语言学里，语言符号还可划分为"能指"和"所指"。能指是表示具体事物或抽象概念的语言符号，比如，一支笔、一朵玫瑰花、一只白鸽，这些词汇的声音形象即能指。而所指是语言符号所表示的具体事物或抽象概念。也就是说，能指是具体的语言符号，而所指是语言符号具体指代的事物和概念。能指与所指之间并不存在固定的搭配，语言符号的指意会随着时间变化而发生改变，这也体现了语言符号的复杂性、可变性特点。例如，白色可以指代一种具体的颜色，在中国文化中有肃杀、悲凉之意，多用于丧事，而在西方文化中则与纯洁相关联，是婚礼中的重要元素。当说起白鸽，人们不仅会想到这种动物，也会联想到其象征的和平。类似的还有玫瑰代表爱情，火焰象征热情等。

与一般的符号不同，语言符号具有任意性的特点，其主要原因在于语言是一种约定俗成的产物，具有复杂性和模糊性。语言的产生及运用离不开特定的现实环境与社会文化。不同群体在日常交流过程中也会有不同的习惯与传统，基于多种复杂的因素所形成的语言表达自然也就具有很强的复杂性与社会性。有时同一语言符号可能具有多种含义，有时语言符号所指的意义本身就具有不确定性，比如，常见的"一词多义""谐音"现象，或是爱、恨、正义、邪恶等抽象词汇等。沟通者应当结合具体的语境，对特定语言符号所指向的特定意义进行判断。

语言符号往往还具有线性序列这一特点。所谓线性序列是指语言符号的表达与接收均符合线性逻辑，需要逐字、逐句进行，人们无法同时理解大量语句的含义。除此之外，语言符号的表达顺序往往会对语义产生影响，这种影响在下节所介绍的高语境环境下尤为明显。如，汉语中"屡战屡败"和"屡败屡战"两词虽然文字相同，但其含义却因文字顺序不同而不同。前者意为多次作战多次失败，讲述了一个事实情况；后者则指多次作战失败后仍然坚持，强调了一种锲而不舍的精神。

语言是文化的基础、人类的创造，作为可被群体共享的符号系统，它在人类社会发展

---

[1] 费尔迪南·德·索绪尔. 普通语言学教程[M]. 高名凯, 译. 北京：商务印书馆，1980.

过程中起到多种作用。一方面，为满足人类交流需求而诞生的语言先天具有社会功能，在个体之间的交际活动中起到重要作用。在掌握同一门语言的个体之间，信息传递、情感表达、思维交流都会更加轻松顺畅。另一方面，语言符号还具有文化功能。于个体而言，语言可以显示个人文化背景，包括民族、国籍、受教育程度等；于群体而言，语言是人类社会中各个文化储存、传承的重要载体，无论是口耳相传还是付诸笔端，文化的传播都需要语言的辅助。值得一提的是，在实现功能的过程中，语言符号本身亦随时代的变化不断发展演进，同一语言符号在不同时代可能体现出不同的运用与理解方式。具体而言，即其能指与所指的内涵发生了变化。随着互联网时代的到来与全球化的不断发展，这样的演进过程也在不断加快。

理解运用语言符号的特点及规律对于言语沟通的有效进行具有重要意义，然而即使在同一语言系统之下，沟通者对于语言本身的运用及理解也呈现出一定的复杂性与多样性。同一句话，在不同情境下由不同的沟通者说出来，可能会呈现截然不同的意义。这种情况更多涉及的是沟通者对于沟通过程之外其他因素的运用与理解，由此我们引出"语境"的概念。

3.2 语 境 作 用

在沟通交流的过程中，除了言语内容的传递，沟通双方所处的环境、状态也会对沟通产生影响，这一部分即语境。

语境即语言环境，是指说话时所处的状态，既包括语言因素，也包括非语言因素，具体包括上下文、时间、空间、情景、对象、话语前提等与词语使用有关的方面。语言环境有多种，一般贴合当地文化习俗和社会规范，即人民群众在社会生活中世代传承、相沿成习的生活模式，在语言行为和心理上的集体习惯，以及对言语交际活动作出的各种规定和限制。美国学者爱德华·霍尔（Edward Hall）根据文化中人们的主流交往方式，将不同文化划分为高语境文化（high context）与低语境文化（low context），如图3-2所示。

图 3-2 高语境与低语境

高语境文化是指信息传播时对于环境依赖度较高的文化。在此类文化下的言语交流过程中，绝大部分信息或依存于物质语境，或内化为个人认知，极少存在于编码清晰的话语中，主要依赖于人们思想预先设定的信息。高语境文化偏好集体主义，侧重于间接

表达观点，避免过分唐突或有失礼貌的直接表达，担心给人留下草率、莽撞的印象。尤其是在双方观点有争执、群体讨论有矛盾时，高语境文化强调言语表达含蓄委婉，避免正面冲突。

在高语境文化中，沟通效果如何往往取决于听者的理解程度。因此，从对方的角度出发，理解、体会对方话语背后的含义，对于提升沟通效果具有重要意义。就听者而言，言语交流本身的数量内容对其理解并不重要，重要的是言语交流的种类、背景信息和当下的环境氛围等其他影响因素。因此，在高语境文化下与初次见面或是并不熟悉的人交流时，人们会积极寻求其背景信息（如年龄、职业、宗教信仰）来消减不确定性，也经常自动从当下的语言环境之中寻求一些场外因素，以帮助双方更快地开启初步沟通，并逐渐建立信任，增进理解，使沟通更加顺畅。

低语境文化则正好相反，指信息传播时对于环境依赖度较低的文化。在此语境下的交流中，信息多由话语直接传递，偏向于个人主义，强调沟通者清晰明了地用言语表达观点，要求沟通双方依循理性与逻辑将所要传递的信息充分、清晰地表述出来。在这种情况下，任何暗示或是间接表达的尝试都会被视为回避问题，甚至是不坦诚的表现。此时，沟通的目的在于直接获取、交流信息，双方更为重视沟通结束后的信息交换成果，因此需要尽量避免出现误解。在低语境文化下，沟通成功与否主要取决于信息发送者是否真实清晰地传递了信息。

在现实生活中，高、低语境不同的表达方式可举例如下：

- 高语境表达：我最近手头不太宽裕，生活遇到了一些困难，连着好多天吃方便面……你最近还挺好的，听说你最近升职了（市中心买了一套新房子、买了新跑车）……（暗示借钱，需要沟通对象去领悟）
- 低语境表达：我最近生活遇到了一些困难，需要你的帮助，可否借我一点钱，下个月发工资后还你。（清晰明确地表达需求）

在这两类文化中，语境和语言内容在人际交往中的地位并不相同，也表现出了不同的作用。东方社会比如，中国、日本、韩国等基本以"高语境"文化为主，较为提倡表达的含蓄性，往往强调用语"点到为止"。在高语境社会中，个体自少时便开始学习如何捕捉含蓄的信息，人们在交往过程中也更注重语境而非实际内容。这样的社会往往强调社会信任，高度看重人际关系与友谊，因而这样社会中的人往往可以长期维持与许多人的良好关系。部分亚洲国家的居民重视"颜面"，将声望折损、颜面扫地视为严重的侮辱。因此，这些国家中的人们在为人处世时往往会为自己与他人留有余地，尽量避免令自己或他人颜面受损。相反，美国、加拿大、德国、澳大利亚等西方国家大多倾向于低语境文化，人们偏好直言不讳，往往直接表述自身观点、表达内心情感。对于低语境文化下的人们来说，解决问题或维护自身利益，远比维护颜面更为重要。高语境文化下过于委婉含蓄的交流表达可能会降低沟通效率，尤其针对文化差异较大的群体时，可能导致沟通双方对于信息的理解浮于表面。除此之外，一味维护集体感情可能导致问题无法得到有效解决，反而损害集体利益。与之相对应的，低语境文化虽然保证了沟通效率，但要注意维护沟通主体的情感体验，避免激烈的正面摩擦与冲突。

高、低语境文化使我们了解了不同文化模式下人们交流方式的差异，以及各自的优缺

点，然而，无论置身于何种文化当中，在进行言语沟通时都需要保持谦和自信的沟通风格，并以此为基础进行遣词造句，选择合适的方式表达自我。

3.3 沟通风格

性谦和，善与人交，宾无贵贱，待之若一。

——《晋书·良吏传·邓攸》

"谦和"是一个极具褒义色彩的词语，古人常以谦谦君子来形容一个人的品格气度。于个人而言，谦和代表着温良守礼、中正平和的个人修养，这种由内而外的气质，可以令他人心悦诚服。谦和可以体现在人格、人际、人品、人情及人性五个方面。

- 在人格上，为人谦和要做到崇尚真诚，包括不卑不亢、言出必践、不轻许诺言等；
- 在人际上，为人谦和要做到理解尊重，包括优雅从容、正视差异、不苛求一致等；
- 在人品上，为人谦和要做到保持谦虚，包括礼貌待人、虚怀若谷、不矜攻伐善等；
- 在人情上，为人谦和要做到学会宽容，包括心胸开阔、为人宽厚、不斤斤计较等；
- 在人性上，为人谦和要做到懂得低调，包括心态平和、宠辱不惊、不高调张扬等。

自信是指一个人对自身能力与特点的认可程度。这种认可程度直接关系到人们说话时的心理状态。缺乏自信乃至自卑会令他人心存怀疑与轻视，过度自信乃至自负则会给人以夜郎自大之感。优秀的沟通者需要凭借自身智慧，在这两个极端之间进行不断调整，最终展现出最为恰当的自信状态。

3.3.1 谦和自信的概念

谦和自信的沟通风格介于侵犯性的强势主动风格和迎合性的消极被动风格之间。这一风格要求沟通者在沟通交流时既要关注对方的诉求与需要，也要关注自己的权利和感受，以双方权利的最大化和互利共赢为最终目标。图 3-3 描述了谦和自信的风格在沟通当中的位置。从图中可以看出，这一风格处于强势主动与消极被动两种风格的中间地带。在心理学中，学者认为处于这种中间地带的风格使沟通者既不必为迎合他人而委曲求全，又不会因过于咄咄逼人而遭人诟病。

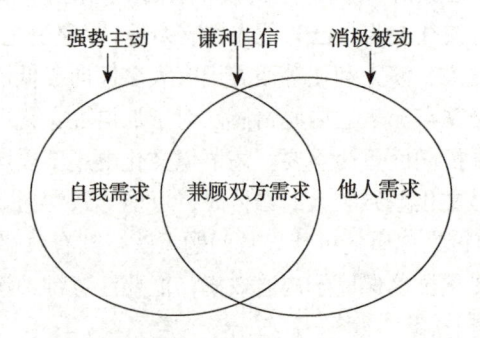

图 3-3 "谦和自信"适宜的中间地带

此处的"谦和自信"对应西方国家主流教育中强调的 assertive communication 这一沟通风格。Assertive communication 目前有多种翻译，包括自主性沟通、自信沟通、果断沟通等，但均未能完全表述出该词的内涵。本书提出的"谦和自信"这一翻译方式由"谦和"与"自信"两部分组成，二者相辅相成，一方面显示了谦逊平和的思想境界，另一方面则展示了积极自主的精神状态。尽管 assertive 的直接语义与中国传统文化中"谦和自信"的内在含义并不完全相同，但在沟通过程中，其实际意义与"谦和自信"异曲同工。在西方沟通学中，assertive 指一种可以公开、诚恳且直接表达自己正面或负面想法和感受的能力，要求沟通者做到以下两点：

- 在尊重他人的情况下尊重自己的权利和感受；
- 在避免评判、责备他人的基础上对自己的行为负责。

这一沟通理念与中国传统文化中"中庸"的核心思想也有相似之处。宋朝理学大家朱熹在《中庸章句序》一文开篇便论述了这一核心思想的含义："中者，不偏不倚、无过不及之名。庸，平常也。"换言之，所谓"中庸"就是一种可以长期坚持的避免极端选择的处世之道。在"谦和自信"这一沟通风格中，"谦和"偏向于推崇他人，"自信"则意味着肯定自我。如果过度偏重其中任何一方，都可能导致过犹不及的后果。因此，沟通者需要因势而动，根据实际情况在二者之间不断平衡调节，为二者确定合适的比例，兼采二者之所长，形成最适合沟通者本身的"中道"风格。

表 3-1 展示了四种不同沟通风格的主要表现，分别是被动的沟通风格、谦和自信的沟通风格、隐性攻击的沟通风格及显性攻击的沟通风格。谦和自信的沟通风格是一种合适得体的、非极端且十分灵活的沟通风格，它基于有效沟通的 CARE 原则，帮助沟通者以合适的方式表达自己的想法与见解。

表 3-1　不同沟通风格的比较

沟通风格类型	主要表现	沟通风格类型	主要表现
被动	哭嚎 抱怨 无助 被动 优柔寡断 愧疚	隐性攻击	讥讽 欺骗 模棱两可 暗示 控制摆布 诱导内疚
谦和自信	直接 真诚 接纳 负责任 自发的	显性攻击	专横跋扈 傲慢无礼 强迫 不容忍 固执武断

3.3.2　谦和自信的沟通方法

谦和自信式沟通，其核心是要做到：规划核心信息，即要从繁杂的交流中提取出有效的信息与目标；洞察隐性语境及语义，即要学会理解他人话中之意、话外之意等；有效运用沟通策略，包括依据事实、分享感受、理性分析情况、明确需求及采用共赢结束语等。

管理沟通：交往行为导航

微案 1

爱借东西的室友

初入大学，小华与性格活泼的小清成为室友。在入学后的几天中，小清迅速收获了同寝室所有同学的好感。但是随着后续相处的不断深入，同学们逐渐发现小清在生活中常常向他人借东西。开始时，小清的借取方式礼貌委婉，同学们也碍于舍友关系鲜有拒绝。出人意料的是，小清逐渐形成了习惯，甚至演变到未经允许直接使用他人物品。这天，小清在没有事先询问的情况下取用小华新购买的高级吹风机。小华非常不满，出于对小清在未经允许的情况下使用自己私人物品这一行为的厌恶以及当日考试发挥失常的委屈，她生气地直接将小清定义为"小偷"并对其破口大骂。小清也并未退让，反而咄咄逼人地回复道："你之前不是什么都可以借给我用吗？这破吹风机有什么好稀罕的，送我也不要！"宿舍内的矛盾一触即发，小华和小清有更好的和解办法吗？

在上面的案例中，小华和小清的矛盾一方面源于双方前期缺乏沟通，另一方面则来自冲突产生后双方对沟通方式的不当选择。在言语沟通时，双方同时采用了强势主动的风格，这在双方之间形成了针锋相对的紧张气氛，进一步激化了矛盾，甚至导致本来可以相互退让、协商解决的双方骑虎难下。基于这一案例，我们可以总结出实现"谦和自信"沟通风格的要点——字斟句酌，选用合适的言语表述。下文展示了当对方存在隐瞒与编造信息的情况时，不同沟通风格对应的表述方式及其效果：

- **强势主动式**：直接表述为"你撒谎"（这一表述方式容易使对方恼羞成怒，从而激化矛盾，也可能使某些因为特殊原因无法道明实情的沟通对象感到委屈愤懑）。
- **消极被动式**：直接表述为"听你的吧"（这一表述方式不利于明辨事实、厘清信息，可能会使错误的信息成为决策的基础，导致决策失败）。
- **谦和自信式**：表述为"我们掌握的信息不一致"（这一表述方式一方面有利于帮助沟通双方对比信息、了解真实情况，解决了消极被动式沟通无法解决的问题；另一方面则保存了对方的颜面，避免了强势主动式沟通带来的不满与矛盾）。

表 3-2 分别展示了三种不同沟通风格中的几种常用沟通语。基于这些例子可以发现，谦和自信式的沟通风格在表述方式上采用了主体与客体兼顾的方式，既不过分强调自我，也没有完全屈从于他人，充分体现了第 2 章中提及的 CARE 原则，有利于实现高效得体的沟通。

表 3-2　不同沟通风格的常用言语比较

消极被动式	谦和自信式	强势主动式
随你吧	告诉我你愿意做什么	你真懒
行，你说了算	咱们掌握的信息不一致	你撒谎
默不作声，委屈	这让我很生气	我恨你
行吧	我不明白哪种行为	这种行为很蠢

与言语沟通相同,非言语沟通同样是一种重要的沟通方式,在许多沟通场合中与言语沟通互为表里、相辅相成,共同向外传递沟通者希望表达的内容。因此,沟通者如果希望成功展现谦和自信的沟通风格,同样需要注意对自身非言语行为进行设计与控制。表 3-3 展示了不同沟通风格下非言语沟通方式的特点。在第 4 章中,本书将就非言语沟通进行更为深入的探讨。

表 3-3 不同沟通风格中的非言语沟通特点比较

	消极被动式	谦和自信式	强势主动式
信念	他人至上,自己不重要	平等、尊重,每一个人都很重要	自己很重要,一切理所当然
眼神	躲避目光交流、恳请、无助	温暖、友善、自然	无感情、无表情盯住式
姿态	弯腰、驼背、让身体收缩	放松、舒展	仰头、叉腰让身体扩张
手势	互握、扣手、咬指甲、拽衣角、搓衣服等小动作	展开、友善、恰当配合言语信息	指尖指向他人、握拳
结果	一味顺从、放弃自我,自我批判、痛苦	建立良好社会关系,愿意妥协接受结果	树敌、打搅他人,自己愤怒、仇恨

3.3.3 谦和自信的三段式表述

谦和自信的表述风格并不抽象,有其一定之规可以遵循。具体而言,沟通者可以通过三段式表述实现谦和自信的沟通风格,本书将其归纳为:展示客观事实、表达个人观点、表达目标要求。需要注意的是,如果沟通者可以将事先掌握的对方个人信息,包括需求、态度、沟通习惯等与三段式表述的范式相融合,根据不同沟通对象有针对性地设计语言,将会更大限度地提升沟通效果,并获得积极反馈。三段式沟通的范式总结如下:

- 第一步是总结事实情况。俗语有云,"事实胜于雄辩"。沟通者可以将陈列既有事实、列举数据信息等作为沟通内容的起点,以此为有效沟通构筑背景。
- 第二步是表达个人观点。有了第一步的铺垫,此时再进行个人观点表达,既不会显得突兀,也容易使沟通双方达成共识。
- 第三步是阐明目标期望。能否实现沟通目标是评判一段沟通是否成功的重要标准,因此这一步是谦和自信表述三段式中的关键步骤。沟通者需要在尽可能同时照顾双方利益的前提下遣词造句,通过积极的表述方式清晰地说明自身要求。

下文所述的案例讲述了一家网络设计公司的所有者张琳,通过谦和自信的三段式表述,圆满处理了其下属设计师并未在截止日期前完成项目导致客户不满这一突发事件。在此例中,张琳既明确表达了对于设计师未能按时完成任务的不满,又清晰地提出了自身要求,同时也避免了令对方感到尴尬难堪。可以说,掌握谦和自信沟通风格的三段式步骤,可以为沟通者应对工作、生活中各类沟通难题提供思路。

微案 2

三段式表述的案例

张琳(一家网络设计公司所有者)意识到她的一个设计师并没有在截止日期前

完成项目，这导致了客户的不满……张琳准备找这位设计师谈话交流。经过一番思考后，她说：

"我记得我们就这项互联网设计工作需要多长时间完成进行过讨论。最后我们都同意这项工作需要 10 个工作日来完成。现在已经过去两个多星期了，而这项工作还没有完成。"（总结事实情况）

"发生像这样的延误，会给顾客带来焦虑，从而演变成我们的压力。我已经意识到这个问题，并必须跟你就此事进行沟通。"（表达个人观点）

"我想明确一点，当我们为一项工作设定好截止日期，就必须在此之前完成。今后，最好预留比你预期更多的时间，我相信你的工作和生活会因此更加轻松……"（阐明目标期望）

当然，现实生活中，部分企业、机构或个人会选择性地利用事实，以实现说服他人的目的。例如，某手机厂商在进行产品说明时，着重强调自身产品的内存优势，以引起买家的注意，却对产品系统性能、相机参数等逊色于友商产品的情况闭口不谈。因此，在面对他人表述时，信息接收者也需要对他人提供的"事实"进行甄别。此外，在照顾多方利益的前提下表达观点、阐明需求的能力也需要在实际沟通过程中反复锤炼、不断思考，如能形成符合自身表述习惯的相对得体的表达范式则更佳。在下节中，我们将介绍积极表述法，作为一种可以广泛适应多种情境的表述方法，该法可以为三段式表述提供具体的表达策略。

最后，谦和自信式沟通只是一种沟通风格，未必会为所有人所接受，也无法保证使用者在沟通过程中无往不利。作为一种非挑衅性的表述风格，积极表述法体现的是个人具体的表达能力和其对于沟通交流的内在理解。

3.4 积极表述

上一节详细介绍了谦和自信式沟通风格，并总结了它与消极被动式沟通和强势主动式沟通相比的优势，同时介绍了谦和自信式沟通的三段式表述框架。在具体表述时，如果希望自身观点更容易为他人所接受，还可以采用"积极表述"这种沟通方式。

积极表述是一种以实现有效沟通为核心目标，在充分考虑各个环节的基础上，通过采取积极正面的态度和经巧妙安排的言辞，使沟通对象更容易接受己方观点的沟通方式。需要注意的是，这种沟通方式不是通过隐瞒负面信息来粉饰太平，保障信息传递的充分性是积极表述的基本原则。除此之外，使用这种方式也不以他人的首先示好为前提，需要避免过度在意对方是否给予同样积极正面的反馈与回报。

对于许多交流者来说，只能"被动交流"是一个严重的问题。在面对态度热情、开朗大方的沟通对象时，他们往往可以言笑晏晏、侃侃而谈；在面对态度冷淡、难以捉摸的沟通对象时，他们则更倾向于封闭自我，尽量减少交流。心理学一项研究表明：人际关系往往呈现相互性。也就是说，普通人往往倾向于用他人对待自己的方式去对待他人。这正是

"被动交流"这一沟通问题的来源。优秀的沟通者不会为这一心理定势所控制，反而会利用这一原理影响沟通对象的态度，积极表述正是他们所采取的有效方式之一。在与他人进行沟通时，如果沟通者选择首先主动释放善意，则可引发收到善意的一方对其收获的善意进行思考，进而增加沟通对象做出同样积极善意反馈的可能性。反之，如果沟通者由于无法把握沟通对象的态度，率先展示出防御或敌意，则会引起沟通对象产生同样的抵触与防备心理，设立牢固的心理防线。正因如此，积极表述往往可以获得积极的反馈，而消极表述则更可能毫无所得甚至得到负面反馈。此外，消极表述有可能对收到信息的一方产生极大的负面影响。在下面的案例中，小华的高中好友小清便是因为竞赛导师的消极表述，一度对自己的学业产生了怀疑，成绩一落千丈。如果没有老师与小华的积极引导，他可能很难走出消极表述给他带来的阴影，也不可能取得之后的学业成绩。

微案 3

一落千丈的成绩

小华在高中有一位很好的朋友小清，他俩是同桌，二人的学习成绩在年级中一直名列前茅，因此他们也被同学们戏称为"神仙一桌"。高二时，学校计划组织一些成绩优异、思维敏捷的学生赶赴某省会城市 A 市参加竞赛集训，并在之后的物理竞赛中争取保送机会。学校找到了小华和小清，小清对于自己的头脑极为自信，当即报名；小华则认为自己已经取得的成绩主要来自努力准备与细致复习，并不能满足竞赛要求，因此并未参加。集训中，周边数省云集于 A 市的竞赛天才们令小清倍感压力，尽管全力以赴却仍然在模拟考试中屡屡受挫。该训练营的老师们长期教授此类高难度的竞赛课程，对于如小清这般缺乏天赋的学员早已司空见惯，从未将这类学生视作他们的目标学员。因此，老师们不仅对小清不闻不问，有时甚至将他作为反面教材当众对其进行负面评价。在某次小清提问时，一位训练营导师直接回以"说了你也不会"这样的侮辱性评价，令小清自此再也无颜提问。训练营结束后，小清回到学校，不仅直接放弃了物理竞赛，更对曾经最热爱的物理学科失去了兴趣。老师和小华都注意到了小清的变化，在多次沟通后，小清终于道出实情。为了帮助小清走出心理困境，老师和小华都刻意给予小清积极正面的评价。经过长达半年的努力，小清终于再次从物理学科的学习中寻回了丢失的成就感，成绩再次稳定在年级前列，最终他与小华一起通过高考进入了心仪的大学。

3.4.1 积极表述的策略

积极表述需要注意方式方法，具体策略包括平衡理性与感性、增进相互理解、增加相互沟通、提升自身可信度四个方面。平衡理性与感性是积极表述的一个重要基础。感性是一种与生俱来的判别外界事物的能力，它是一种纯粹发自内心的对待外界事物的态度。本能反应和对事物的直觉评判便是感性思维的体现。与之相对地，理性则是一种后天养成的能力，在广泛收集信息进行全面思考的基础上对事物做出判断就是理性思维的展示。这两种截然不同的认知方式，构成了完整的心理功能。在积极表述中，感性与理性的平衡就是一种"晓之以理，动之以情"的态度，是在相对全面客观地看待问题的同时通过感性思维

引起对方共鸣，进而更加通畅顺遂地传达自身观点。该表述方式既非武断蛮横地使他人屈服，也非强迫自己盲目退让，因为只有在主体与客体间保持中立，通过事实与道理的碰撞配合情感的共鸣，双方才有可能就冲突的议题真正达成令彼此心服口服的共识。在这样的沟通过程中，沟通者自身也将得到成长。若是在沟通中完全以理性对待，会令对方觉得冷漠无情；若是仅凭感性意气用事，则可能根本无法与对方达成共识，最终导致沟通失效。

除此之外，积极表述颇为重要的一个前提就是对沟通对象最大限度地接受、理解与尊重。即先认可对方表达观点的权利，后接受沟通对象表达自己的观点，然后尝试理解其初衷，并给予尊重。因为在丰富多元的社会中，不同的人由于不同的成长经历、家庭背景、生活环境、价值取向而形成各种差异，往往难以就所有问题达成一致。因此，在较为长期的沟通中存在分歧几乎无可避免。部分分歧可以通过讨论与谈判的方式达成一致，但在某些问题上可能会出现双方各执己见、互不相让的情况。正所谓"过刚易折"，在面对这种情况时，执着决绝的态度往往会令沟通崩溃，只有妥协才能为沟通带来转机。所谓妥协并非直接屈服，否认自身转而承认对方，而是在接受彼此差异的基础上，在差异之中寻找双方的相同之处。在此基础上，沟通者可以以共情为原则，通过换位思考选择对方最易接受的言辞，尝试令对方接受、理解我方观点。

为了实现积极表述，沟通者还需努力尝试主动获悉对方意见。积极表述是建立在对双方观点充分认知与全面思考基础上的，如果缺乏对于对方观点的了解，积极表述就会变成无法设定目标与底线的无意义让步，全然失去了一语中的、切中人心的准确性，所谓的"动之以情，晓之以理""求同存异"也都会成为空中楼阁。因此，如果沟通者希望通过积极表述实现有效沟通，就必须拥有主动获悉对方观点的勇气与毅力，即使对方缺乏对我方观点的兴趣也要继续尝试。通过主动寻求对方意见，沟通者可以逐渐拉近与对方的距离，在此基础上凭借积极表述的策略方法逐渐与对方形成初步交流，最终建立互惠互利的深入交流。除此之外，来自对方的丰富信息也可以为我方后续决策提供参考，提高决策完整度，降低错误决策的风险。

需要强调的是，增强自身可信度也是实现积极表述的重要一环，即使对方缺乏诚信也不可以怨报怨。在沟通中，互相欺骗无助于任何问题的解决，只会在沟通双方之间形成嫌隙，使双方心存猜忌。在高效的沟通中，尽可能且尽快地保证自身的可信度是沟通者的一个必备条件，这有助于塑造、维持沟通者积极的形象，使其所传达的信息、所表达的想法更易为对方接受，并帮助建立长期牢固的互信关系。

3.4.2 积极表述的实例与误区

从前文所述的积极表述策略出发，大家可以尝试对自身表述方式进行打磨，进一步提高言语表达能力。表 3-4 比较了五组常见的消极负面表述与积极正面表述的实例。

表中首例是积极表述的典型实例。在同样表达"对方不适合穿有条纹的衣服"这一语意的前提下，积极表述法将消极负面的言语表述转变为积极正面的赞扬鼓励，在劝告对方减少穿条纹衣服的同时，避免了因为简单直接的负面表述造成的不快。表中尾例展示了积极表述可能无法发挥全部作用的情况。在此例中，如果对方依然在意沟通者的情绪，采用

积极表述即可发挥作用；相反地，如果对方已经对沟通者的情绪毫不在意，积极表述则只能起到避免正面冲突的作用，难以促进沟通目标的实现。

表 3-4　积极表述与消极表述案例比较

消 极 表 述	积 极 表 述
你穿有条纹的衣服很难看	我觉得你穿纯色的衣服最好看
你的意见是错误的	我想谈谈我的理由
由于你表现不佳，我们可能输掉这个项目	如果我们不积极应对的话，这样的表现可能导致项目失败
你可能不明白这个消息的复杂性	我尽我最大的努力，看看能不能把这个复杂的消息说清楚
我希望你不要阴阳怪气地说话	我希望你可以说清楚发生了什么，或许我能更好地理解你的意思

不可忽视的一点是，在采用积极表述法的过程中也存在一些误区，其中最严重的就是对平等的过度追求，以至于达到了非理性的程度。人们对于他人的不满时常来自对他人平等报偿的渴求，这种渴求本身便是来自对平等的误解。表 3-5 列举了将完全平等误用于积极表述中的实例。这些实例都以"以德报德，以怨报怨"为基本思想，即双方必须进行物质或精神的对等交换。这样的态度不仅无法改善沟通、推进工作，还会导致沟通双方心生怨怼，加深彼此之间的隔阂，加剧相互冲突，甚至造成更为恶劣的影响。积极表述是对沟通者本身提出的规范，不应以此强制要求沟通的其他参与者。

表 3-5　非理性平等的表述实例

盲 目 认 可	显 性 敌 对
我在爱的基础上对待你，那你对待我也要完全基于爱	既然你怒气冲天，我也不给你好脸色
既然你认为我是正确的，那我也全盘接受你的看法	既然你误会了我，我也把你往坏处想
我们是盟友，没必要讨论分歧	你不听我的，我也不听你的
既然我希望你完全信赖我，那我也完全信赖你	你显然是在骗我，那我也要耍你
我希望你对我做出让步，我也会对你让步	你强迫我，我也强迫你
我希望你认可我的利益和观点，我也会这么对你	你瞧不起我，不把我的观点和利益放心上，我也不把你放眼里

本章小结

在某种意义上，语言可以被视为一种文字或图案的符号，用来抽象概括某种信息、事物或象征指代。相对于非言语信息而言，语言符号往往更加易于理解、便于传播，因此在人际交往中意义重大。然而，沟通者希望传达的信息有时并不出现在语言文字本身之中，而是需要沟通对象结合沟通双方所处的环境、状态等进行揣摩理解，这就是语境对于言语沟通的影响。

谦和自信是一种区别于强势主动与弱势被动的沟通风格，这一风格以前文所述的 CARE 原则为基础，展现了沟通者有礼有节、不卑不亢的沟通态度，适用于工作生活中的大多数沟通环境。与这种沟通风格相配合，沟通者可以选择应用积极表述的策略进行具体

表达，但同时也需要注意避免落入误区当中。通过不断地尝试练习与反馈修正，沟通者最终可以根据个人特点逐渐调整沟通风格与表达方式，在言语沟通方面逐渐进步。

课后练习与讨论

1. 何为语言符号？它具有哪些特点？
2. 什么是语境？高语境与低语境文化分别对沟通者提出了怎样的要求？
3. 有哪些常见的沟通风格？它们的主要表现分别是什么？
4. 如何定义谦和自信式的沟通风格？它的核心方法与三段式表述分别是什么？
5. 什么是积极表述法？有哪些具体策略？

案例模拟

阅读下文中的案例，体会言语沟通在工作环境下的重要作用，并对案例中两位主人公的言语表述进行比较评价。

小清与小华在企业中的同一部门任职，部门经理安排二人分别对企业厂房的设备安装工作和原材料进厂情况进行落实，以下是两人在次日晨会上的汇报。

小清：经理，我部门购进的63台设备中已有41台完成安装，目前尚余热处理车间的设备安装工作仍在进行。其中，15台设备的安装工作可以在三周内完成，剩余7台设备需要更换零部件。我已与厂家联系处理，预计将在本月30前完成所有安装工作。

小华：经理，我给所有供应商都打了电话，A厂说上周生产线出了问题，交货期会受点影响；B厂说最近南方下大雨，很多地方山体滑坡把路都冲垮了，可能得到下个月才能把货运来；C厂那边没有问题；D厂和E厂还没接我的电话。

即测即练

扫描此码
自学自测

第 4 章

非言语沟通

在人际交往与合作的演化过程中，非言语沟通一直是最重要的沟通活动之一。美国心理学家迈克尔·托马塞洛（Michael Tomasello）在《人类沟通的起源》中提到，请求、告知、分享是三种原初的合作动机[①]。请求即向别人寻求帮助，告知是希望传递信息，而分享则是与他人分享情感、体会等。在上述合作动机的驱使下，人们就会产生沟通需求。查尔斯·达尔文（Charles Darwin）在进化论著作之一《人和动物的感情表达》[②]中最早探索了人类面部表情和肢体语言的动物起源。在早期的人类进化中，语言尚未出现，非言语沟通成为当时的人类满足上述沟通需求的主要形式，其重要性可见一斑。在随后的人类进化过程中，语言文字逐渐产生，人们之间的沟通表达方式也就越发丰富。即便如此，恰当的非言语表达在社交情景、工作环境与商务场合中仍然至关重要，其效果在大多数情况下无法为其他沟通形式所替代。

从古至今，有效沟通往往不仅需要精准地发送与接收文字信息，更需要对"言外之意"进行恰当的传递与解读。在这个过程中，非言语沟通就起到了重要作用。随着人类社会不断地发展与完善，非言语沟通逐渐形成了约定俗成的规则与方法。善于使用非言语方式的沟通者能够依据成规进行规划，通过精密设计的非言语要素实现展示自身社会地位、补足言语不便提及之意、表达内心情感态度等多重功能，进而为信息接收者提供解读文字信息的框架，帮助他们准确、清晰地理解其中含义。然而，非言语沟通并不能因此被简单视为言语沟通的辅助与补充。与言语沟通相比，非言语沟通在日常交流中所传递的信息更为丰富，往往也更具有表现力，其在沟通中的独立地位毋庸置疑。正是基于上述原因，于现代社会专业人士而言，了解非言语沟通的核心概念并熟练掌握相关技巧才尤为重要。

本章将从非言语沟通的核心概念出发，首先帮助大家建立对于非言语沟通的系统认知，厘清其与言语沟通间的关系。在此基础上，将常见的非言语沟通划分为四个种类，分别介绍这些非言语沟通的特点，梳理它们所能传递的信息。

4.1 基 本 概 念

非言语沟通的基本概念包括其本质与组成、功能及言语与非言语沟通间的关系三部分。整体而言，非言语沟通与言语沟通本质相近，表现形式则更为丰富。绝大多数言语沟通都围绕"语言文字"四字进行，而一颦一笑、或坐或立、行行停停都是非言语沟通的一部分。在日常交流中，非言语沟通既可以与言语沟通共同出现、互为补充，也可以单独进行信息

---

① 迈克尔·托马塞洛. 人类沟通的起源[M]. 蔡雅菁, 译. 北京：商务印书馆, 2012.
② 查尔斯·达尔文. 人和动物的感情表达[M]. 曹骥, 译. 北京：科学出版社, 1996.

传递。因此，非言语沟通不应被简单视为言语沟通的附庸，而应被看作与言语沟通并驾齐驱的、具有一定独立性的重要沟通方式。

4.1.1 非言语沟通的本质与功能

与言语沟通相似，非言语沟通的本质同样是人与人思想和情感的交流。然而，非言语沟通的组成更加丰富，包括了语言符号以外的各种符号系统：面部表情、形体语言、音质音量、外在形象、空间时间把握及沟通环境等。

非言语沟通的主要功能与其他沟通方式相近，同样是支持帮助信息的传递、思想的沟通及情感的交流。举例来说，配合默契的乒乓球双打运动员可以通过一个眼神、几次走动将自身战术设计的信息传递给队友；行人对待街边行乞老人的态度与方式反映了其本身的价值观；身边人突然拉近距离时，某人选择坦然迎接还是惊慌退避则能体现他对此人的不同情感。

此外，非言语沟通还具有加深印象、转折意向及补充信息的独特作用。就加深印象的作用而言，沟通者可以通过选择恰当的非言语信息达到与言语信息相辅相成的效果，使其表述更准确、有力、生动、具体。例如，演讲者会在演讲内容的关键处停顿并环视全场，以此吸引听众关注演讲内容。转折意向的效果则更多体现在非言语信息的前后变化当中。以初次会面的两人为例，当他们由双臂环胸、身体后仰转变为双臂自然下垂、身体放松，则说明他们对互相的态度已经从初始的戒备转向信任。在补充信息方面，非言语沟通更多传递的是言语沟通不便或无法传达的内容。在会面中提前离席是一个略显尴尬的请求，沟通对象如果另有安排，可能不会直接提议立即结束会谈，而是通过身体的偏转、眼神在门口或手表上不时地流连来进行暗示。此时如果沟通者可以为对方提供一个结束交谈的恰当理由，将显著提升对方的舒适度，也可以为开启下一次交谈打下良好基础。

4.1.2 非言语沟通与言语沟通的关系

言语沟通与非言语沟通在人们日常交流中都有着不可或缺的作用，整体而言，两者互为表里、相辅相成，但是它们之间的确切关系则根据不同的情境呈现出一定的变化。具体而言，言语沟通和非言语沟通的关系主要可分为重复、辅助、代替、强调、矛盾及超语言六种。表 4-1 对此六种关系进行了详细释义，同时也列举了相应关系的案例以帮助理解。

表 4-1 非言语沟通与言语沟通关系的详细释义

关系	关系释义
重复	指将言语沟通已经表达的意义，通过非言语重新表现出来。如在讨论中，在言语表达对问题的关切后，眼神保持注视，身体微微前倾，表示重复言语的含义
辅助	指言语沟通已经表达的意义，在非言语内容的帮助下更加完整。如在为他人介绍景点时，以手示意景点方向，帮助他人快速确定位置
代替	指以非言语的表现代替言语内容，这一作用具有一定的文化情境性。如全国人民在地震纪念日通过低头默哀祭奠逝者、传递哀思，又如专业工人在噪声较大的施工现场通过手势安排工作、进行配合，需要注意此沟通手势具备一定的专业性，沟通者需要提前了解，避免造成双方误解

续表

关系	关 系 释 义
强调	指对言语表达的意义进行强化。如在企业危机公关时，负责人语气严肃果断，通过手指叩击桌面强调工作任务的重要性
矛盾	指非言语表达与言语表达存在不一致的一面。如面试官微笑着对一位应试者表示拒绝
超语言	指通过非言语内容表现出言语内容不便或无法简单表达的意义。简单的情况如男生通过在情人节向女生赠送巧克力表达爱意，复杂的情况则如通过眼神传递语言无法表达的复杂情感

4.2 面部表情

面部表情是用于表现各种情绪状态的眼部、颜面和口部肌肉的变化，也是世界共通的非言语信息。来自不同国家、受到不同文化熏陶的人们或许有着不同的语言文字、历史背景、文化环境，并因此产生了不同的价值观和信仰，但人们对面部表情的理解却有着高度的一致性。面部表情是非言语沟通中最直接且最突出的一个方面，可以完全独立地传递准确信息。在沟通时，面部表情所传递的信息与言语信息同样重要，通过二者恰当的配合可以使信息的传递事半功倍。

4.2.1 表情

美国著名心理学家保罗·埃克曼（Paul Ekman）在与同事们的研究中发现：通过细微调节，人类面部43%的肌肉可以组成约1万种不同的面部表情，每次互动中约有1000种非言语因素帮助人们传递信息[①]。生活常识告诉我们，人们可以通过眼部肌肉、颜面肌肉和口部肌肉的变化来控制面部表情，表现各种情绪。每一天，人们都会经历各种各样的情绪。保罗·埃克曼及其团队发现，有7种情绪所对应的表情具有全球共通性，分别是轻蔑、快乐、悲伤、惊讶、厌恶、愤怒和恐惧。尽管不同的人表达情绪的意愿有所不同，各类情绪在其面部的呈现方式也具有一定差异，但当沟通对象脸上呈现某种表情时，善于观察的沟通者依然能准确察觉并读取背后蕴含的情绪。表4-2总结了人们经常表现出的情绪及相应的面部表情。熟练的"表情管理者"不仅能够通过对细微表情差异的捕捉体会交流中另一方的意图，还能够对自己的面部表情进行管理，传递自己想要传递的信息，从而实现个人的沟通目标。

表4-2 常见的情绪及表情特征

情绪	表 情 特 征
轻蔑	嘴角一侧抬起，作讥笑或得意笑状
快乐	嘴角翘起，面颊上抬起皱，眼睑收缩，眼睛尾部会形成鱼尾纹

---

① 保罗·埃克曼. 说谎：揭穿商界、政治与婚姻中的骗局[M]. 邓伯宸，徐国强，译. 北京：生活·读书·新知三联书店，2008.

续表

情绪	表情特征
悲伤	眯眼，眉毛收紧，嘴角下拉，下巴抬起或收紧
惊讶	下颚下垂，嘴唇和嘴巴放松，眼睛张大，眼睑和眉毛微抬
厌恶	嗤鼻，上嘴唇上抬，眉毛下垂，眯眼
愤怒	眉毛下垂，前额紧皱，眼睑和嘴唇紧张
恐惧	嘴巴和眼睛张开，眉毛上扬，鼻孔张大

面部表情承载着大量的情感信息，对情感的表达能力要强于其他表达方式。因此，有效地控制面部表情的能力作为自我情绪管理能力的体现，在许多工作场合受到极大的重视。在领导力领域，管理者须对自我表情与情绪进行管理，避免持续向员工输出高强度的负面能量。如果管理者总是以愤怒情绪面对员工，可能会导致其团队成员处于充满消极愤怒情绪的工作环境之中。除此之外，识别和管理面部表情也是评估心理咨询师、酒店礼宾人员等职位相关能力的标准之一。以礼宾服务人员为例，他们需要时刻注意面带微笑，在沟通中声音柔和、仪态礼貌得体以符合其职业要求。值得一提的是，在跨文化沟通的情境中，我们不能仅以自身习惯管理面部表情，而需要注意使自己的面部表情符合当地的文化、习俗和规范，避免出现不合时宜的表情而引发误解。总之，管理自己在沟通中的面部表情可以帮助处于不同职业和情境中的沟通者传达出正确的情绪信息，增进他人对于表达内容的认知与理解。

4.2.2 微表情

随着年龄和阅历的增长，人们通常可以通过控制面部表情掩饰自己的情绪，但往往难以完全把控微表情的表达。微表情指的是在某个表情中或不同表情之间脸部流露出的信息，最短仅持续 1/25 秒，并可以瞬间发生改变，甚至立刻变化为表达相反情绪的其他微表情，正因如此难以被掌控或观察，通常情况下，只有 10%左右的人能够察觉到他人微表情的变化。不可否认的是，如果沟通者可以在真实的社交场合中对他人短暂的、难以捕捉的微表情进行判断，将对其整体把握沟通情况的准确性与深入性产生额外助益。因此，学会识别微表情信息并了解如何控制微表情也是非言语沟通中的一个重要方面。

在商务工作场合中，微表情有时甚至关系到对工作的理解与评价。例如，在向上级汇报工作时，谦和的态度配合自信的表述往往可以在上级心中留下良好的印象，但是中途流露出的某个自负或轻蔑的微表情或许就会使整个报告功亏一篑。在绩效面谈中，一个眼神间断躲闪的员工或许会被上级领导评价为缺乏自信、消极应对甚至有所隐瞒。

面部的眉、眼、鼻、口都是人们能够控制并改变微表情的重要部位。其中，眼睛也被称为"心灵的窗户"，在微表情控制中处于首要位置。心理学研究发现，人们对眼的控制是最为困难的：大部分人无法对眼部的微表情进行控制，而只有少数运用微表情的高手，才能对眼神进行精准的控制。正因如此，人们可以通过眼神获悉许多来自其他个体内心深处、未被反映在其言语甚至其他非言语表述中的真实信息。对眼部微表情的判断经常被应用于心理咨询与刑侦的过程中，往往能够揭露新的线索。表 4-3 展示了人们对于不同眼神的解

读，从眼神中，人们可以传递出或积极或消极的多种情感。当人们对一件事情感兴趣时，瞳孔会不由自主地放大，眼神也会更加坚定；当人们对一件事情不感兴趣时，眼神则会游离、飘忽。一般情况下，通过观察眼神，人们可以较好地对他人的情感、想法等进行判断与把握，这有利于进一步推动沟通的深入与改善。

表 4-3 不同的眼神微表情

坚定的眼神	向 下 看	向右上方瞟	向 左 看
坚定不躲闪的眼神，通常会给人诚实和值得信赖的感觉	眼睛低垂、躲避眼神接触，说明感觉挫败、羞愧、自卑	眼睛向右上方看是典型的说谎特征	眼睛向左看可能是说话人正在提取回忆，努力回忆某事
眼睛向上瞥	眼珠转动	眨 眼	瞳孔放大
"翻白眼"这一动作盛气凌人，常带有轻蔑或鄙视之意，表明对话者感到无聊、不感兴趣	这种眼神通常是由于害羞而不敢直视，且常常是女性对心仪者带有情感暗示的一种表达	眨眼的频率高低有不同的意义。既可以表达友好，也可以通过延长眨眼闭眼时间表达不快	放大瞳孔表达出友好、喜爱、兴趣；瞳孔缩小则表示厌恶和无聊。有时瞳孔大小也会因光线改变

除了眼神之外，面部的其他部位同样可以通过各种组合，在交流中传达出不同的意义。例如对"口部"的应用，噘嘴时人们的下嘴唇凸起，这既是小孩子生闷气时常用的表情，也是激起对方保护欲时常用的挑逗动作。当嘴唇紧闭时，通常预示着交流者此刻愤怒、悔恨、抗拒或羞耻的情绪，这是因为在潜意识里，人们认为紧闭嘴唇可以阻挡伤害。嘴巴向内抿则与紧闭嘴唇意义相近，都表示挫败或守口如瓶，是典型的受到压力又极力遏制的表现，常常会给人以优柔寡断、紧张不安和不可靠的感觉。在对方嘟着嘴的时候，通常表示对方对你说的话不买账，但态度在同意、不同意和怀疑之间摇摆。如果交流的时候出现这样的情况，及时停止交流并进行思索，尝试更换方式说服他人可能是更好的解决方案。当然，大幅度地嘟嘴也可能代表着希望一个甜蜜的亲吻。咬嘴唇的动作通常让人看起来局促或是羞涩，是一个比较孩子气的表情，意味着柔弱无助以及缺乏自信。在某些特殊的场合，咬嘴唇也可以是一种挑逗，给人留下年轻、害羞和纯真的印象，但是也仅限于咬下唇。当交流中，对方用舌头舔牙齿或嘴唇时，通常表示对方此时比较紧张，并因此感到口干舌燥。猛然伸出舌头是一个负面表现，代表欺骗、煽动或苦恼，通过动作揭示对方所说的话与真实意图之间的矛盾之处，并以此表达出不同的意思。如果在交流中咬紧下颚，通常会引起交流对象的恐惧和反感，比较容易招致对方的怒火与挑衅。

通过五官肌肉不同方式的组合，人们可以展示出各种各样的表情或微表情，表现出多种完全不同的含义。对于高效的沟通者而言，尽可能掌握不同微表情的内涵，有助于在沟通中较好地掌握交流双方所处的交流位置与状态，并根据目前的状态适时地进行调整与改进，从而实现更好的沟通。

4.3 肢体语言

肢体语言作为非言语沟通的表现形式之一，同样是沟通中不可或缺的重要一环。肢体

状态与动作是人们日常工作生活中应用最广泛的身体非言语表达，且常常会对交流效果产生深刻影响。例如，肌肉饱满、身姿挺拔的健身教练更容易吸引学员购买课程；全身慵懒地倚靠在椅子上的会议参与者可能会使其他与会者对其工作态度产生疑问与不满，因为其对会议内容似乎缺乏关注……尽管肢体语言通常受到情境左右，但是能够表露许多个人情况，包括个人对自己的定位、个人目前的想法和状态等。未经刻意训练与纠正的肢体动作，很容易使沟通者在特定的场合中表现出不符合该场合的行为，进而引起他人反感。相反，如果可以对身体语言进行恰当控制，就可以充分利用相应的符号，给他人留下良好的印象。例如，举止舒展放松的演讲者可以向听众展示自信开放的状态，更有助于取得信任；而封闭性的肢体动作则常常会被听众视作心虚、自卑的表现，使听众失去继续倾听演讲的兴趣。

4.3.1 静态肢体信息

在大多数人的认知中，肢体语言就是肢体各种动作所传递的信息。这样的观点忽略了一个重要的事实：在一段沟通开始之前，一个人即使静止不动，其存在本身就已经在向其他沟通者展示自我，帮助对方形成第一印象，也即本小节所强调的静态肢体信息。这一概念主要指个体在静止不动状态下，其肢体所呈现的状态和个体在空间中所处位置传递出的信息。

肢体状态往往直接反映一个人的工作情况与生活习惯。举例而言，久居室内的文书工作者往往肤色较白，同时还可能出现一定的颈椎、腰椎问题；体力劳动者大多皮肤粗糙、硬茧丛生；习惯熬夜的人往往眼圈乌青、四肢浮肿；热爱运动的人则肢体修长、充满力量感。除此之外，肢体状态还可以在一定程度上展现个人的精神面貌。《世说新语·容止》中将竹林七贤中嵇康的体态描述为："身长七尺八寸，风姿特秀。"有人评价他："肃肃如松下风，高而徐引。"山涛则评价他："嵇叔夜之为人也，岩岩若孤松之独立；其醉也，傀俄若玉山之将崩。"嵇康修长挺拔、苍劲有力而又舒缓自然的肢体状态表现了他温暖和煦、平静乐观的内心世界。需要注意的是，有时肢体状态也会反作用于一个人的内心世界，通过改变姿势可以改善个人整体的精神面貌。"抬头挺胸、面带微笑、四肢放松"这种舒展的姿态，不仅会改变个人的外在形象，也会引起身体内部化学物质的变化，进而改善个人的精神状态，由内而外塑造落落大方、沉着自信的个人形象。

作为重要的静态肢体信息，个体在空间中选择的物理位置会向外界展示其个人性格、意愿态度和文化背景。如图 4-1 所示，在一间教室中，听课者对于不同座位的选择，也从

图 4-1 座位的信息

某种程度上反映了他们内心在课程期待、课堂参与度预期及课堂互动态度等方面的不同情况。比如，选择坐在前排门边的听众，往往对课程主题感兴趣并愿意积极参与学习，但因有其他安排可能需要提前离开教室。而坐在教室后排里侧角落的听众，则可能并没有特别高的互动欲望，希望自己能够被大部分人忽略。

4.3.2 动态肢体信息

动态肢体信息可以分为两类，一类是在沟通过程中沟通者头部、躯体、四肢、手足的各种动作，另一类则是沟通者身体移动时的整体状态。有研究发现，不经刻意控制的肢体动作往往会反映个人内心真实的感受，表 4-4 展示了一些常见的肢体动作及其解读，通过识别并理解这些肢体动作，沟通者可以更好地把握沟通对象言语中不曾体现或不愿展现的内容，并在沟通中实时调整决策，以推动沟通的顺利进行。

表 4-4 典型的肢体动作及解读

肢 体 动 作	解 读
两手互搓	双手不断移动相触表示暗含期待，也可引申为热身、准备开始某件事
十指相抵指尖朝上	通常表示自信的状态，显示动作发出者在社交场合的权威位置，身处低位时应尽量避免这一动作
抓耳挠腮	通常传递一种不确定的信息，尤其是在某人面对需要回答的问题却毫无头绪时，常常下意识做出这一动作
摸鼻子	在不同情境下可能有不同解读。一般而言，人们习惯于在紧张时进行这一动作。由于许多说谎者会感到紧张，因此这一动作也可能预示着谎言
摸脖子	表示感到压力，大脑正在思考。如果沟通对象做出这一动作，可能意味着当前话题给沟通对象带来较大压力，需要考虑更换话题
掌心朝上	通常被沟通者用于证明自己的坦率诚恳，也常常被不诚实的沟通者用于刻意伪装自己。在许多情况下，试图通过这一动作展现自身真诚的沟通者反而会受到高度怀疑，因为这一动作说明此人正急需获得他人的信任，更加显露其紧张与无助。在其他情境中，这个动作也可以表示一种顺从、开放的态度
掌心朝下	表示对方处在动作发出者的控制之下，常有傲慢之意。在古代中国，这一动作常常是帝王命令臣属平身的动作；在现代中国，该动作通常也在领导者允许下属入座时使用。该动作预设发出者在沟通中处于较高地位，因此需要谨慎使用
双手背后	表示一种温和自信的姿态，既不畏惧他人可能对自己构成威胁，也无威胁他人之意
双手叉腰	较为常用且不带有挑衅、进攻意味的防卫姿势。占据支配地位的沟通者往往可以通过这一姿势有效实现目的，不建议在沟通中处于低位的沟通者使用
耸肩	是一种自我否定的信号，常常表示对某事并不确定，或者试图表现对某事无动于衷。一般而言，此动作的发出者在潜意识中希望展示自身渺小脆弱的一面，以期获得他人谅解。经常使用这一动作的沟通者会令他人产生不可靠的印象
双臂交抱	这一动作形似在身前竖起盾牌，虽然会令盾牌后的动作发出者感到安心，但是会向其他人传递浓重的防御、警惕意味。在面对新观念时，做出此动作的沟通者往往持抵触态度。在一些特殊情况下，如抱着重物时，这一动作的消极意味则并不明显
下意识靠近	表示内心的喜欢和感兴趣，常常伴随目光交流

管理沟通：交往行为导航

身体移动作为肢体语言表达的重要部分，同样传递着丰富的信息，展示着动作发出者自身的情感和状态（图 4-2）。比如，两人对面相逢时，一方突然加快步伐，身体微前倾向另一方走去，就表现出了此人对会面的渴望。善于控制身体移动状态的沟通者，会根据沟通发生的场合、自身在沟通中的地位等各种情况选择合适的移动方式，向沟通对象展示出大方得体的一面；不善控制的人们则经常做出不合时宜的选择，给人以手足无措、进退失据的感觉，令他人轻视、不满。

图 4-2 不同的肢体语言传递不同的信息

那么，普通沟通者又该如何训练以实现自如控制身体移动的目的呢？首先需要注意的是身体协调性。尽管在移动过程中起到主要作用的是下肢，但头、肩、身体的协调配合同样重要，不协调的身体移动容易被他人解读为缺乏自信，降低对于他人的吸引力，甚至影响沟通活动的进一步推进。常见的不协调问题包括肢体僵硬、同手同脚、上下半身运动频率不一致等。在保障肢体协调后，沟通者可以通过有意识保持合适的行走姿势以展现生气勃勃、落落大方的美感。在这之中，最为重要的就是对肢体活动的幅度与频率进行掌控。具体来说，在行走时双手应在一定幅度内自然摆动，双腿间距应适宜，步幅不宜过大、步频不宜过急等。此种姿态会给人以开朗自信的印象，如果双腿大开、步幅与手臂摇摆幅度过大，则会令人感觉骄傲自负、不可一世。

对肢体信息的解读方式往往会受到约定俗成的文化背景影响，无论静态还是动态的肢体语言，在不同地区里以及面对不同的人，可能传递出不同的信息。举例来说，竖起大拇指在一些文化中，意味着"非常棒"，在另一些文化中，则是等候过路车的含义，还有一些文化中，这一手势甚至带有不好的含义。除此之外，身体动作发生的场合、情境往往也会影响这一动作在沟通对象眼中的含义。仍以竖起大拇指这一动作为例，在美国 NBA 篮球比赛中，运动员在对裁判的判罚感到不满时反而会向裁判竖起大拇指，以表示对判罚结果的抗议，这时就会起到反讽的作用。

总而言之，肢体语言与面部表情相同，是一门独特而实用的艺术，沟通者们需要不断地在工作生活中进行试错与练习，才能自然而然地展现出自己积极、正面的形象，进而提升沟通的质量。

4.4 声音品质

除面部表情、肢体动作之外，声音品质也是非言语沟通特性的重要组成部分。声音品质主要包括语调、语速、音量、发音、重音与语气助词六个特性，各个特性作用不同，共

同影响着沟通的效果。

音质的第一个特性是语调，即指声音的高低。当人们感到紧张时，声音变得细长收紧，语调也会升高，这一状况可以通过深呼吸进行缓解。在普遍审美中，男性低沉而浑厚有力的嗓音被认为更有吸引力，女性的清脆嗓音则更为性感。较高的声调会使人兴奋，但也可能引起他人质疑。在说话时，高低起伏的语调通常被认为更有活力与吸引力，也即广为人知的"抑扬顿挫"。

音质的第二个特性是语速，即讲话的速度。它既受到说话时情境的影响，也与说话者的情绪、性格等息息相关。可以说，语速快慢是沟通者重要的个人标志之一。在现实生活中，一些歌手和主持人会在某些特定的语段使用非常快的语速，并形成个人特色，吸引观众的广泛关注；一些政客反而因为语速缓慢在民众心目中留下了沉稳可靠的印象。研究表明，说话语速快的人可能更具有说服力，更易使他人认为其学识渊博、心思敏捷、口齿伶俐。然而在一些文化中则更推崇内秀藏拙、惜字如金，并不将词锋锐利作为智慧的代表，反而视之为心浮气躁的表现。中国文化就是一个典型的例子。在传统文化中，具有大智慧的人物往往心平气和、锋芒内敛，只有在深思熟虑后才会说出金玉良言，也即《易》中所述："吉人之辞寡，躁人之辞多。"同时，与前文所述"抑扬顿挫"一致的是，语速的快慢结合，有利于帮助听众捕捉言语内容中的重点，更好地接收信息。有时，停顿可以促进更好的沟通。例如，在沉默时泰然自若会更加引起听众的好奇，使其专注于讲话内容。

音质的第三个特性是音量。洪亮的声音通常是自信的象征，性格外向或是在交流中处于主动的人往往音量更大。需要注意的是，有时音量过大会引起他人的反感。温和的声音有时会给人害羞、柔弱、缺乏安全感的感觉，有时则是谦虚、谨慎的一种体现。沟通者需要根据具体的交谈对象与周围环境选择合适的音量，保证对方在沟通中的舒适顺畅。

第四个需要关注的特性是发音。发音清脆利落可以使人感觉自信大方、干脆干练；发音拖沓含糊则会令他人认为纠结犹豫、缺乏自信。此外，发音也是众多非言语因素中最快反映出沟通者身份背景的一种。在当下多元化的大都会城市中，人们往往可以在具体社会生活和工作环境中通过彼此的发音来判断对方的成长背景，拥有相同或相近发音（"乡音"）的人往往更倾向于相互团结、互帮互助。

音质的第五个特征是重音的强调。对不同位置的不同词汇进行不同的重音强调，会给同样的话语带来不一样的效果。重音的运用表达了沟通者对不同信息的强调与重视。例如"你迟到了"这句话，重音落在"你"上和落在"迟到"上会传递出不同的意义，如落在"迟到"上会更强调这一行为带来的严重后果。

最后一个音质特性是语气助词的运用。语气助词是助词的一种，是用在句中表示停顿或句末用于强调语气的虚词。在实际应用中，可以从两个方面思考语气助词的使用。第一个方面是是否需要应用语气助词，比如，在回答问题时"好"与"好呀"所传递出的语气并不相同。第二个方面则是选用何种语气助词，比如，"你要来啊"和"你要来吧"这两句话仅通过改变语气助词就传达出邀约发起人对被邀约人完全不同的情感。一字之差，一音之差，表达的意义在中文里可能完全不同。需要注意的是，很多情况下语气助词所表达的含义需要配合话语的重音强调共同理解。表4-5对声音品质的六大要点进行了总结。

表 4-5 声音品质的要点

语调	单调 vs 抑扬顿挫
语速	快 vs 慢
音量	大 vs 小
发音	清脆利落 vs 吞吞吐吐
重音	强调不同内容
语气助词	有 vs 无不同语气助词的选用

声音不仅仅是话语的载体,更是帮助他人了解沟通者的途径。正如前文所述,不同的声音品质会向外界传递不同的信息,帮助他人形成第一印象。举例来说,当创业者面对投资人讲述商业计划书时,如果声音铿锵有力且轻重分明,会令投资人认为他充满自信、成竹在胸;如果声音游移飘忽且语调平淡,不仅会给投资人寻找项目亮点增加困难,还会使其对创业者的自信、执行力生疑。除此之外,声音品质还具有反映发声者当前情绪的功能。人们的声音品质会受到心情影响,心情愉快时音调和音量都会提高,速度也会加快;悲伤时则相反,音调会降低,说话的速度也会随之减慢。正因如此,沟通者可以从他人的声音中获悉对方各种不同的情绪状态,如快乐、悲伤、惊讶、蔑视、反感等。

4.5 整体形象

在之前几章中,我们梳理了沟通与个人的知识储备和内在素质息息相关,强调沟通者需要不断提升能力、修炼思维、拓宽视野以实现更为成功的沟通。本节将沟通者的外在形象——非言语沟通的形式之一,进行进一步梳理。与本章前面几类非言语沟通方式相似,外在形象通常会直接影响他人的感知,以及对沟通者的第一印象,进而影响他人在接收沟通者发出的信息时所持的态度。在三国时期,即使才名远扬的庞统,也曾因为其貌不扬、衣冠不整而被向来求贤若渴的刘备轻视,维持良好外在形象的重要性由此可见一斑。在现代社会中,一个人所展示的外在形象既体现了其个人的喜好与品味,也展示了其对于身边人物、事件和环境所秉持的态度。因此,根据沟通对象、场合、文化背景等选择合适的个人形象是进行整体形象管理的重要原则。

4.5.1 容貌管理

与沟通活动相关的容貌主要包括头发、五官和皮肤状态三个方面。容貌管理并不是要求沟通者为了迎合某种审美标准而过度修饰甚至通过医学手段改变自己的容貌,而是强调保持个人容貌的健康、卫生与整洁,从而展现并传递一种积极的信息。事实上,每一个人都是独立的个体,其容颜无不具备独立特征与个性气质。通常来说,保持整洁的头发、干净的面容及健康的皮肤状态就足以展示出独特、自信的个人外在形象。在此基础上依循个人特点进行适当的修饰,则可以更好地发挥个人容貌的优势,使个人形象更

加美好。

在人际交往和商务场合中，适当的清洁与修饰是必不可少的，表现出沟通者对于该场合本身和其他参与者的尊重。首先是保持头发的清洁与卫生，以建立清爽干净的整体形象。其次是妆容，无论是通勤还是特殊场合，恰当的妆容可以帮助沟通者进一步发挥个人容貌优势，对于提升个人状态也具有一定的帮助，具体的妆容可以针对不同场合进行选择。最后是皮肤状态。沟通者对于个人皮肤状态的保养情况也会在一定程度上向他人传递信息。良好的皮肤状态可以展示沟通者对于生活的积极态度，提升沟通者的自信。

面部容貌通常是一个重要的个人特征，但在此基础上，思想与气质更是支撑一个人整体风格的重要方面。在现实生活中，各个领域的领导者和先锋者往往都不是因容貌闻名，而是在经过长期努力奋斗与深沉积淀后，凭借其卓尔不群的专业能力和对人生、社会、世界的丰富经验与深刻思考，令他人心悦诚服。常言道"相由心生"，这些经历、经验与思考通过改变心态、影响面部表情不断塑造成功人士们的面容，最终帮助其建立起由内而外的出众个性和独特气质，形成比单一拥有美丽外貌之人更强大的个人魅力与影响力。如果说所谓的完美面孔可以通过先进的医疗手术实现并不断复制，那么这种基于个人经历与思想深度的个人魅力和气质则是独一无二的。

4.5.2 衣着管理

个人的衣着打扮也是一种直接的信息传递方式，透露着一个人的审美、生活态度与品质、信仰、文化，是他人对沟通者形象进行判断的重要依据。俗话说，"佛靠金装，人靠衣装"，可见古代中国人就已对衣着管理的重要性产生了充分认知。整体而言，得体的着装可以展示出穿衣者对个人形象、生活品质的重视，表现出积极昂扬的精神面貌。

在正式商务环境下，衣着往往需与职业相关。穿着符合企业文化和行业领域文化的服饰不仅是对自身衣着形象的管理，更体现了作为从业者的专业状态。部分行业对于着装存在明确且严格的要求，他人可以通过这些约定俗成的职业服装对着装者的职业进行基本判断，从而选择合适的沟通方式。例如，人们往往认为白大褂是医生的标准服饰，军装则必然与军人对应。对于没有严格规定的行业和领域，着装管理可能更具挑战性。由于不存在硬性的指标，从业者们反而更需要花费时间和心思进行选择和搭配。既需考虑着装美观实用，又要注意与自身行业的特点相适应。在第11章中，本书将对商务环境中的着装规则进行较为完善的总结。一般而言，除非身处特定场合（比如假面舞会），工作者在日常工作环境中则以场景需求和要求为准。

需要注意的是，衣着管理并非一味追求衣着的奢华昂贵。同样的服装能够展示出的效果也会因人而异，人们需要依据工作需要、个人气质选择符合自身形象塑造需求的服饰。有时，不符合个人形象的着装甚至会产生奇装异服的效果，例如销售人员穿着西装外出谈判会给人以专业干练之感，而技术工人穿着西装进入厂房则会被束缚且显得突兀。

4.5.3 气味管理

作为非言语信息的一个环节，气味管理也是一个非常值得注意的方面。气味是一种由

嗅觉进行感知的强大的非言语信号。香气怡人的沟通者会令人心生亲近，更愿意了解其所思所想。古今中外的优秀人士无不重视个人气味的管理：中国古代以焚香、携配香囊为雅事，王孙公子皆热衷于此；西方古代的皇室贵族则以香水、香料作为心头好；在现代，气味管理则被广泛运用于世界各地的商务场合之中。

一些专业的沟通者可以通过对气味的合适控制，从而在他人心目中建立良好的个人形象，促进沟通活动的进行。值得一提的是，不同的气味往往具有不同的效果，如舒缓情绪、令人亢奋等，不同的商务环境会根据其需要设计不同的气味。例如，大型高档的酒店和商场中往往弥漫着企业为客户精心设计的芬芳气息，帮助消费者舒缓情绪。需要注意的是，香气过于浓郁、不自然也会令人心生厌恶。因此，气味管理须适度，切忌混用香气或喷洒过于浓郁的香水。

本章小结

本章对非言语沟通的概念、作用及其主要类别与分支进行了梳理。有效沟通的实现往往离不开非言语沟通，正确恰当的非言语沟通能够提升整体沟通效果，混乱不当的非言语沟通则会造成不必要的误解。

非言语的具体类别包括面部表情、肢体语言、声音品质、外在形象四个方面。作为最明显的非言语沟通形式，面部表情直接影响沟通效果，其独立性和重要性可与言语沟通相并列，在某些情境下使用面部表情传达信息甚至可以获得超越言语表达的效果。肢体语言包括静态与动态两类，对于个人情感、状态有着显著的传递效果。在进行言语沟通时，声音的品质既会展示沟通者当下的状态，又反映了其文化背景，其中的各个细节都从微小的方面影响着整体沟通。最后，个人整体形象也是重要的非言语信息传递形式，与沟通效果息息相关。

课后练习与讨论

1. 非言语沟通有哪些主要功能？它和言语沟通的关系是什么？
2. 有哪些非言语沟通方式？每种沟通方式各有哪些需要注意的要点？
3. 结合自己的经验，请回忆一个成功或失败的非言语沟通案例，并应用本章知识进行分析。

教学游戏：我说你画

- 教学目标：理解非言语沟通在沟通中的重要意义，锻炼通过分析他人非言语表达感知其情绪的能力。
- 游戏步骤：

步骤一：将全部同学分为5人以下的小组。

步骤二：准备若干张纸条，在每张纸条上写下与情绪相关的词语，例如：开心、激动、伤心、失望、烦躁、怀疑或生气等。纸条数最好与小组人数相等或为其倍数。书写完成后，

将所有纸条折叠起来备用。

步骤三：请每位同学抽取一至两张纸条，并根据纸条上的情绪演绎下面这句话："我们需要马上收拾东西，尽快赶到另外一个楼里去。"

步骤四：在每位同学完成演绎之后，其他同学需要总结他所表现出的非言语特征，并根据这些特征对其情绪进行推测。完成推测后，负责演绎的同学公布答案，并说明自己采用了哪些非言语特征表达情绪。

即测即练

自学自测　　扫描此码

第 5 章

书 面 沟 通

在人类文明的历史进程中，自文字诞生之日起，书面沟通就在人们生活、工作的方方面面发挥重要作用。商周先民们刻龟甲、铭金石以此通达鬼神、歌颂先祖、记录时事；及至春秋战国，人们借助竹简丝帛进行日常的书面交流，汉代乐府诗《饮马长城窟行》中就有"客从远方来，遗我双鲤鱼。呼儿烹鲤鱼，中有尺素书"这样的描写；在纸张发明并投入使用后，书面内容的传递更加便捷，人们的书面交流也更为简单频繁。在现代社会，尽管日益先进的电子设备与互联网技术逐渐取代了传统的笔墨书写，书面沟通仍然是一种重要的信息互换方式。从日常生活中的手机信息、社交软件交流到工作环境下的正式文书等等，无不要求沟通者具备清晰准确地进行书面沟通的能力。

于大多数工作者而言，商务环境下的正式书面沟通——商务写作，在日常各类书面沟通中占有极高的比重。从个人简历到工作邮件再到会议记录与项目记录，商务写作在工作生活中可以说无处不在。在工作环境当中，商务文书不仅是工作者记录工作、传递信息的工具，更是其展示、反映内在思想的重要途径。一方面，阅读者借助文字了解书写者的所思所想，获知其意愿与诉求；另一方面，写作者通过回顾自身写作内容提升语言表达能力、梳理明晰自身思想的内在逻辑。正如美国作家玛丽·弗兰纳里·奥康纳（Mary Flannery O'Connor）曾说的那样："除非看到写下自己说过的话，否则我无法知道自己究竟在思考什么，又在如何思考（I write because I don't know what I think until I read what I say）。"

不同于日常生活中轻松随意的书面沟通或散文、小说、诗歌等文学类写作，商务写作以高效传递信息为目标，以精简准确、严谨规范为第一要求，既需要满足当事人的需求，也需要便于传阅与长期保存。正是由于其极高的使用频率、重要的作用和不同于其他书面沟通方式的严格要求，商务写作给许多未经训练的工作者带来了一定的困扰。然而，与其他更为困难的书面表达方式相比，商务写作因其规范性与逻辑性而更易进行系统性训练。正因如此，本章将以商务写作为主要内容，通过详细介绍商务写作理论内容与实际技巧，帮助大家了解商务写作，并以此为切入点逐渐认识书面沟通。

5.1 商务写作

一般而言，写作可以分为文学类写作和应用类写作。前者包括记叙文、议论文、散文、诗歌、小说等多种文体，偏重表达情感与传递思想；后者则往往具有明确的目的性和强烈的实用性。这类文章的撰写往往出于某种具体的事务性需求，需要记录、传递某些特定信息。

商务写作是一种典型的应用类写作。商务写作是指在商务活动中用来处理事务、传播信息、协调活动的通用文书和各种实用类文体的写作，例如邮件、会议纪要、活动计划书

及报告等。而随着商务活动及应用场合越来越多，商务写作在当代社会中已经成为一种必不可少的能力，商务文书也成为我们日常工作和生活中的常用工具，可以帮助我们处理各类活动和工作中的任务，因此，掌握良好的商务写作技能尤为重要。

5.1.1 商务写作分类

商务写作包含众多种类，根据其形式和内容用途可以做如下简单划分（见表5-1）。按照形式可以分为固定格式与非固定格式两类。常见的固定格式商务文书包括合同、邀请函、通知、批复等；非固定格式的商务文书则包括工作信息、邮件等。在日常工作中，非固定格式的商务文书应用更为广泛，目前常用的包括企业微信、飞书和Fecoms等。按照内容用途可以分为通用性和礼仪性两类。常见的通用性商务文书包括会议记录、请示、批复、工作总结和报告等；礼仪性商务文书则包括贺信、邀请函等。前者在日常工作中的使用频率较后者更高。

表 5-1 商务写作分类

商务写作分类	具体类别	举例
形式规范	固定格式	合同、邀请函、通知
	非固定格式	邮件、企业内部电子系统信息
内容用途	通用性	会议记录、工作报告
	礼仪性	贺信、表彰、邀请函

5.1.2 商务写作要求

商务环境中的书面沟通一般需要满足准确规范、针对性强、逻辑严密三个要求。首先，相较于口头交流或较为随意的生活化书面沟通，商务写作对于遣词造句要求更高。表意清晰是商务写作的基本目标。为了实现这一目标，写作者需要尽可能精准地表情达意，避免因为词不达意被读者误解。在这个基础上，写作者还需要注意选择规范、正式的词语句式，避免因为选用过于口语化的表达方式而降低书面沟通的专业度和可信度。

其次，商务写作往往针对特定的读者群体或具体的事件，有着更为明确的目的性。正因如此，笼统宽泛的内容在商务写作当中效果不佳，写作者必须根据读者的特点与写作目的进行有针对性的沟通。在读者特点方面，写作者一般可以考虑教育背景、语言习惯和利益关系等因素。在写作目的方面，写作者则可以从读者"已经知道什么""想要知道什么""必须知道什么"等问题入手进行思考。

最后，严谨周密的逻辑可以同时增强一篇文章的可读性与说服力。简单来说，写作者可以通过明确文章核心、确定内容的先后顺序并在不同内容间建立联系以建立基本的行文逻辑。就整体而言，清晰明了的逻辑线索可以指引读者依循写作者的思路理解文章，更准确地解读写作者所希望传达的信息。在具体论证过程中，环环相扣的逻辑可以帮助提升文章的可信度，令读者更加信服文章的内容与结论。

5.2 写作原则

在现实工作中，不同种类的商务写作细节各异、规范不同，但是它们所需遵循的基本原则和写作步骤却相去无几。本节主要分为两个部分，将分别对上述内容进行概括。第 1 部分通过介绍商务写作的基本原则，提纲挈领地向大家展示商务写作的核心思维方式。第二部分将进一步聚焦于实际应用，对一般商务写作的步骤进行归纳总结。

5.2.1 写作原则

对于大多数文书工作者而言，需要进行商务写作的场景往往并非单一固定的，而是复杂多变的。不同的写作场景会为写作者提供不同的背景，要求写作者选取不同的商务写作种类，并完成不同的任务、实现不同的目标。然而正所谓"万变不离其宗"，商务写作作为一类重要的书面沟通方式也拥有其基本原则，适用于绝大多数商务写作场景。这五个基本原则是：

1. 明确沟通目标

与其他沟通方式相同，商务写作的最终目的是通过这种沟通方式实现某些特定目标。一般而言，在商务环境下进行的沟通往往比生活中的沟通具有更强的目的性。正因如此，强烈的目标意识对于商务写作至关重要。基于明确的目标，写作者可以更准确地筛选信息、安排结构、组织语言。

2. 总结主要观点

在商务写作中，模棱两可的文字会在很大程度上影响信息获取。充分认知所写文章的主要观点，并采用直接清晰的方式进行开篇陈述或结尾总结，可以使阅读者更加高效迅速地接收了解写作者的观点态度。

3. 突出核心信息

在商务写作中，核心信息往往是对主要观点最有力的佐证，也是阅读者除主要观点外最为关注的内容。因此，写作者需要尽可能将核心信息安排在文章结构中较为突出的位置，并进行直接、准确的表述，避免阅读者因为在冗长的段落中寻找核心信息而浪费时间。

4. 坚持换位思考

"对读者负责"是商务写作中的重要要求，坚持进行换位思考则是满足这一要求的主要方式。具体而言，写作者需要根据预设中阅读者或阅读群体的阅读能力、教育水平、阅读习惯等多个方面设计文章。例如，针对中小学生进行宣传的公众号文章应当采用简单易懂的词汇与亲切温和的语气，便于青少年进行理解。

5. 注意礼仪文化

商务写作虽然通常言简意赅，但应保持基本的商务礼仪，这表现了写作者对于读者尊重与重视的态度。同时，注意对方文化背景，遵守对方文化中的阅读写作习惯，以免因文化背景差异造成沟通障碍，这一点对写作者而言同样十分重要。

5.2.2 写作步骤

在面对一项写作任务时，能够做到文不加点、一挥而就的写作者少之又少，大多数人往往需要经过构思、创作、修改等一系列复杂流程才能形成一篇完整的文章。其中，又有相当一部分写作者无法正确安排写作流程，在尚未形成整体构思与框架时便急于落笔，一边构思一边写作，更有甚者在行文之中主要观点发生变化，不得不对前文进行增删修改。俗语"脚踩西瓜皮，写到哪里算哪里"正是对这种写作方式的真实写照。这样的写作方式严重影响了写作者的成文效率，更会导致前后文内容无关、逻辑混乱等一系列问题。在对规范性、逻辑性要求严格的商务写作当中，这样的问题尤其需要避免。正因如此，依照规范正确的写作步骤进行写作至关重要。图5-1展示了一般商务写作的写作步骤。

思考与调研 ⟶ 构造框架 ⟶ 起草 ⟶ 修改 ⟶ 优化排版

图 5-1　一般商务写作的写作步骤

下面我们将对这五个步骤进行详细说明。

1. 思考与调研

思考与调研是写作者在实际开始写作前需要进行的第一项工作。在进行思考时，写作者需要首先明确自己的写作目标与沟通对象，这些也是商务写作基本原则中所重点强调的内容。在此基础上，写作者还需要通过各种适当的渠道广泛收集信息。查阅书籍期刊、进行问卷调查和安排访谈活动都是收集信息的重要方法。此外，互联网也是当今社会颇为常见且有效的信息采集方式。信息收集和调研的过程中应详细记录信息的作者、发表时间、来源渠道等相关内容，以备标示引用资料之用。在储存信息时，写作者可以将收集到的信息按照相似程度分为不同的信息组，提高取用信息的效率，便于后续的引用与标注。

2. 构造框架

写作的第二步是构造文章框架。一般而言，写作者既可以根据收集到的信息、数据和总结产生的观点按照演绎法或归纳法安排文章整体结构，也可以按照既定的规则构建文章。信息梳理蓝图是构建框架过程中的常用工具，可以帮助写作者进一步梳理分析各组信息间的关系，进而顺利构建文章框架。常见信息组织蓝图有以下三种不同的形式。

（1）线性大纲：如果写作者根据所选材料和信息易于提炼出主要论点和次要论点，可以采取传统的线性大纲，即采用罗马数字或圆点等标志符号进行编排。

（2）想法图：想法图相比于线性大纲更加直观，咨询公司通常采用这种方法展示想法。构造想法图时，写作者可以将主要想法放在文章起始处，随后展开主要章节段落。

（3）环状思路图：将主要论点置于中间位置，次要论点呈环状分列在主要论点周围，并通过不同的图标、颜色、尺寸和箭头等方式加以标识。

3. 起草

与信息调研和框架构造不同，起草文章的关键在于发挥写作者的文字创造力，在尊重事实的基础上以最快的速度阐述其主要观点。在此过程中，写作者不必过度重视词句，亦

可暂时忽略文章风格、格式排版的问题，尽可能一气呵成。写作者同样不必拘泥于依照文章正常顺序进行创作，可以从文章结构的任何一部分入手以保证创造力旺盛和思路流畅。当某部分内容的写作遇到困难或瓶颈时，写作者可以先将其搁置，待思路清晰时再重新进行该部分的写作。

在起草过程中，写作者应尽可能避免边写边改的情况。正如本节所展示的那样，起草与修改应是界限分明的两个步骤。无论文章初稿是否成功，写作者均应先以草稿形式呈现一篇完整的文章，而非半途而废，在文章完成前不断修改前文。如果对于部分内容的词句选用、语言组织有所疑惑，写作者可以为其预留空间并做出标记，待全文完成后再一并补充修改。

4. 修改

修改是一种对文字文本进行修订以改善其阅读效果的过程，也是写作中非常重要的部分。美国一位知名编辑迪克·休斯（Dick Hughes）曾表示："写作就是不断重写的过程。"在他看来，优秀的作者往往不会期望一劳永逸，而会对文章进行反复修改。即使在获取读者反馈意见之后，作者仍需对其作品进行审查与修改以保证文章词句准确、事实可考、风格得当。一般情况下，具体的修改过程可以参考以下六个方面：

（1）更换沟通策略：根据本书第2章所介绍的沟通策略，首先审视文章选取的沟通策略是否合适。

（2）调整行文逻辑：反思全文逻辑关系，确保文章未出现逻辑性错误。

（3）修改段落划分：段落划分是否合理、是否清晰、有效地表达了各段主旨。

（4）斟酌语言文字：调整用词、润色语言，使文章语言在清晰准确的基础上尽可能简洁有力。

（5）消除错漏之处：重点检查语法拼写和标点符号，避免多字、少字、错别字、语病、标点符号错误等各种细节问题。

（6）规范引用行为：确保引用的格式、字号、排版等细节符合学术规范要求。

需要强调的是，写作者需要注意合理安排写作时间，待初稿完成后间隔一段时间再进行检查和进一步修改。这一间隔可以使作者在重新阅读初稿时以更加客观的视角进行思考，既有助于查缺补漏，也更利于产生新的想法与灵感。

5. 优化排版

优化排版是写作的最后一个步骤。在此阶段，写作者需要在保证文章排版格式符合职业化要求的基础上，并注意留白和段落划分，尽可能提升阅览便捷度且保证大方美观。写作者还可以通过适当地排版，如将重点内容加粗、变换字体、添加项目标号等方式来突出文章关键信息和内容，进一步为读者提供便利。除此之外，文章抬头、落款、日期与页码的布局是否规范，企业徽标、抬头信纸的使用是否合理等均为写作者在此阶段需要考虑的问题。

当然，写作并非一个严格死板的过程，并不是完成某一步骤后就不能修改前面的内容或格式。事实上，在写作实践中反复斟酌修改某一阶段的内容，或在进行到某一阶段时因为思路和目标的改变而返回已完成的阶段进行重新调整都是十分常见的情况。商务写作的核心目标是通过严谨工整的结构和精确的词句去传递信息、展示观点，尽可能地帮助读者

准确地获取并理解写作者的思想。本节希望通过介绍写作步骤帮助写作者更好地理解商务写作的本质，并实现有效沟通的目标。

5.3 写作障碍

在现实工作环境中，很多写作者已经初步掌握了写作的基本步骤，但也常常会因为一些情况的复杂性或文本的多样性而遇到一些障碍，从而无法顺利完成写作。常见的写作障碍可以分为心理障碍和技能障碍两大类，本小节将逐一梳理并提供一些参考应对方法。

5.3.1 心理障碍与应对

写作的心理障碍是指写作者在面对写作任务时产生的习惯性忧虑与恐惧心理，这一问题常发生在经验较为匮乏的写作者身上，写作者的思维能力与写作水平往往会因此受到较大限制，难以充分施展。在出现这样的心理障碍时，反思、调整自我效能感往往是做出改变的首要步骤。所谓自我效能感是指个体对自身组织、执行特定行动方案能力的判断，也可简单描述为针对某一特定任务的自信力或自信心。研究表明，在某项任务中自我效能感更强的个体往往拥有更强烈的工作意愿，更愿意为之付出并可以坚持更长时间。

写作者如果希望提升自身于写作方面的自我效能感，就应首先关注其来源。一般而言，自我效能感受到两个方面的影响：①工作经验，又可分为表现经验与替代经验。表现经验（或称掌握经验）指工作者亲身参与某一工作所积累的经验；而替代经验是指工作者通过观察、学习他人进行某项工作的情况所掌握的经验。因此生活中常见的是，经验越丰富的工作者往往在工作中越自信从容。②身体与情绪状态。简单来说，身体状况良好、情绪稳定的写作者对于自身能力往往会有更加积极的评估。因此，写作者可以在日常工作、生活中努力进行写作训练并积极主动地向其他善于写作的人请教，从而提升自己的经验和效能。除此之外，以适当的方式提升自身身体素质、保持稳定情绪调整也可以帮助写作者以更为饱满的身心状态面对各种写作任务。

5.3.2 技能障碍与应对

写作的技能障碍是指写作者无法准确清晰地将自身所思所想转化为具体书面内容，其核心仍是某方面写作能力的匮乏。一般而言，写作技能障碍可划分为三类：用词不当、语句烦琐和结构混乱。前两者属于文字驾驭问题，最后一项则属于语句逻辑的组织问题（见图 5-2）。

对于大多数未经过系统书面写作训练的写作者而言，文字驾驭问题往往是实际写作中无法回避的重大障碍且严重影响写作，经常导致"说得清楚，但写不出来"的情况。很多时候，写作者针对某一特定写作任务可能已经完成思考，也有能力将腹稿以口语化的方式向他人讲述出来，但却无法通过适当的遣词造句将之凝练为正式规范书面文章。面对此类问题时，写作者若选择直接将口语化表达诉诸笔端，则往往过于浅显直白、杂乱琐碎，

管理沟通：交注行为导航

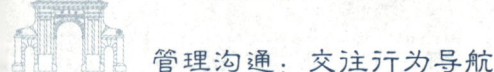

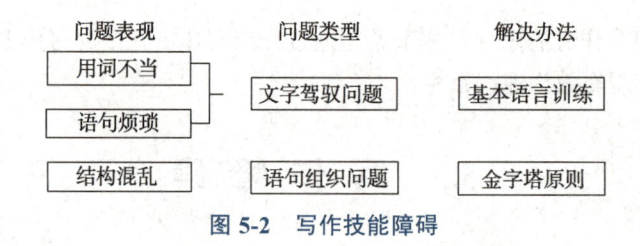

```
问题表现          问题类型           解决办法
┌─────────┐
│ 用词不当 ├─┐
└─────────┘ │    ┌─────────────┐   ┌─────────────┐
            ├────┤ 文字驾驭问题 │   │ 基本语言训练 │
┌─────────┐ │    └─────────────┘   └─────────────┘
│ 语句烦琐 ├─┘
└─────────┘

┌─────────┐      ┌─────────────┐   ┌─────────────┐
│ 结构混乱 │──────┤ 语句组织问题 │   │ 金字塔原则  │
└─────────┘      └─────────────┘   └─────────────┘
```

图 5-2　写作技能障碍

在商务沟通中更失之随意，但若刻意尝试甚至强迫自己进行书面化表达，则会出现搜肠刮肚、苦不堪言甚至误用词句等问题。一般而言，出现此类障碍的根本原因是写作者缺乏书面写作技能的训练，由此导致其无法区分口语化表达与书面化表达的方式方法，更缺乏规范的书面词句积累。针对这一问题，写作者可尝试在日常生活中增加阅读量，尤其是一些用词考究、语句规范的文章或书籍作品，不断学习积累并训练基本书面语言的组织和使用，从而提升写作能力。

对于部分善于驾驭文字的写作者而言，则需注意避免创作过于"富丽堂皇"的文章，因为商务写作往往以可读性和准确性为第一要素。在写作时需考虑文本读者的群体特点和文本的传播性，尽可能帮助读者快速直接地理解文章内容，从而促进沟通。因此，商务写作中的词汇选择务须注意简明易懂和精确朴实的特点，尽可能避免使用过于晦涩难懂的词句，同时也需放弃不必要的修饰性辞藻。在语句组织方面，能力较强的写作者应更加注重文章的阅读与写作效率，避免因过度追求文章形式而使用过于复杂精巧的句式，使文章冗长、华而不实。语句表达对比见表 5-2。

表 5-2　语句表述对比

修　改　前	修　改　后
我们公司想要和你们公司签合同 （口语化表述）	我司希望与贵司签订合同 （书面化表述）
本月以来，销售部诸君夙兴夜寐、宵衣旰食、披晨星而戴晓月，呕心沥血而沥肝胆，为此次交易达成立下了汗马功劳 （用词深奥夸张、句式繁复）	本月以来，销售部各位同事辛勤工作，为此次交易达成作出了重大贡献 （简明朴实）

在写作领域，结构混乱往往指写作者用以表达思想的写作顺序与读者的理解顺序发生矛盾的情况。文章结构混乱往往反映了写作者的语句组织问题。写作者对于何谓严整有序的结构缺乏认知，更无从正确地安排文章结构。在下一节中，本书将对文章结构安排技巧进行简要介绍，并在此基础上讲解此类问题的有效解决方案——金字塔原则。

5.4　行文结构

在商务写作当中，行文结构与逻辑是决定文章质量的重要因素。可以帮助写作者厘清思路、突出重点，从而精准传递信息。本节将从行文结构和金字塔原则两方面展开。第一小节将探讨常见的文章结构及其变式，分析并列、对比和递进等论述结构的特点与应用，并对文章叙述顺序的相关知识进行简要介绍。第二小节将聚焦于金字塔原则，阐释这一写

作思维的核心理念及其实践方法，并为大家提供符合金字塔原则的切实可行的写作步骤。通过学习这一小节，相信大家将会建立对于行文结构与逻辑更为系统性的认知。

5.4.1 行文结构

结构是指构成事物整体各个部分的搭配组合方式。具体到文章结构，则是指文章各部分内容之间组织与排列的次序。在商务写作中，人们经常采用"总分总"式作为文章的主体结构。总分总式结构是一种较为常见的结构形式，以作者希望表达的核心观点为始，开宗明义点明全文主旨；随后通过具体论述进行证明，以说明作者观点的合理性；最后于文末进行总结，强调甚至升华文章的主题。在商务写作中，总分总结构及其变式（见图5-3）总分、分总结构一般被用于构建全文的整体框架，在具体分述过程当中则常用下文所述的三种结构。

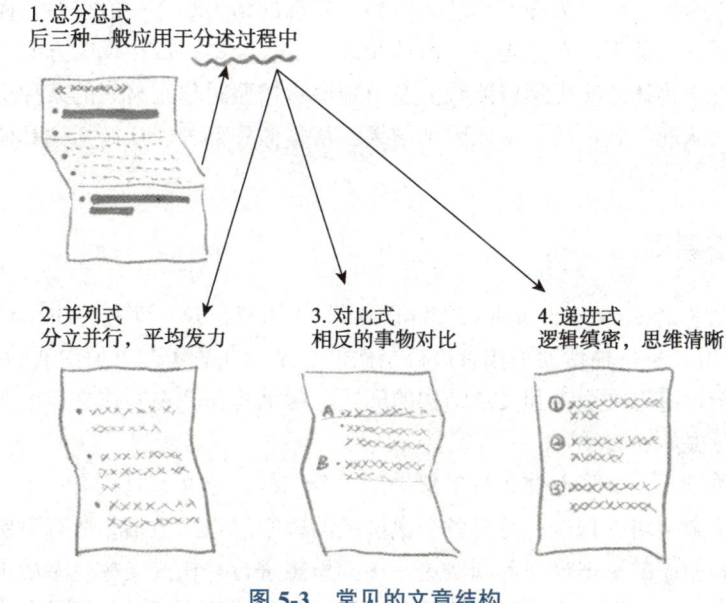

图 5-3 常见的文章结构

1. 并列式结构

并列式结构是一种较为简单的论述结构，指在文章不同部分内容之间平均发力，不偏重任何一方。此结构可以将文章核心观点拆分为数个分立并行的部分，从多个角度发掘文章主旨并对其做出论证，使文章内容更为丰富。以证明某个新定营销方案可行性的文章为例，写作者分别从迎合目标客户、降低营销成本、凸显产品特点三个方面进行论述，此即为并列式结构。

2. 对比式结构

所谓对比，一般是将不同的事物或同一事物的不同方面进行对比以凸显作者思想的文章布局。通过将截然相反的两种或多种情况进行鲜明对比，读者往往会在写作者的引导下进行思考，自发支持写作者的观点。同样以证明某个新定营销方案可行性的文章为例，如果写

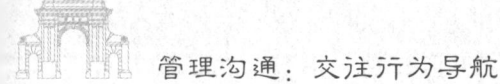

作者首先阐述旧方案的种种弊端，再表述新方案针对各个弊端做出的改善即为对比式结构。

3. 递进式结构

递进式结构是一种较为复杂的论证结构，适合思维清晰、逻辑缜密且对于某一问题思考较为深刻的写作者使用。此类结构需要作者在提出观点的基础上逐步分析，最终直抵这一观点的本质。在递进式结构中，各个分论点或由表及里，或由浅入深，或由特殊至一般，具有比前两种结构更为密切的逻辑关系，可以使文章论述环环相扣、层层深入，最终结论更为鞭辟入里。

在具体论述过程中，选择合适的行文顺序同样非常重要。常见的行文顺序包括时间顺序、空间顺序、逻辑顺序三种。时间顺序是指以事件发生的先后顺序为线索安排写作内容。时间顺序既适用于描述事件，也同样适用于介绍实验或生产过程、讲解采取行动的步骤等，在记叙文、说明文等文体的写作之中均有广泛应用。空间顺序指依据事物在空间中所表现的状态安排写作内容，可分为静态和动态两类。静态的结构顺序一般按照物体的空间位置进行叙述，包括自上而下、自左至右、由远及近、由表及里（或相反的方向）等。动态的结构顺序则取决于物体的实际运行路线。逻辑顺序指按照写作素材间的某种逻辑关系安排写作内容，包括从现象到本质、从原因到结果、从整体到部分、从概括到具体、从主要到次要等多种形式。

5.4.2 金字塔原则

金字塔原则（pyramid principles）由美国商业作家芭芭拉·明托（Barbara Minto）于1973 年最早提出，是一种帮助写作者进行层次性、结构化思考与书面沟通的技术[①]。这一原则的目的在于解决思维逻辑和文章结构的问题，帮助写作者在写作之前对所要表达内容的中心思想进行提炼和归类。

在金字塔原则下，文章整体布局一般采用总分结构：全文有且仅有一个中心思想，这一中心思想处于金字塔的顶端，是对各个次层级的核心思想的概括，所有下层结构，包括分论点、论述和相应的论据最终都围绕这一核心思想进行，构成支撑金字塔顶端的基础。自最高层级向下，任一层次上的思想均为其次级层次思想的概括，次级层次中的思想则共同支撑上一层级的观点。这样的文章结构可以使读者不断产生"为什么会产生这一观点？""这一观点包括哪些子观点？""这一观点应该如何应用？"等一系列疑惑，由此按照作者事先确定的逻辑线索阅读文章。需要注意的是，写作者必须在写作前对自身观点进行梳理，完成合理的分组与等级划分，以此保障文章中每组思想均属于同一范畴，每层思想均处于同等地位。图 5-4 对金字塔原则进行了形象的展示。

在写作者具体填充文章金字塔的过程中，自上而下与自下而上都是行之有效的工作方式，但它们一般适用于不同的情况。自上而下地构建文章往往应用于写作者熟悉甚至十分擅长的领域，因为这种表达与理解方式源自人类思维的天性。人类大脑对于逻辑关系具有

[①] 芭芭拉·明托. 金字塔原理：思考、写作和解决问题的逻辑[M]. 王德忠, 张珣, 译. 北京：民主与建设出版社, 2006.

天生的敏感性，善于总结、理解各事物间的复杂逻辑关系，有时甚至达到了在不相关事物间强加关系的程度。譬如古人将天象与世事人生相对应，通过星宿运行轨迹推测人间凶吉。除此之外，进行分组归类也是人类大脑的本能行为。如图 5-5 所示，大多数读者会本能地将黑点分为两组。

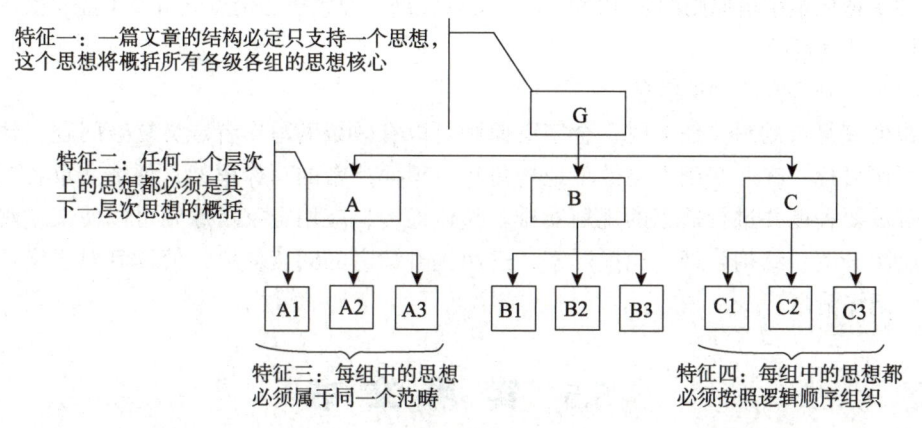

特征一：一篇文章的结构必定只支持一个思想，这个思想将概括所有各级各组的思想核心

特征二：任何一个层次上的思想必须是其下一层次思想的概括

特征三：每组中的思想必须属于同一个范畴

特征四：每组中的思想都必须按照逻辑顺序组织

图 5-4　金字塔写作原则

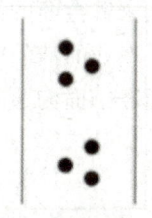

图 5-5　人类大脑分组归类本能示例

在此两种特点的影响下，人类往往会将一系列杂乱的信息在潜意识中分组归类并建立逻辑关联，最终直接产生结论。举例来说，如果某部门领导被要求总结所在部门的近期工作情况，他很可能会先根据直觉进行评价，之后再梳理脑海中的信息，从不同方面论证其评价来源。写作者在自身擅长的领域中往往拥有更丰富的经验，更易从繁杂信息中总结结论，并以此为起点梳理思想、筛选信息。详细拆解之下，自上而下构建文章可以分为以下4个步骤：

（1）确定文章主题，结论先行。

（2）根据文章主题介绍背景。

（3）确定文章受众群体，明确、分类受众的主要疑问，根据答案设置一级分论点。

（4）重复上述步骤，确定同一层级分论点可能引发的次级问题，继续设置下一级分论点进行解答。每一级分论点中的具体论述结构可参考前三节所述内容。

自下而上地构建文章适用于写作者并不擅长的领域或无法准确迅速提炼中心主题的情况。其主要方法是由现有资料出发，逐级提炼结论并最终得出全文中心结论。这一方法通常适用于资料的重新整合。具体而言，自下而上的构建也可以分为4个步骤：

65

（1）分析提炼各个资料所传递的信息，寻找其中的逻辑关系。将逻辑关系最为密切的资料分为一组，总结共同信息，形成底层分论点。

（2）重复上述步骤，寻找同一层级间的逻辑关系并进行分组与抽象概括，继续形成上一级分论点，直至总结出统领全文的核心思想。

（3）依照金字塔原则的正常顺序阅读文章大纲，确保核心论点既可以覆盖全文内容，又不至于过度宽泛。

（4）增补必需的背景信息。

在处理复杂的写作任务时，金字塔原则可以有效帮助写作者定义复杂问题，建立清晰的写作目标，在此基础上高效率地构建较完整而严密的写作框架，评估文章各层思想的相对重要程度并进行适当的规划安排。整体而言，应用金字塔原则可以使文章观点突出、层次分明、结构合理、论述严密，进而提升读者的阅读体验，使读者对于文章理解深入、记忆清晰。

5.5 实用文书

简历、电子邮件和会议摘要都是常见的商务文书，往往伴随工作者职业生涯始终。简历就像商务人士的身份证，帮助雇主在未曾会面的情况下迅速了解工作者。优秀的简历可以为工作者的求职活动提供极大助力。专业简洁的电子邮件和会议摘要则是日常工作中常用的公文形式。规范地完成此类基础商务书面沟通既反映了工作者的能力，又体现了其专业的工作态度。

5.5.1 简历写作规范

简历是简历制作者用来展示个人基本信息、教育背景、工作经验、专业技能和成就的书面材料，其主要部分一般包含标题、姓名、联系方式、求职目标、教育背景、工作经验、荣誉和奖项及能力与特长等。简历是应聘者与招聘方之间沟通的第一桥梁，能够帮助用人单位快速了解应聘者是否符合岗位要求。简历不仅仅是一份文档，更是一种自我宣传的工具，通过突出个人的优势和能力，吸引招聘方的注意。优质的招聘方每天都会收到来自招聘软件、电子邮件和线下邮寄等多个渠道投递的简历，这决定了招聘者只能花费有限的时间阅读每一份简历。因此，掌握简历的写作技巧，使个人简历在众多竞争者中脱颖而出对于提升求职成功率至关重要。一般而言，一份极具吸引力的简历需要具有以下四个特点：

真实性。简历写作首重真实，这是构建简历制作者与用人单位信任关系的基础。简历中的内容必须基于实际情况，切忌伪造或虚构个人经历。在当今社会，大多数企业都已建立了员工入职前的背景调查机制，一旦简历制作者伪造经历的行为被企业察觉，不仅会使简历制作者失去当前岗位的工作机会，也可能影响其在行业内部其他企业的求职与发展。除此之外，伪造的个人经历往往缺乏细节支撑，如果简历制作者在面试中被问及相关的问题，即使事先有所准备也难免言辞空洞，更可能因为心情紧张而措辞混乱、表现僵硬，反

而无法完整地展示出简历制作者的个人特点。

针对性。简历的针对性要求简历制作者根据不同的岗位需求调整简历内容希望突出的重点，使其与目标职位高度匹配，进而提升获取职务的可能。对于简历制作者而言，准确理解目标岗位的需求是提升简历针对性的前提。简历制作者可以通过阅读岗位描述、分析行业背景或咨询专业前辈等多种方式加深对于目标岗位的理解。除此之外，对目标公司的优势行业、主营业务及公司文化氛围进行事先了解也有助于提升简历的针对性。在充分了解的基础上，简历制作者需要对自己的过往经历与个人技能进行筛选，选择与目标岗位相关的部分进行重点强调。例如，如果简历制作者希望申请市场营销相关的岗位，应突出自己的营销项目经验、市场数据分析能力，而不必详述与销售或文案创作无关的内容。

数据化。一份优秀的简历应具备数据化的特点，即通过量化的方式展示成果和能力。数据化的内容可以非常直观地体现简历制作者在过往工作中取得的成果与创造的价值，可以更为清晰直接地突出简历制作者的个人能力。除此之外，与内容空洞的描述性文字相比，使用数据也可以使简历制作者描述的工作经历更加真实可信。简历中的数据既可以应用于介绍简历制作者的工作经历，也可以用于印证其个人能力。例如，"作为项目负责人，带领销售小组完成年度销售目标的 120%"或"熟练使用 Python 进行数据分析，成功处理超过 500 万条客户记录"。

美观性。简历的美观性是指简历排版需要清晰美观、层次分明，以尽可能地提升简历的可读性。简历的美观性与可读性并不依赖于特定的模板，简历制作者可以根据自己的喜好与目标企业的特点等多种因素对个人简历进行设计，以下是简历设计过程中一些可供参考的要点。就整体设计而言，一般以大方简洁为审美原则，避免在简历中加入繁复的花纹与华丽的装饰，防止出现喧宾夺主的情况。除此之外，简历需要严格控制篇幅，一般以一页 A4 纸大小为宜，最多不宜超过两页 A4 纸。在细节设计方面，简历制作者可以通过使用统一的字体与字号提升简历的规范性，通过使用留白和分割线等方式区分信息避免密集文字造成的阅读障碍，通过使用加粗或下划线强调简历中的重要内容，等等。除此之外，简历制作者如果需要投递电子简历，还需要注意将简历保存为适当的格式，以确保简历在不同设备和打印环境下都能保持良好的阅读体验。

在简历写作的过程中，简历制作者可能会需要使用具体案例充实简历内容。在叙述案例时，简历制作者可以参考 STAR 原则。STAR 原则包括四部分，分别是情景（Situation）、任务（Task）、行动（Action）和结果（Result），它们分别指案例发生时的各类背景信息、案例中具体的工作内容或具体目标、为了实现上述任务目标所进行的具体行动和行动产生的具体成果与后续影响。STAR 原则通过结构化的方式，将经历中的情境、任务、行动和结果清晰地展现出来，有助于在简历中更好地展示简历制作人在某个具体事例中的突出贡献。

正如上文所展示的那样，简历尽管篇幅较短，其写作却绝非易事——一份规范有效简历的形成往往需要经过反复修改。在修改过程中，写作者不仅需要自查，有条件时更需要向经验丰富的简历制作者求助。除此之外，简历制作者也应形成定期整理、更新简历的良好习惯。这种习惯不仅可以帮助简历制作者保证简历的时效性，也为制作者提供了定期梳

理个人工作的机会，有助于简历制作者对个人求学或职场生涯进行反思总结，以便获得更大的自我提升。

5.5.2 商务电子邮件规范

电子邮件是一种通过互联网进行信息交换的通信方式，发明于 20 世纪 70 年代，兴起于 20 世纪 80 年代，广泛运用于 20 世纪 90 年代至今。与现实中的邮件沟通相比，电子邮件成本低廉、使用方便，也更为私密安全。与微信、QQ 等其他虚拟沟通方式相比，电子邮件则更为规范，具备更强的专业性。正是因为这些特点，在商务工作中，电子邮件几乎是每人每天都会使用到的沟通工具。能否正确使用电子邮件既关系着沟通、工作的效率，也体现着沟通者的礼仪素养。

作为沟通方式的一种，邮件写作并无固定模板，但需要以换位思考为基础，尽可能提高收件人的阅读体验。例如，通过电子邮件布置任务时，写作者需要思考如何使对方准确理解任务目标；提出意见时，写作者需要思考如何既使对方接受意见，又不令其颜面扫地；邀请他人时，写作者需要思考以何种原因邀请对方最可能成功。

就标准格式而言，电子邮件通常由标题、正文、格式、签名四部分组成。接下来笔者将分别介绍这四部分的写作要领，并介绍邮件写作的其他常识。

邮件标题的拟订。电子邮件的标题是对主题的简短描述，以精练准确为核心要求。标题一般可分为两种类型，即主题型标题和信息型标题。主题型标题是指以正文的主题作为标题，比如，邮件内容的主题为提交课程中期报告，写作者即可以"课程中期报告_姓名_学号"为邮件标题。信息型标题则是将邮件传递的主要信息凝练为一句话以作标题，比如，邮件正文内容为因假期安排需要停电，标题则可拟为"假期停电通知"。具体采用何种方式拟定标题需要写作者根据邮件内容与工作情景进行灵活判断。需要注意的是，发送没有标题的邮件，既违反邮件礼仪，也会降低大家的信息提取效率，因此写作者应尽力避免。在发送英文邮件时，发件人如需突出邮件重要性，应当通过设置邮件优先级达到目的而非全部大写标题中的字母。当邮件往来过多时，邮件的标题可能会变成"RE:RE:RE: 原标题"，此时需要根据邮件内容的发展更新邮件标题。

邮件正文的写作。电子邮件的标准内容通常包含称呼、问候语、正文内容、祝福语、落款。写作者如果希望邮件得体有效则不应在任何部分掉以轻心。选择称呼时，写作者可以从定语与称谓两个方面思考邮件采用的称呼是否合适。在定语选择上，写作者应根据亲疏关系、相对地位等把握尺度，过于疏远会令对方感到冷漠，过于亲昵则会有失尊重。例如，在面对更为年长、职级更高的沟通对象时，写作者往往可以选择定语"尊敬的"以表示尊重。

在称谓的选择上，写作者应当着重考虑使用场合与礼仪习惯。在中国文化下的商务环境中，一般以"先生"称呼男性，"女士"称呼女性。如果需要以职务称呼对方，一般会在具体职称前冠以对方姓氏，例如李处长、王总监。在西方文化下的商务环境中，男性多称为"Mr."，女性多称为"Ms."。"Mrs."与"Miss"尽管在日常生活中也可用于称呼女性，但鲜见于商务邮件之中，因为这两个称谓都包含对年龄的表述，容易令收件人感到

冒犯。在以职务称呼对方时，西方的礼仪习惯与东方略有出入，需要将姓氏添加于职称之后。比如，向外国教授 Steven Smith 发送电子邮件时，则应称呼其为 Professor Smith 或者 Steven，而非 Professor Steven，更非 Smith Professor。

邮件的问候语一般以简洁友好为要求。需要注意的是，即使在通信往来较为频繁的情况下，写作者也不应省略这一部分，在面对年龄更大、职级更高的沟通对象时尤其需要注意。问候语不仅是邮件开篇的寒暄铺垫，更体现了写作者对于收件人的尊敬态度。

祝福语和落款也是邮件正文必不可少的部分。即使邮件中存在签名档，写作者仍然需要增加落款以保证邮件格式的完整性。如果邮件带有附件，发件人应对附件合理命名，在正文中对附件作出简要说明，并提示收件人查看附件。一般而言附件数量不宜过多，如必须附加多个附件时应将所有文件打包压缩成一个文件夹进行发送。如果附件文件格式特殊，应当在正文中说明打开方式，以免影响收件人使用。如果附件文件过大，则应分割成数个小文件分别发送。

邮件格式的调整。商务电子邮件的格式并无正式要求，但在邮件发展的过程中也形成了一些约定俗成的规则。在中文邮件中，字体一般选择宋体、黑体或者微软雅黑，颜色多为黑色，字号在 5 号到 12 号之间。如果在邮件写作时使用其他花式字体、鲜亮颜色或过大的字号，则会使信息传递受到外在形式的干扰，也会影响邮件的专业性。由于邮件字号通常较小，为了防止正文过于密集而影响阅读，写作者应在段落间设置空行，以改善阅读体验。

邮件名片的设置。商务电子邮件的名片一般包含写信人的姓名、职位、地址、电话、邮箱等要素。名片的设计往往要求简洁美观，不要盲目堆砌信息。一般情况下，名片中不附照片。如果在某些特定情况下需要在签名中附照片，需注意照片多采用正式的商务正装照。

抄送、密送功能的使用。抄送是一种邮件功能，用于将邮件抄送给介于收信人和无关人之间的目标。收信人是负责执行、跟进或回复邮件内容的人，而无关人与该事务无关。抄送的目标通常仅是了解此事或充当见证，无须采取任何行动（包括回复）。抄送常见的使用情景包括：①写信人与部门同事交接项目，抄送给上司，让上司了解当前进展；②写信人给下属布置任务，抄送给其他相关部门，要求协助配合；③写信人将任务交托给其他同事，抄送给上司，让上司充当见证；④写信人由于特殊原因需要跳过层级发送邮件，抄送给上司，避免不必要的猜疑。

密送是另一种邮件功能。收信人不会察觉，也无法知道被密送的对象。实际工作中很少使用这个功能，因为密送给某人而收信人不知情，一旦暴露容易引起不必要的猜忌和矛盾。密送常用的情景是需要群发邮件给互不认识的收件人，为了保护其隐私，写信人将自己设为收件人，然后密送给其他人，免去逐个发送的麻烦。例如，人力资源部门向多个面试者发送面试通知时可以使用密送功能。正确使用抄送、密送功能需要明确不同联系人之间的关系，一旦用错会引起误会和猜忌，需要小心谨慎。

校对。在发送邮件前，写作者应校对邮件的每一个部分，尤其是核心内容以及信息细节。①检查收信、抄送、密送对象的邮件地址是否准确；②确认标题是否清晰明确；③查

阅关键信息和逻辑，包含专业词汇、时间、地点等；④可以通过拼写检查辅助检查是否有错别字、拼写错误或语法错误等基础问题；⑤完成邮件后应当通读以确保自己对于沟通目的的表述清晰准确，检查正文中提到的附件是否上传；⑥检查称谓、祝福语、落款、签名档是否完整，表述是否得体。只有当确保所有信息都没有纰漏之后，才能点击"发送"按钮。

尽管通过电子邮件进行的沟通往往集中于工作内容，但它们有时也会涉及个人情感交流，那么我们应如何在电子邮件交流中传递情感呢？根据 Byron（2008）的研究，邮件发送者因素（性别、关系强度、相对地位），接收者因素（年龄、负面情感、个体经历、负面情绪状态的倾向），社会情景因素（情感表达规范），信息因素（言语暗示、表情符号）等均会影响电子邮件的情感传递，因此我们在收发电子邮件时应考虑这些因素。

在考虑发件者因素时，性别差异可能导致大家对邮件中积极情感的理解有所不同，男性发送者电子邮件中的积极情感更容易被误解为中性情感；关系强度的增加可能会提高情感传递的准确性，因此人们在收发邮件时，应注意双方关系的亲密程度；相对地位的差异也会影响情感的感知，收到来自强势者（如领导）的邮件时，弱势者（如下属）可能更倾向于消极理解邮件中的情感，因此当感知到邮件中的负面情感时，应首先考虑发送者是否处于较高地位。

在接收者因素中，随着年龄和阅历的增长，个体可能更善于控制情绪甚至压抑情绪。因为个体情绪感知的阈值提高，他们的情绪感知力可能有所下降。因此在给年龄较长的接收者发送邮件时应避免过多的情感表达。负面情感指的是个体经历负面情绪状态的倾向，如果接收者平时多愁善感，总是闷闷不乐，发送邮件时则应注意减少与之相关的措辞，以免接收者误解为负面情感。

在不同的社会情景下，在不同的组织或者群体中，情感表达的规范也有所不同。例如，互联网常用缩写"不明觉厉"（不明白但觉得很厉害）、"YYDS"（永远的神）等就不适用于正式场合中的情感表达，因此书写邮件时应避免使用小众的情感表达方式。

另外，言语暗示、表情符号也会影响邮件中的情感传递。例如在中国文化背景中，较多邮件的发送者倾向于在邮件开头进行情感铺垫，如"抱歉，打扰老师您了"，等等。其实，与其使用"打扰您了"，倒不如直接采用"谢谢老师阅读此封邮件"这样的表述，或者积极开朗地表达良好的意愿，"春季学期好，我有问题向老师请教"，等等。此外，表情符号在不同的个体看来有不同的含义，建议正式的邮件交流中避免过多地使用表情符号，以免带来不必要的误解。

5.5.3 会议摘要写作规范

会议记录是商务工作中常见的一种文体，是对讨论发言的实录，是会议讨论中形成的第一手书面内容。此类记录缺乏概括性，内容较为翔实但重点不突出。主要用于资料存档，较少应用于实际工作中的信息传递。会议摘要则是在会议记录基础上经过加工整理而成的一种记叙性和介绍性文件，比会议记录更为简洁凝练。会议摘要仅记录会议当中的核心信息，供与会人回顾或供未参会人了解。会议记录与摘要之对比如表 5-3 所示。

表 5-3 会议摘要和会议记录的区别

	会 议 摘 要	会 议 记 录
性质	记录会议内容要点，属于法定行政公文	对会议中讨论发言的实录，属于事务性文书
功能	通常需要在一定范围内传阅，要求阅读者贯彻执行其中内容	一般不公开，无须传阅，只作资料存档
称谓用语	通常采用第三人称写法，主要用于介绍和叙述会议情况	按照发言者的实际讲述和会议的具体内容进行记录
适用对象	具有传达告知功能，因此具有明确的读者对象和适用范围	不允许公开发布，仅在符合条件的前提下供有需要的人查阅使用
分类方法	种类繁多：根据会议内容，可分为决议性摘要、意见性摘要、情况性摘要、消息性摘要等；根据会议性质，可分为常委会会议摘要、办公会议摘要、例会摘要、工作会议摘要、讨论会摘要等。对会议摘要进行分类有助于撰写者把握文体特点，突出内容重点，寻找写作切入点	通常只按照会议的名称来分类，一般以会议召开的时间顺序编号入档，主要为了满足档案管理的需要

会议摘要具有如下几个主要特点：

（1）会议信息清晰：会议摘要清楚地记录了会议的基本情况、参会人员、工作负责人、记录人和会议流程。

（2）目的明确：会议摘要的目的是总结会议相关信息并向其他人传递。在私人企业和外国企业中，会议摘要尤其注意责任制，即某项目的负责人、截止日期等。这些信息在会议摘要中一般需要得到明确的体现。

（3）中心突出：会议摘要重点关注会议的核心内容。

（4）概括准确：在会议过程中，与会者可能会就议题进行反复讨论。会议摘要应明确记录各个观点正确与否，并对最后得出的结论进行准确概括。

（5）层次分明：会议摘要需要将会议讨论的内容条理化、逻辑化，清晰地记录会议分为哪几个阶段，讨论了哪些议题。

（6）语言简练：会议摘要需要使用精练、准确、清晰的语言表达。

标准的会议摘要由以下四部分组成：标题、导言、主要内容、后期工作。标题通常由"会议名称＋会议摘要"构成，务求简洁明了，避免复杂冗长。导言主要用于介绍会议的基本情况，如时间、地点、与会人员、讨论的问题等。主要内容涵盖会议通过的主要成果以及议定的事项，可根据先后次序或重要性逐项列出。后期工作则是依据会议进展对下一步工作提出的期望和规划，包括预期达成的目标以及会议讨论决定的分工等，往往是下一次会议的重要依据。

本章小结

作为商业活动中不可缺少的沟通和交流机制，商务写作是一种重要的方式。商务写作能力的优劣直接影响个人的专业形象和企业形象，进而影响沟通效率，甚至可以左右商业活动的成败。写作本身是一种沟通，因此前文提及的 CARE 原则、沟通策略等均可作为写

作者进行商务写作时的参考。

本章一方面讲述了商务写作的核心概念，针对文字驾驭问题和语句组织问题等主要障碍进行了说明，并讲解了如何应用金字塔原则以克服这些障碍；另一方面围绕基础商务写作应用的原则和方法，分别以简历、电子邮件和会议摘要三种文体为例，介绍了其特点和范例，并通过多个案例指出了在写作中可能出现的问题和解决办法。就简历而言，本章主要讲解了制作简历的基本规范以及如何运用 STAR 原则撰写简历。在电子邮件部分，写作者需要以换位思考原则为基础设置内容，同时需要注意电子邮件的格式礼仪规范。此外，工作者还需了解并掌握会议摘要的写作方式，理解其与会议记录的区别。

课后练习与讨论

1. 商务写作的应用场合是什么？可以分为哪些种类？
2. 商务写作的基本原则有哪些？在实际操作中可以依照怎样的步骤进行？
3. 写作的心理障碍与技能障碍分别是什么？可以采用哪些方式应对？
4. 什么是商务写作的金字塔原则？

案例模拟

小清是某大学经济管理学院的应届毕业生，计划在毕业后进入企业工作。目前，小清已经初步选定了几家心仪的企业，准备向这些企业递交简历。然而，由于没有商务写作的相关经验，小清制作的简历非常简陋。请全体同学划分为五人以下的小组，通过组内讨论选定目标企业与期望岗位，结合课堂所学知识与实际经验帮助小清完成一份完整的简历。要求：1. 简历格式标准，用词准确；2. 针对预设的企业与岗位重点突出相关内容。

即测即练

自学自测　扫描此码

第 3 部分 沟通的范式

第 6 章

跨文化沟通

沟通既是一种传递信息的实用方式，也是展示个人文化背景的重要渠道。在现实生活中，个人文化背景不仅有来自国籍的差异，也受到民族、语言（方言）、信仰、家庭背景、教育环境、经历经验等多种因素影响。在当今信息化时代，全球化快速发展促使不同文化背景的人们交流沟通日益频繁。每个地区和社会的文化都呈现出更加多元和复杂的特点，有效进行跨文化沟通已经成为国际化专业人才的必备技能。

由于文化背景差异的存在，导致沟通者的沟通方式、行为习惯、固有认知和思考方式往往可能有所差异，这些差异又可能导致跨文化沟通过程中误解的产生。因此，当沟通者在与文化背景不同的沟通对象交流时，需要尽可能地了解文化差异，并通过有效的方法消除误解，以促进更为有效的沟通。

本章将首先深入探讨文化这一抽象概念，剖析跨文化沟通的可能性与重要性，进而引入文化冰山、文化价值观及文化资本的概念，详细介绍文化距离等核心范畴。在讲解理论知识的基础上，本章将对跨文化沟通的具体技巧进行详细介绍，帮助大家理解文化差异，提升跨文化沟通的能力。

6.1 文化的概念

在了解"跨文化沟通"之前，我们首先需要对"文化"的含义具备清晰的认知。文化具有丰富多样的内涵。就个体而言，文化背景影响内在信仰、价值观念，又外显于行为举止之中。在日常生活中，人们有时容易低估文化的综合性、复杂性和多元性，常常将文化与知识和教育等简单对应起来，以此来评判一个人是否具备文化修养。除此之外，人们同样习惯于依据不同标准对文化进行简单分类，比如，饮食文化、大众文化、东西方文化等。

对文化的理解可以有许多不同维度。一种传统观念认为，文化是人类社会发展历史中所创造出来的物质和精神财富的总和，包括物质文化、制度文化和精神文化。不同领域和学者对文化的理解与定义也各不相同。从哲学角度来看，文化在本质上可以视为思想的表现形式。在人类学中，文化通常被分为大众文化、深层文化和高级文化三个层次。大众文化涉及习俗、仪式和日常生活方式，深层文化包括价值观、性别角色等内容，而高级文化包括哲学、艺术和宗教等方面。

对大众而言，文化可以理解为一组由人类创造的客观和主观元素的集合。因在过去帮助提高了生产效率及生态群众的参与满足感，从而逐渐被具有共同语言和生活习性的群体共享而形成。文化并不是与生俱来的，而是在群体生活中后天形成的，这一特性导致其不

断受到社会生活变化的影响，一直处于演进变化的过程之中。因此，文化可以被概括性地定义为一种具有创造性、生命力的，与人类社会生活息息相关的，被群体广泛认可和接受的生活方式。

6.1.1 文化的核心元素

文化的构成元素非常复杂且丰富，一个族群文化的形成会受到特定的历史环境、生活方式、宗教信仰、传统习俗、伦理道德、价值观念等多方面因素的影响。文化的最常见核心元素可以总结为以下五个方面：语言（language）、历史（history）、生活习惯（lifestyle）、信仰（religion）和价值观（value）。

1. 语言

语言是所有文化共同拥有的核心元素之一，也是文化发展的基础。在某种程度上，可以说没有语言就没有文化。通过语言，同一文化背景下的人们可以互相分享信息、情感与思想，使文化得以代代相传。不同语言中的字词、句读与语法都反映了不同文化的独特性。

2. 历史

历史是人类社会过去事件的集合，以及对这些事件进行的系统性记录、研究与解读。历史有助于我们更好地理解过去，为未来提供参考与指导。历史是延伸的，是人类文明的发展轨迹，文化在其演进过程中代代相传，不断积累发展。通过研究历史，人们可以追溯不同文化的发展源头和演化脉络，增强身份认同感和民族自豪感，同时深入理解不同文化的独特性和复杂性。

3. 生活习惯

生活习惯包括饮食、服饰、节庆、日常礼仪等。这些习惯往往受到自然环境、经济条件以及社会需求的影响，同时也成为文化的外显表现。生活习惯是文化中最容易被观察到并感知的部分，通常也是文化传播的起点。

4. 信仰

信仰是对某种思想、宗教、人物或物品的崇拜和敬仰。信仰可以分为多种类型，包括来自远古神话的原始信仰、宗教信仰、哲学信仰和政治信仰等。不同文化孕育出不同的信仰体系，它们在不同社群中发挥着重要作用，为社群成员提供了精神指引、情感寄托和道德法则，在一定程度上起到控制社会、解决冲突、诠释社会生活的作用。

5. 价值观

价值观是人们对有益或正确的信仰或观念的判断标准，它与文化息息相关。价值观具有指导性，在人们日常行为表现中起到决定性作用。不同的文化价值观会导致不同的行为选择。例如，尽管同样具备尊老爱幼的文化传统，但中国人与美国人对在公交车上是否要为老年人让座这一问题却有不同理解。中国人会礼让座位以示关怀，美国人则可能不会主动让座，以表示对其行为能力的尊重。

6.1.2 文化的表现方式

文化具有多元性，拥有不同文化背景的个体间可以相互学习分享。同时，文化也是一个整体、一个系统，基于特定的符号代代相传。文化的表现方式包括三部分：符号（symbols）、规范和价值观（norms and values）、物质和非物质文化（material and nonmaterial culture），如图 6-1 所示。

1. 符号

文化符号是指具有某种特殊内涵或者意义的标志，包括文字、数学符号等（参见第 3 章第 3.1 节）。符号通常具有高度的抽象性和丰富的内涵，它们是文化的抽象体现，也是文化内涵的重要表现形式。实际上，许多现实中存在的人物和景物都可以被抽象为一般的文化符号，成为文化形象的重要代表。例如，美国文化符号包括华尔街、麦当劳、肯德基；中国文化符号有故宫、长城；法国文化符号包括埃菲尔铁塔、雨果；日本文化符号包括武士道、樱花、富士山；俄罗斯文化符号有列宁、贝加尔湖、克里姆林宫等。

2. 规范和价值观

文化规范与价值观是指群体成员认为有益、正确或有价值的信念或特质，可以被视为一种针对文化的规范与判断标准。不同文化之间的规范和价值观可能会发生冲突或摩擦，因为它们代表了不同的信仰和观念。随着社会的演变，文化的规范与价值观也会发生变化，某一时代独有的文化价值观可以反映出时代的特点。因此，文化的规范和价值观没有高低贵贱之分，它们是文化多样性的一部分。

3. 物质和非物质文化

文化包括物质文化和非物质文化两个方面。物质文化是指为了满足人类生存和发展需要而创造的物质产品及其所表现的文化，包括饮食、服饰、建筑、交通、生产工具及乡村、城市等，是文化要素的物质表现形式。非物质文化是指非物质形式的、具有艺术价值和历史价值的文化元素，如武术、传统习俗、手工艺等。非物质文化可大致分为三个部分：与自然环境相关的，如自然科学、宗教、艺术、哲学等；与社会环境相关的，如语言、文字、风俗、道德、法律等；与物质文化相关的，如器具、器械或仪器的使用方法等。

图 6-1　文化的表现方式

6.2 文化的相关理论

文化作为社会构成的重要维度始终受到学术界的广泛关注。从法国学者皮埃尔·布尔迪厄提出的文化资本理论到爱德华·霍尔的文化冰山模型，这些经典理论以不同的视角揭示了文化在个体和社会中的深刻作用。文化资本通过知识、技能和教育赋予个体实现社会跃迁的能力，而文化冰山模型则解析了文化的显性特征与深层影响。通过对这些理论的探讨，我们能够更全面地理解文化的构成及其对社会和个人行为的深远影响。

6.2.1 文化资本

著名法国学者皮埃尔·布尔迪厄（Pierre Bourdieu）在其著作《资本的形式》（*The Forms of Capital*）中将资本划分为三种主要类型，分别为经济资本、社会资本和文化资本。经济资本代表个体在经济资源方面的拥有量，比如，钱财、房产等。这种资本与经济发展息息相关，是经济活动的基础。社会资本被布尔迪厄定义为实际或潜在资源的集合，这种资源通常是指个体在社会网络中的人际关系，可以帮助个人改善自身生活状态与社会地位。文化资本在此处与经济、社会资本并列，是指"知识、技能、教育等一切可以帮助个体获取更高社会地位、收获他人高度期望的优势"。与经济资本相同，文化资本也可以影响个人的经济社会地位，改变个人的条件状况。文化资本包括下列三种类型：

1. 内含文化资本

内含文化资本是内化于个体内部的文化资本，代表个体经过培育而形成的无形价值倾向。内含文化资本通过社会化被内化，构建了个体的欣赏和理解框架。例如，不同人对一幅画的欣赏程度取决于其内含文化资本的不同。

2. 具体文化资本

具体文化资本是具体物质形式的文化产品，如书籍、艺术品、古董家具、地毯等。这些文化产品往往具有物质存在，可以代代相传。具体文化资本既可以作为经济资本被物理性地转移（卖出），也可以作为文化资本被象征性地保存传递。对于拥有内含文化资本的人而言，物质文化资本的文化意义可以脱离实体而存在。即使物质形式的文化资本被转移给他人，他仍然可以"消费"这些产品。例如，具备艺术鉴赏能力的收藏者即使将个人藏品转让给他人，仍然可以通过观赏、回忆的方式获取画作的文化价值。

3. 制度文化资本

制度文化资本属于客观存在，是指机构授予个体的物质形式，其文化价值与含义远超出该物体的经济价值，比如，学位证书、比赛金牌等。制度文化资本可以较容易地转化为经济资本，根据规则和评价标准的不同，赋予个体不同的经济价值。

6.2.2 文化冰山

基于文化的核心概念，由美国人类学家爱德华·霍尔（Edward Hall）提出的文化冰山

（cultural iceberg）模型可以进一步帮助大家了解文化对个体的影响及体现方式。这一模型将个体的基本特征划分为表面的"冰山以上部分"和深层的"冰山以下部分"（见图6-2）。

可观察到的（10%）
- 有形和具体的表达
- 可识别的行为
- 社会活动
- 外显的信念和价值观

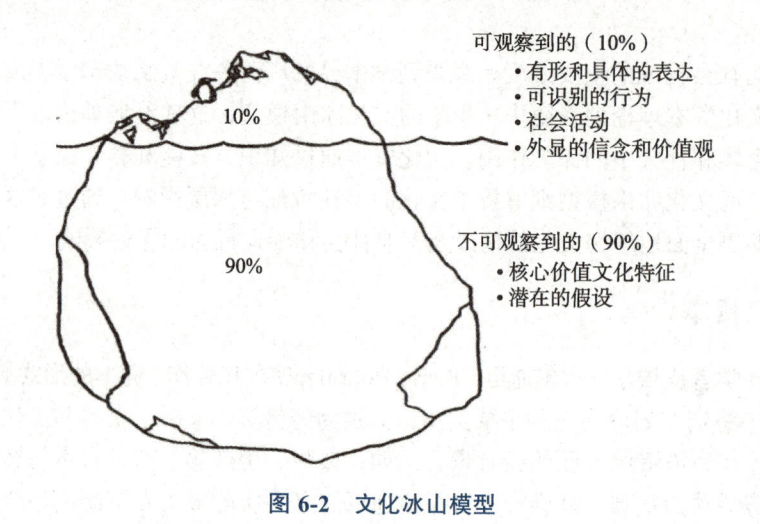

不可观察到的（90%）
- 核心价值文化特征
- 潜在的假设

图6-2 文化冰山模型

表面的"冰山以上部分"是可以直观观察到的，占比仅为10%，包括：
- 有形和具体的表达，如语言、服饰、首饰、食物、建筑；
- 可识别的行为，如仪式、文身、信仰、仪态等非言语表述；
- 社会活动，如工作风格、会议风格、社会活动；
- 外显的信念和价值观，如社会角色和责任、政治系统、司法系统。

深层的"冰山以下部分"是难以直接观察与感知的，占据文化冰山的90%，这一部分包括：
- 核心价值文化特征，如对时间、空间、生命、情感、世界等的感知与观念；
- 潜在的假设，如无意识的感知、想法和感觉。

6.3 文化的维度与误区

在全球交流快速发展的背景下，中国在国际舞台上的重要作用日益凸显。不仅如此，与改革开放初期大批外国企业入驻中国相比，如今越来越多的中国企业走出国门，走向世界。这一趋势伴随着更为频繁的国际组织活动、政府协作，媒体运作也更加透明，国际教育与商务交流更加便捷，科技交流和交通旅行也更加便利。这一系列因素使得来自不同国家和地区、不同文化背景的人们更加频繁地在一起工作和交流。然而，在全球化和国际化的进程中，文化冲突仍然是一个重要问题，其中一个关键因素就是文化差异。

文化维度和文化距离是国际商务领域广泛运用的概念，它们涉及国外投资与扩张、国际化进入方式的选择和外资机构绩效等领域。较大的文化距离通常代表着更大的挑战和潜在风险。在这一概念领域，荷兰著名心理学家吉尔特·霍夫斯塔德（Geert Hofstede）提出的文化维度理论受到较为广泛的认可，但同时也有部分学者提出了一些误区和更多值得思

考的方向，如申克（Oded Shenker）提出的文化距离的对等性和稳定性等。这些因素都需要大家在国际交流和合作中认真考虑和处理。

6.3.1 文化维度

文化维度（culture dimension）是荷兰国际文化合作研究所所长霍夫斯塔德及其同事在对文化因素进行定量研究时采用的概念。霍夫斯塔德在 1980 年的研究中，基于对分布在 66 个国家的 117000 位 IBM 员工工作价值观进行的调查，提出了基于西方文化的四个文化维度，即"个人主义与集体主义""权力距离""男性主义与女性主义""不确定性规避"。随后，他的同事进一步确立了第五个和第六个文化维度，分别是"长期导向与短期导向"，以及"放任与约束"。通过这六个文化维度，霍夫斯塔德提醒管理者与战略家：人类通常会习惯性地根据过往文化经验进行思考、感受和行动，这种现象在国际工作环境中尤为明显。以下是霍夫斯塔德对文化维度的具体释义[①]：

1. 个人主义与集体主义（individualism and collectivism）

个人主义指一种社会结构较为松散的情况，个体主要关注个人和最亲近的家庭成员；集体主义则是一种社会结构相对紧密的情况，成员将社会划分为内部群体和外部群体，期望内部群体会提供支持和忠诚，这一维度的对比如表 6-1 所示。

表 6-1 个人主义与集体主义

个人主义社会	集体主义社会
每个人都有隐私权	群体可干预个人生活
鼓励使用第一人称"我"	避免使用第一人称"我"
文凭提高经济价值和个人自尊	文凭帮助个体提升社会地位
管理是针对个体进行的	管理是针对群体进行的
工作任务重于人际关系	人际关系重于工作任务

2. 权力距离（power distance）

指社会中不同层级之间权力分配的不平等程度。高权力距离的社会认为权威和地位的差异是合理的，下属对上级具有强烈的依附性。低权力距离的社会则追求更平等的权利分配，员工参与决策的程度较高，下属在其规定的职责范围内有相应的自主权。这一维度的对比如表 6-2 所示。

3. 男性主义与女性主义（masculinity and femininity）

反映社会中"男性"或"女性"价值观占优势的程度。男性主义强调竞争与成就，推崇自信的状态、追求金钱与物质、漠视他人、重视个人生活质量；而女性主义强调关怀，推崇谦逊的状态，注重合作共赢。

[①] 吉尔特·霍夫斯塔德. 文化与组织：心里软件的力量[M]. 张炜，王烁，译. 北京：中国人民大学出版社，2010.

表 6-2　权力距离

低权力距离的社会	高权力距离的社会
父母平等地对待子女	父母教育子女服从
教师平等地对待学生	学生尊重教师，不仅限于课堂
教育政策关注中等教育	教育政策关注高等教育
管理者依靠经验和下属	管理者依靠制度和上级
管理者经常征询下属意见	管理者更多命令下属进行工作

4. 不确定性规避（uncertainty avoidance）

不确定性规避是指"社会对不确定和模糊态势所感到的威胁程度"。高不确定性规避的社会更倾向于规范、稳定性，试图通过制定正式规则、提高员工忠诚度等方式避免越轨行为，降低不确定性带来的风险；低不确定性规避的社会则更容忍不确定性和变化。处理不确定性的方式是任何国家、任何制度、任何组织的重要部分。这一维度的对比如表 6-3 所示。

表 6-3　不确定性规避

低不确定性规避的社会	高不确定性规避的社会
较频繁地更换雇主，服务期限较短	较少更换雇主，服务期限较长
信任通用人才和经验尝试	信任专家和技术解决方案
容忍模糊	要求精准
相对而言企业家受制度约束较少	企业家受现有制度的严格约束
善于发明，不善于执行	善于执行，不善于发明

5. 长期导向与短期导向（long-term & short-term orientation）

长期导向是指培育和鼓励以追求未来回报为导向的品德，比如，坚韧和节俭。相比之下，短期导向则培育和鼓励关注过去和当前的品德，比如，尊重传统、维护颜面，以及履行社会义务等。这两种导向性反映了一个文化对长远和近期利益的价值观。长期导向性的文化与社会更加注重未来，倾向于以长期的视角看待事物，强调节约、节俭和储备，以确保未来的持续发展。在长期导向的文化中，人们常常会留有余地，考虑到未来的可能性。相反，短期导向的文化和社会更关注眼前的利益，强调对传统的尊重和社会义务的履行。在这种文化中，管理者通常更关注即时的利益，对下属的绩效考核周期较短，强调立竿见影的效果。这一维度的对比如表 6-4 所示。

表 6-4　长期导向与短期导向

长期导向	短期导向
坚韧，愿为长远回报而不断努力	付出的努力应该速见成效
节俭，节约资源	消费倾向
将成败归因于努力	将成败归因于运气
重点关注市场地位	重点关注盈亏状况
未来十年的利润很重要	当年的利润很重要

6. 放任与约束（indulgence and restraint）

用于衡量某个社会对人们的基本需求和享乐欲望的容忍程度。这一维度反映了社会对个体行为的规范程度，以及社会文化是否鼓励个体追求快乐和满足感。在汉语语境中"放任"有负面含义，而此处为中性，即"松"的意思，包含放松、宽容之意。在这一文化维度中，放任表示社会容忍度较高，允许人们比较自由地追求个人快乐和享受生活。这种文化倾向下，个体有更多的自由度，可以追求自己的天性和欲望，社会对个体的行为规范相对较为宽松。相反，约束型文化则认为社会需要对人的基本需求和享乐欲望进行一定的限制和规范。在这种文化中，社会规则和价值观更强调自我约束和遵循规范，强调个体的行为应该受到更严格的限制和控制，以维护社会的秩序和道德标准。

6.3.2 文化距离的变化性

申克在霍夫斯塔德文化维度分析的基础上，补充了文化距离的变化性和多元性。霍夫斯塔德提出的文化维度分析方法为企业和个人提供了一个很好的衡量文化距离的方式，将文化差异以更具体的方式呈现出来。企业在决定进入某个市场或投资某个领域时，可以利用文化维度来衡量文化距离，考虑其所面临的文化差异，进而做出合理决策。然而，这种衡量方法并不是万能的。在衡量文化距离的过程中，可能会陷入一些误区，导致文化距离的误判。以下是可能遇到的文化距离误区：

1. 距离对等幻觉（the illusion of symmetry）

有时候人们认为文化距离是对等的，即从 A 点到 B 点的距离与从 B 点到 A 点的距离相同。然而，文化距离未必具有对等性，因为它会随着双方角色定位的变化而变化。比如，一家想要在美国投资的中国企业和一家想要在中国投资的美国企业，两家企业面临的文化距离很可能是不相同的。文化距离会随着双方角色定位的变化而变化，要视具体情况而定，而不应仅凭借直觉认为其是对等的。

2. 稳定性幻觉（the illusion of stability）

通常认为在一个具体的时间点测量文化距离，会得到一个与时间点相关的相对稳定的结果。然而，文化距离随着时间的推移可能会发生变化。例如，企业在深入了解当地文化后，文化距离可能会缩小，而不再维持在某一个稳定的水平，企业的管理效率也会因此提高。

3. 线性关系幻觉（the illusion of linearity）

线性关系误区是对文化距离、进入模式和投资绩效的线性影响假设。其内容主要包括：文化距离越大，投资在后期获得回报的可能性越大；企业越倾向于选择控制因素较少的进入模式，外国子公司的表现越会比母公司差。然而，这些都是值得怀疑的假设，无论是文化距离还是进入模式与投资绩效间的关系都并非固定的线性相关。

4. 因果关系幻觉（the illusion of causality）

因果关系幻觉是指人们可能会依赖惯性思维为两个无关因素强加因果关系。例如，部分人会误认为文化距离与外国投资回报率之间具有明确的因果关系。然而实际上，文化距离

并非决定外国投资成败的唯一因素，资本、制度环境、人力资源乃至国际关系等多种因素都会对其产生重要影响。

5. 分歧错乱幻觉（the illusion of discordance）

分歧错乱幻觉认为，文化差异导致的问题在某些情况下会成为人们进行决策以及产生共情的障碍。换言之，人们常因为某些人口统计学因素（譬如性别、肤色、国籍）等对他人的文化认知产生刻板印象。这样的刻板印象与偏见可能导致决策失误。

6. 企业同质性幻觉（the illusion of corporate）

企业同质性幻觉是指人们可能默认在同一文化维度下获得相同评价的公司具有同质性。然而，即便是在各个文化维度中都获得相同评价的企业，也会因其不同的特点、属性而有不同的企业文化和组织形式，如规模的大小、领导的管理风格等。

7. 空间同质性幻觉（the illusion of spatial）

空间同质性幻觉是指有时候人们错误地认为在同一地理空间范围内文化距离是一致的，然而，即使在同一个国家或地区，不同地方的文化也可能存在差异。比如，中国的东西部、南北方各具文化特色，不同省份之间也存在明显差异，不可一概而论。

总之，文化是动态的且不断变化的，因此在不同情境下需要识别和理解文化距离的不同方面，以此有效应对文化差异带来的误解，帮助人们建立更为有效的跨文化沟通与合作。

6.4 跨文化沟通的差异

跨文化沟通（见图6-3）是指具有不同文化背景的个体之间传递信息、共享知识及理解情感的过程。此处的文化背景可能包括不同国家（地区）、民族、历史、教育和家庭环境等因素，这些因素塑造了个体对社会生活的独特看法与价值观。无论是不同组织或不同社会群体之间的交往，还是来自不同地域和家庭背景的个体之间的交流，都可以被归为跨文化沟通的范畴。正是因为涉及不同文化背景的交汇与碰撞，跨文化沟通才呈现出了复杂多样的特性。本节将从言语信息与非言语信息两个层面出发，帮助读者了解跨文化沟通中存在的常见差异。

图6-3　跨文化沟通

6.4.1 跨文化沟通中的言语信息差异

人们通过语言相互沟通交流，也通过语言将文化代代相传。语言作为文化的核心元素之一，在文化发展过程中扮演着重要角色。语言既反映文化，又受文化塑造，它们之间相辅相成、相互影响。通过分析言语信息，人们可以窥见某人的性格特点和内在的文化价值观。具体而言，有四类言语信息可供分析，分别是语言（方言）、俚语、行话和词汇。

1. 语言（方言）

语言反映了不同地区和民族之间的文化差异。根据对方所使用的语言，人们可以初步判断其可能来自的国家或地区，以及其所属的文化群体。此外，同一个国家不同地区之间也可能存在各种方言。这些方言是地域文化的独特体现，传承千年，承载着浓厚的文化底蕴。在某种程度上，方言更能代表某一细分区域的文化特色。

2. 俚语

俚语是一种非正式、口语化的语言，通常用于民间生活中。它地域性强、通俗易懂，富有地方色彩，在非正式场合中被广泛使用，有时用来描述新鲜事物或给旧事物赋予新的名称。在中国，常见的俚语有"撂挑子"和"套磁"等。

3. 行话

不同的社会群体因工作、活动或其他目的的共同性，会创造并使用一些与其他社群不同的词汇和符号，这些独特的词汇、符号就是行话，也即各个特定社群或行业内部使用的专门术语。行话有助于社群成员之间的高效沟通，但对行外人来说常难以理解。例如，学术界的教授在交流时可能会谈论各自的研究"paper"（论文）的情况，这是一个学术行话。

4. 词汇

词汇是个人语言表达中使用的词语和短语。一个人的词汇选择可以反映出其教育背景、学识水平，以及文化底蕴和性格特点。一些人可能在交流中混用中英文，展示多语言能力；一些人则可能擅长使用高雅的词汇和成语；也有一些人只能使用浅显直白甚至粗俗浅陋的表达方式。正因如此，词汇的使用情况可以传达丰富的信息。

在跨文化沟通的情境下，沟通者往往需要注意这些不同类型的言语信息，借助它们更好地理解文化差异，为有效的跨文化沟通奠定良好的基础。除此之外，沟通者在跨文化沟通中还需要格外关注沟通过程的内容与细节，减少产生误解的可能性，确保跨文化沟通的成功进行。

6.4.2 跨文化沟通中的非言语信息差异

在跨文化沟通中，言语信息的差异仅是一个方面，非言语信息的差异同样至关重要（参见第 4 章）。当言语和非言语沟通传达的信息产生冲突时，人们通常更倾向于接受非言语表述所传达的信息。在跨文化沟通中人们可以从非言语沟通的维度和风格、性别差异两个主要方面思考非言语表述。

非言语沟通包括多个主要维度，如面部表情、肢体语言、身体移动、人际交往空间、

身体接触、声音品质、外在形象及沟通时间的长短等，这些元素通常被用于帮助人们理解和判断信息。例如，面部表情可以传达情感，肢体语言可以增强表达的可信度。但需要注意的是，不同文化可能对非言语信息的解读方式存在差异，沟通者在跨文化沟通中，需要特别注意这些差异，避免误触其他文化的禁忌导致沟通失败。

在跨文化沟通情境中，不同文化对于交谈距离的定义是不同的。一些文化倾向于近距离交流以示友好，其他文化则更喜欢保持一定距离以表示尊重和礼貌。在交流之前，沟通者可提前学习了解相关文化习俗，避免冒犯对方并造成不必要的误解。此外，要根据不同的情境和沟通对象，适度调整声音的音量、语速和重音，以确保沟通的顺利进行。

在多元化的社会中，大多数社交活动和场合都可能有特定的着装礼仪和要求。在跨文化沟通中，沟通者应尽可能提前了解对应的着装规范，合理选择个人衣着以及配饰，以示对对方的礼貌与尊重。使用香水时，应选择合适香味并适量喷洒，避免影响谈话。此外，沟通者还需注意控制谈话的时间长度与说话节奏，避免出现用时过多或准备不足的情况。

跨文化沟通的差异还可能体现在沟通风格和性别上。在与不同文化背景的人交流时，沟通风格和性别的差异可能会影响谈话的方式。在沟通风格方面，一些文化倾向于直接、高效的线性沟通方式，另一些文化则更加倾向于间接、委婉的情境沟通方式。相比之下，线性模式重视信息传递的效率和准确性，而情境模式强调维护情感体验，注重沟通双方交流时的心理感受。在性别方面，男性和女性的沟通风格也可能存在一定差异。传统意义上，男性更强调竞争、理性，以完成任务为主要目的，女性则更强调合作、感性，将建立长期关系作为主要目的。了解这些差异有助于更好地理解和适应不同文化背景的沟通情境。

6.4.3 跨文化沟通中的其他特点

在进行跨文化沟通时，不仅需要关注言语和非言语内容的差异，还需要考虑一些隐性的跨文化沟通特点，包括沟通方式、权力对比及谈话内容差异。这些因素对于成功的跨文化交流至关重要。

首先，要了解不同文化背景下的沟通方式并做出灵活应对。不同的国家和地区有不同的沟通习惯和规则，涉及对提问、沉默、停顿和幽默的不同理解和运用。例如，在某些文化中，提问被视为一种积极的沟通方式，表示提问者对话题的参与和兴趣，而在其他文化中，提问可能被视为不礼貌的打断。了解这些差异有助于避免误解和冲突，以及更好地理解对方的意图。

其次，要关注沟通中的权力对比。在对话过程中，要注意分析沟通双方或多方的权力对比，注意辨别谁在谈话中具有核心地位，掌握更多的话语权。除此之外，沟通者也应理解、尊重不同个体对于权威的不同理解，还要注重留意谈话时他人的感受。

最后，要对沟通内容进行规划。在沟通开始前，沟通者应对沟通情境进行充分了解，这包括明确沟通的对象和目的，以及了解文化差异的具体内容。通过这些信息，沟通者可以对沟通内容进行较为明确的规划，明确在何种环境下针对何人可以交流哪些话题。例如，在不同的环境中，关于健康、信仰等敏感话题的讨论可能会引起沟通对象不同的解读和反

应。因此，针对不同的情境和参与者，需要灵活调整谈话内容，以确保有效沟通。

6.5 跨文化沟通的技巧

在了解跨文化沟通中言语和非言语沟通的特点后，本节将从思维与行为两个层面思考跨文化沟通的具体应对方法。在思维层面，秉持开放包容的心态，以理性态度看待文化差异，这一点非常重要。不同的文化间往往会存在差异，以谦虚的心态对待文化差异，认可其他文化的优点，保持好奇心，积极地了解和探索世界各地的不同文化，对于沟通者来说非常重要。在实际沟通中，我们需要打破个体固有的文化交流模式，走出舒适区，不断尝试探索多元的跨文化交流方式。

在行为层面，成为细致的观察者，在沟通开始前尽可能多地观察与倾听，这对于跨文化沟通的顺利进行颇有帮助。如果可能的话，沟通者可以尝试学习其他民族的语言以更好地了解其文化。在尊重对方的文化习俗和宗教信仰的前提下，沟通者可以积极尝试与对方讨论交流文化差异和各自不同的思想内涵，从而在直接的交流过程中增进对于不同文化的理解。当然，在跨文化沟通的过程中，冲突往往在所难免。面对冲突，沟通双方的注意力需集中在具体问题上，通过理性分析去寻找原因，积极寻求解决矛盾冲突的办法。与此同时，争取从中吸取教训，避免类似的冲突问题再次发生。此外，事后跟进同样是跨文化沟通中的关键步骤。如果每次跨文化沟通都能够完整地进行，妥善处理所有细节，沟通双方的交流将会更加成功与持久。

6.5.1 有效的跨文化沟通

有效的跨文化沟通涉及识别与文化相关的因素，理解这些文化因素如何影响沟通，以及减少误解。正如前文所述，沟通者在识别文化因素的过程中需要考虑许多方面，任何环节出现问题都可能影响跨文化沟通的最终效果，价值观、世界观、思维方式、偏见、刻板印象、种族中心主义等许多因素都会影响沟通者的判断。固有的文化思维模式会在跨文化沟通的过程中影响沟通者的表达方式，进而影响整个沟通的效率和结果。

在了解影响跨文化沟通的因素后，沟通者需要进一步判断究竟是哪一因素的何种差异阻碍了跨文化沟通。例如，与他人的感知不同，对行为规范的看法不同，生活、学习、工作习惯不同，言语和非言语表述方式不同，对异性、尊长的态度不同，以及对"公和私"界限的期望不同，等等。

识别文化要素、寻找彼此差异的最终目的是减少误解，从而实现有效沟通。沟通者在成功识别阻碍跨文化沟通的要素后，应以开放积极的心态，通过多种途径了解对方的文化背景，明确双方认知差异背后的文化内涵，在理解、尊重对方文化的基础上，借助坦诚交流努力获取对方的认可与理解，最终实现对彼此文化认知的互相尊重，消除误解，实现有效的跨文化沟通。

6.5.2 跨文化沟通的建议

在掌握跨文化沟通的影响因素并理解何为有效沟通的基础上，下面是一些行之有效的

建议，帮助沟通者具体实现跨文化沟通。

1. 积极倾听

保持谦和友善的沟通态度非常重要。通过使用平和的眼神进行交流，积极倾听对方的观点和意见。沟通者还可以通过轻声地附和、提问或复述来表示礼貌和尊重。倾听是建立有效跨文化沟通的基础，有助于更好地理解对方。

2. 认同对方

在沟通过程中，沟通者需要真诚地表扬对方的优点和成功事迹，积极肯定对方的贡献，吸取对方的长处。这种积极的肯定和赞扬可以增强双方的身份认同感，为有效沟通减少障碍。

3. 分享自己

不要吝啬分享自己的想法、经验和观点。通过言传身教，沟通者可以用自己的灵魂去影响他人的灵魂。只有当沟通者学会打开自己、拥抱他人时，才能在跨文化沟通中实现更全面的成长。

4. 客观心态

面对文化差异时，应保持包容开放的客观心态，不要将差异视为错误或奇怪的表现，而要努力发现并理解其中蕴含的文化内涵，进而做出理性成熟的判断。

5. 积极表述

在沟通过程中，更多运用积极的表述方式。比如，"是的……并且……""嗯，更重要的是……"等短语。这样的表述方式有助于拉近与对方的距离，也可以展现出沟通者的谦和友好。

本章小结

本章主要介绍了跨文化沟通的核心内涵、影响因素，以及切实可行的沟通策略和方法。首先我们深入探讨了文化的内涵，指出文化是由人类创造的一系列客观和主观因素。它属于某一特定群体，具有创造力与生命力，随时代演进不断发展变化。这些因素是文化的基础，而其中的价值观念则往往是文化的核心。因此，在面对不同文化时，沟通者必须认真思考文化的多样性以及文化间的显著差异。

本章还从实际操作层面介绍了跨文化沟通的策略。沟通者在思维层面要秉持开放包容的心态，不断延展自己，尝试用不同的视角观察理解现实世界中的沟通情境；在行为层面要注意细节，保持谦虚的学习态度，注意文化的多样性及其自身的独特性，尽量克服文化定式思维，客观看待不同文化。在掌握了影响跨文化沟通的核心因素的基础上，积极运用跨文化沟通方法与技巧，进行更有效的跨文化沟通。

课后练习与讨论

1. 文化是什么？它具有哪些核心要素？具体表现方式有哪些？

2. 文化资本、文化冰山与文化维度理论分别是什么？常见的文化距离误区有哪些？
3. 跨文化沟通中，常见的言语与非言语信息差异分别有哪些？
4. 如何实现有效的跨文化沟通？
5. 讨论跨文化沟通中常常出现的障碍以及克服方法。
6. 观察班级同学或团队成员的文化背景，思考这些不同的文化元素如何影响班级或团队的环境，以及沟通效果。
7. 尝试接触不同的文化，例如学习一门新的语言或新的运动，体验不同风格的服装或发型。

案例模拟

阅读下列案例，如果你是案例主人公，在案例展示的三个场景中你会分别如何选择？分析小华所做的选择与其文化背景间的关系。

小华是国内某知名大学的毕业生。在毕业后，他顺利获得了一家外资企业的管培生职务。在入职第一天的会议上，小华发现上司即将向客户展示的 PPT 中出现了一个错别字。本着"新人需要谨言慎行"的观念，小华选择了默不作声，与他同时入职的小清则主动举手，礼貌地指出了这一错误，因此获得了上司的称赞。

入职一周后，部门经理邀请小华进行一对一交流。在小华进入办公室后，部门经理邀请小华入座。在图 6-4 所示的四个位置之中，小华最终选择坐在 A 位置上，与部门经理隔着宽大的茶几交谈。

待二人的谈话渐至尾声，部门经理开始与小华分享自己的兴趣爱好，包括滑雪、攀岩和赛车等等。随后，部门经理询问了小华的兴趣爱好。小华却感觉十分诧异，一时不知该如何回应，场面一度变得颇为尴尬。

图 6-4 案例模拟图

即测即练

自学自测 扫描此码

第 7 章

虚 拟 沟 通

第二次工业革命以来，人类的信息传递手段日新月异。自传统的书信被电报、传真和电话等手段替代以来，人类的信息传递越发便捷；到 20 世纪 90 年代，互联网的兴起带动了电子信息的普及，信息传播的速度和覆盖范围得到了进一步提升。只需瞬息，信息就可以传播到地球上任何被互联网覆盖的角落。在我国，互联网的普及水平逐年提升。根据中国互联网络信息中心发布的数据，2001 年我国仅有 3370 万网民，互联网普及率仅 2.64%；到 2023 年，我国网民规模已突破 10 亿，互联网普及率已达 76.4%。[①] 随着移动互联网的推广，信息传播平台不断增加，传递方式也更加多元。

丰富多彩的互联网科技产品辅助着人们的沟通，使信息和知识的传递跨越了国界，跨越了种族，跨越了人类社会的各种文明，将世界人民联系在了一起。自 2020 年以来，互联网技术在沟通领域发挥了越来越重要的作用，远程办公、在线学习和网络娱乐已经成为我们日常生活的一部分。可以说，随着虚拟沟通领域技术的不断革新与产品的持续升级，新的沟通时代已经到来。

日益丰富的虚拟沟通为人们提供更丰富的信息获取渠道、更广阔的交流范围与更高效的沟通方式，极大地方便了人们的工作生活，但是许多前所未有的沟通问题也因虚拟沟通的不断发展逐渐进入人们的视野，成为虚拟沟通过程中不可忽视的障碍，网络暴力和恶意传播隐私信息正是其中的两个典型问题。这些问题不仅会降低人们的沟通效率，破坏整体虚拟沟通环境，甚至还会影响沟通参与者的现实生活。[②] 上述正反两方面的原因，使虚拟沟通技巧成为当代沟通者必须掌握的技术。

本章聚焦信息时代下互联网科技营造的沟通情境，从多个角度对虚拟沟通进行定义与分类，帮助大家了解虚拟沟通的具体概念与显著特点。在此基础上，对虚拟沟通中的几类显著问题进行剖析，分析其原因并提出可供参考的解决方案。最后，本章将结合人们的实际生活，对三类典型沟通场景进行分析，帮助人们将理论与实践相结合，切实掌握本章讲述的概念技巧。

7.1 虚拟沟通的概念

随着互联网技术的不断发展，虚拟沟通（virtual communication）越来越多地出现在人们的学习和工作中，已逐渐成为日常生活不可或缺的一部分。通过网络科技，人们可以利用文字、音频、图像、视频等多种方式传递信息，交流情感。

[①] 第 52 次《中国互联网络发展状况统计报告》，中国互联网络信息中心，2023.8.28.
[②] 郝洁. 虚拟沟通：疫情之下人生的扩展[J]. 清华管理评论，2020(6): 50-56.

尽管现实生活中虚拟沟通的出现频率飞速增长，但学术领域依然缺乏针对虚拟沟通的明确定义。锡尔卡·耶尔文佩（Sirkka L. Jarvenpaa）和桃乐茜·莱德纳（Dorothy E. Leidner）于 1999 年在《组织科学》期刊上发表了一篇有关虚拟沟通的文章[①]，将虚拟沟通定义为伴随非实体协作的团队而产生的互联网技术支持交流行为，是一种借助信息通信技术建立并持续运行的网络组织形式。这一定义将虚拟沟通局限于虚拟团队或组织的情境之中，将大量出现于人们日常工作生活中的虚拟沟通行为都排除在外，显然无法与前文所提及的虚拟沟通实际发展情况相匹配。因此，在对虚拟沟通的其他概念进行进一步澄清之前，首先需要对其进行更加全面准确的定义。

综合考虑虚拟沟通的现实情况与未来发展，本书将虚拟沟通定义为：沟通者借助互联网技术，以非传统面对面的方式与沟通对象进行交流的过程。在这一定义中，沟通者所面对的沟通对象可依据其虚拟程度划分为以下两类：第一类是部分虚拟沟通对象。这类沟通对象的本体依然是真实存在的人，但会因沟通者对其现实信息了解程度的差异而呈现出不同程度的虚拟性。在这一分类中，虚拟程度最低的是信息已知的虚拟沟通对象，他们可以向沟通者提供可证实的现实信息，或者在现实世界中与沟通者存在较为紧密的联系，例如获得身份认证的网络用户或现实生活中的亲朋师友，等等。信息无法证实的沟通对象较前者拥有更高的虚拟程度，他们会向沟通者提供一部分个人信息，但这些信息无法被证实或者本来就是被技术手段加工修饰过的，比如，利用美颜相机美化个人形象的网络主播，等等。未知信息的沟通对象虚拟程度最高，他们往往不会向沟通者提供任何现实个人信息，例如采用昵称与虚拟头像的网友、电子游戏中随机匹配的队友或对手等等。第二类是完全虚拟沟通对象，这类沟通对象的本体是能够与沟通者进行交流的计算机程序，依据程序复杂程度的不同呈现出不同的效果。简单的有根据关键词进行回复的电子客服，复杂的则如通过高科技手段虚拟构造的"数字人"。以互联网为载体的非面对面方式则包括文字、图片、语音、视频、线上会议、VR 社区等。

根据上述定义及解释，虚拟沟通的核心特点可总结如下（见图 7-1）：

1. 便捷性

便捷性是借助互联网技术进行沟通的最大优势。在空间角度，虚拟沟通可以突破物理距离的限制，为距离遥远的沟通者搭建沟通桥梁。除此之外，目前也出现了一些线上交流平台，可以凭借电子信息技术，为沟通者搭建线上虚拟情境，使其足不出户即可享受身临其境的沟通体验，Facebook 旗下的 Horizon 就是颇为著名的一个 VR 社交平台。在时间角度，虚拟沟通极大地节约了沟通者的时间成本，沟通者无须耗费大量时间精力奔赴同一地点便可进行即时的信息交换，人类的沟通效率因此得到了难以估量的提升。

2. 匿名性

许多沟通者在虚拟沟通过程中往往不会展示其真实身份与现实情况。一方面，匿名性使沟通参与者忽略信息发送者的身份地位，将注意力集中在其观点本身。许多创作者因此

[①] Jarvenpaa S, Leidner D. Communication and Trust in Global Virtual Teams. Organization Science (Providence, R.I.), 1999, 10(6): 791-815.

得以更为轻松自然、无拘无束地表达个人观点，许多真知灼见也避免了因信息发送者个人身份地位不高而被轻视埋没。譬如一些网络平台有大量深入浅出、清晰准确的科普视频，也有许多思想深刻、见解独到的文章，这些创作者即使没有身份背书，也依然能凭借优质内容受到读者的尊重追捧。然而，身份模糊性也是许多虚拟沟通问题产生的重要原因。在某种意义上，虚拟沟通的匿名性降低了沟通者维持自身正面形象的需求，使其漠视伦理道德的规范约束，行事发言肆无忌惮。除此之外，匿名性也为别有用心的沟通者提供了伪造信息的可能，使其得以利用虚假信息误导他人判断，满足个人利益需求。

图 7-1　虚拟沟通的主要特点

3. 广泛传播性

在互联网时代，信息接收者留存、整理与传播信息及信息发送者传递信息的成本均大大降低。在中国古代，公文信息多依靠驿站传递，昼夜兼程也仅能达到一日三百里，一份紧急公文需要接近二十天方能传递至边疆。文人墨客的诗文则往往需要经年累月才能传遍大江南北，还面临着在漫长的传递路途中遗失散佚的风险。在今天，即使是偏僻的山村也能在第一时间接收上级文件，一篇文章、一段视频一经发布，浏览量瞬间就可能突破千万人次。可以说，信息传播的便利性已经达到了目前人类历史的最高峰。虚拟沟通时代信息的广泛传播性对于信息发送者与接收者而言均是双刃剑，利弊交杂。对发送者而言，其思想观点可以因此得到广泛分享，获得更大的支持与影响力，但是往往也会因此遭受更多批评指摘，更可能面临被盗版、曲解与利用的风险。对接收者而言，海量的信息可以帮助他们拓宽视野、增长见识，但是这些信息之中只有一部分对接收者的工作生活真正有益，大部分则是毫无意义的无效信息，有些甚至会产生负面影响。这对接收者的信息筛选能力提出了更高的要求。除此之外，随着大数据智能推荐的不断完善，信息接收者还面临"信息茧房"的困境，不断接收与自己观点相同的信息，最终失去批判性思维的能力。

通过学习虚拟沟通的定义并明确其主要特点，大家已经对虚拟沟通的整体概念具备了清晰的了解。在下一节当中，本章将继续深入介绍虚拟沟通的概念以及虚拟沟通中连结信息发送者与接收者的四种主要纽带。

7.2　虚拟沟通的纽带

在虚拟沟通之中，连结不同沟通主体的纽带（见图 7-2）主要包括以下四种：知识、电子商务、权力和兴趣。其中，知识通过思想交互活动建立人与人之间的联系；电子商务通

过财务交往活动建立人与人之间的联系；权力通过"指挥与被指挥"活动建立人与人之间的联系；兴趣则通过激发人们内在动机后表现出的活动建立人与人之间的联系。不同的纽带反映了沟通参与者不同的沟通动机与沟通目标，也在很大程度上界定了沟通者之间的相互关系。正因沟通目标与沟通者关系的差异，沟通者在面对由不同纽带连结的沟通时需要注意的具体问题也有所不同。

图 7-2　虚拟沟通中的纽带

7.2.1　知识

知识在人们的决策过程中起到重要作用，是信息时代虚拟沟通的主要内容之一。此处所述的知识可以分为两类，分别是专业知识与信息类知识。专业知识，指所有相对稳定、有据可查的系统化知识，包括各学科的学术研究成果和行业标准操作规范等。常见的传播专业知识的虚拟沟通方式包括线上公开课、学术成果介绍视频和标准工作流程教学视频等。信息接收者接受专业知识往往不是针对某一特定目标，而是希望在长期学习的过程中提升自我。因此，信息接收者对于专业知识的准确性、系统性与逻辑性要求更高，希望通过专业知识的学习建立某一领域或某一方向的完整框架，并在未来需要时不断指导个人实践活动。此种高要求对于专业知识发布者的能力提出了更高挑战，专业知识的发布者往往需要对其发布知识所处的领域具备充分了解，能够保障知识的准确性与完整性，在必要的情况下甚至需要提供自己在本领域的专业资质以增强可信度。同时，由于此类知识获取与积累的难度较高，知识发布者拥有一定的知识壁垒，因而在满足个人分享欲与获得成就感之外，往往还期待一定的物质收益，此类付费课程在网络上同样屡见不鲜。此时，知识与电子商务已成为沟通者间的双重载体，这类情况在后文的许多案例中都会出现，沟通者将因此面临更为复杂的沟通情况。

信息类知识指个体在日常生活中进行决策时可以参考的有效信息，大到希望入职的行业与企业的工作状况、待遇水平和能力要求，小到拟用餐餐厅的菜品水平、服务态度和装修环境，皆属此类。在前信息时代，人们在决策前有针对性地获取与更新信息类知识的主要手段，往往是由决策者本人，或其可以进行及时当面交流的身边人进行实地体验考察，这种方式成本较高。因此，当时的决策者在决策前可能不会总是进行有针对性的知识更新，而是主要依赖成熟经验进行决策，比如，深谙美食之道的老饕往往会有偏爱的固定用餐地点，而不是像今天的美食家可以根据网络评价、粉丝推荐和餐厅星级等多种标准四处旅行，

寻觅美食。

在信息时代，人们既是信息类知识的受众，也是此类知识的重要传播者。正如韩愈所说："闻道有先后，术业有专攻，如是而已。"事实上，随着人类社会的不断发展演进，个人早已不可能掌握人类社会中的全部知识。换言之，在特定的时空背景下，每个人在某些特定领域都可能具备信息类知识的比较优势。譬如，年轻人可能更加善于使用高科技产品、了解潮流文化，而年长者则拥有更为丰厚的社会阅历与人际交往经验。在前信息时代，知识的传递受时间、空间的限制，知识的拥有者在多数情况下只能将知识传递给亲友后人。虚拟沟通的出现，使信息类知识的广泛传播成为可能，每个人都可以通过互联网技术将自己拥有的知识分享给其他互联网用户，帮助其更加理性地进行决策，改善他们的生活，同时也使自己获得分享的快乐与帮助他人的成就感。

7.2.2　电子商务

电子商务在虚拟沟通中的纽带作用主要体现在前期营销宣传、咨询交易和售后服务这三个主要环节之中。以电子商务作为主要纽带的沟通，其核心内容往往是商品与服务的基本情况。商家希望通过这一过程尽可能展示希望销售的商品与服务的正面特点，同时塑造品牌形象，展示企业文化。譬如，在直播经济中，一些企业通过在直播间以幽默风趣的方式与弹幕互动，收获了许多来自直播间听众和潜在客户的积极评价。对线上购物的消费者而言，以电子商务为纽带的虚拟沟通则是他们了解产品特点与品牌态度的重要手段。一方面，消费者会在企业宣传资料外对个人关注的产品情况以各种方式进行反复提问，尽可能获得真实、准确且完善的产品信息；另一方面，品牌的宣传风格、服务态度也会成为消费者评价品牌与商品的重要参考依据，譬如在交易过程中受到冷漠对待的消费者，往往会对该企业的售后服务水平产生怀疑。

在进行以电子商务为纽带的虚拟沟通时，消费者与商家都会面临更为复杂的沟通问题。站在消费者的角度，线上购物面临由于信息不对称而产生的决策风险。其一，虚拟沟通目前只能传达视觉与听觉信息，一旦商品涉及嗅觉、味觉与触觉体验，消费者将只能借助商家的宣传描述与音视频展示进行想象，无法获得真实体验。由于个人对于描述展示的理解不同，消费者可能会因此做出错误的决策。其二，部分商家在营销、交易的过程中存在过度宣传、夸大介绍的嫌疑，部分商家甚至直接提供虚假信息。由于消费者无法身临其境获得切实体验，因而可能无法分辨商家的夸张、误导与欺诈行为，由此可能遭受巨大的损失。对于商家而言，提供信息所需付出的成本同样会大大增加。其一，商家需要为产品拍摄大量图片、视频等以展示商品与服务的细节，尽可能帮助消费者消除疑虑。其二，为了应对消费者的提问与质疑，商家需要不断增进对所售商品的认知，并且需要具备以简洁、明晰的语言进行介绍的能力。其三，由于消费者认知与商家宣传的差异，商家即使已经尽量提供完整真实的商品信息，仍然可能面对更高的退货概率与投诉风险。

7.2.3　权力

权力是指某一行为主体指导其他主体的具体行为，影响事件进程的能力。在传统的层级制度中，领导者的权力源于其在组织中所处的地位，是其与组织内成员间建立"指挥—

被指挥"关系的沟通纽带。进入信息时代，依托于传统层级制度的虚拟型组织出现，组织地位所赋予的权力在其中仍然发挥着巨大作用。领导者采用虚拟沟通的方式与组织成员联系，分派工作和任务。例如，在企业管理中，某一分管海外项目的领导者可以通过企业沟通软件向部门发布通知、安排工作。在这一过程中，海外项目经理凭借其组织赋予的身份地位，行使管理部门员工的权力。员工必须按照上级的安排采取行动。这种虚拟沟通过程通常适用于相对简单、工作人员较熟悉的任务。此外，领导者需要具备一定能力，能够在非面对面沟通的情况下了解下属的工作进展，并能够及时提供指导和建议。

权力的另一种来源是领导者的个人特质，这种由于个人特质形成的影响力与个人权力同样可以成为虚拟沟通的纽带。德国社会学家马克斯·韦伯（Max Weber）在《经济与社会》中提出了"卡里斯玛"（charisma）的概念[1]，描述了一种个人通过其非凡魅力获得领导权及强大影响力的权威类型。在战争时期或动荡年代，总能涌现出一些具有非凡能力的领导者，他们可以引领战争胜利、重建社会秩序。在信息社会，随着知识经济成为主要的财富创建方式之一，许多领域的权威人物都以个人名义建立了网络账户，通过网络传播知识，收获众多粉丝，并因此拥有了巨大的社会影响力与个人权力。这些人在虚拟空间中展现出"卡里斯玛"的特质，但其传播信息及个人特质的真伪则需信息接收者仔细鉴别。

然而，无论权力来源于组织地位还是领导者的个人特质，它在虚拟沟通中都可能出现失效的情况。对于组织地位赋予的权力，领导者在进行虚拟沟通时可能难以观测组织成员的行动，因而导致信息误解和阳奉阴违的问题。在信息时代，虚拟沟通降低了信息传递的成本，导致领导者个人特质赋予的权力具有更强的不稳定性。被此类权力吸引的沟通对象可能受到其他"卡里斯玛"更为强烈的人格感召，放弃原来的支持对象，转而成为他人的拥趸。

7.2.4 兴趣

作为虚拟沟通的纽带，兴趣通过激发内在动机促使人们在虚拟世界中相互交流学习。内在动机指人们渴望获取新经验、接受新挑战与学习新知识技能的自我愿望。内在动机的存在使人们能够在不考虑物质回报的情况下仍然坚持进行某项活动。随着信息时代的发展，人们越来越多地以兴趣为纽带，在虚拟环境中展开互动。例如，象棋爱好者可以在互联网中寻找同好交流切磋；电影爱好者可以在观影过程中撰写实时评论，与他人分享。

在传统的社交环境中，人们往往需要凭借某些特定的交集来结识同好者。譬如与已经熟识的其他人探索共同兴趣，或者参与线下的集会交流活动。然而，在信息通信平台上，人们无须相互了解或身处相近地理位置，即使是远隔千里的陌生人也可以仅凭共同的兴趣在虚拟世界中建立联系并进行互动、建立友谊。经过长期交流的线上同好甚至可以将相关活动延伸至线下现实生活当中，例如旅行爱好者们可以在线上商议安排旅行计划，共同出行。

在互联网环境中，兴趣是较容易产生网络效应的沟通纽带。网络效应是信息时代出现

---

[1] Max Weber. Economy and Society: A New Translation[M]. Cambridge, MA and London, England: Harvard University Press, 2019.

的一种新现象,其核心理念是随着某种产品或服务的用户增加,每一用户从其中获得的价值也会增加。移动通信工具是网络效应的一种典型实例:随着用户数量的增加,每位用户可以联系到的用户同样逐渐增多,每一用户可以通过手机获得的价值也不断提高。那么,兴趣如何在虚拟沟通中引发网络效应呢?以互联网信息检索为例,当人们对某一主题缺乏关注时,能够为该主题贡献的信息较少,其他用户可以获得的与该主题相关的信息也较为有限。然而,随着人们对某一主题的兴趣提升,越来越多的用户参与到该主题的信息检索过程中,并且在虚拟空间共享信息。此时,不同用户拥有的相关信息通过互联网获得集中,所有对该主题产生兴趣的用户都可以因此受益。

值得关注的一个现象是,网络游戏作为一种较为新兴的娱乐方式,吸引了众多青少年甚至成年人的注意力,成为许多人主要的兴趣爱好。它为玩家提供了现实世界中一般无法获得的新奇体验与高频的虚拟沟通活动,令许多玩家沉迷其中无法自拔。因此,兴趣作为虚拟沟通的纽带,对社会产生了积极和消极两方面的巨大影响,需要引起高度重视。

7.3 虚拟沟通的形式

随着电子信息技术的发展,虚拟沟通也逐渐展现出了不同的形式。根据沟通主体的数量与特性,虚拟沟通形式可分为一对一、一对多和多对多三种。这些形式各自拥有独特的特点与应用场景,从私密性极高的一对一沟通到具有广泛社会影响力的多对多沟通,展现了虚拟环境下沟通的多样性与复杂性。理解这些沟通形式的特征、隐私风险及社会影响,不仅有助于我们在虚拟世界中更有效地表达和互动,还能帮助我们在信息传播的过程中更好地保护自身利益与隐私。

7.3.1 一对一虚拟沟通

一对一虚拟沟通,是指信息发出者与信息接收者皆为单个主体的情况。这种虚拟沟通的针对性最强,有指定的沟通对象,沟通内容一般仅限沟通参与者获知,为影响力最小的虚拟沟通形式。这种虚拟沟通形式与传统的线下沟通差异不大,许多沟通方式与技巧均可参照传统沟通情况。

在一对一虚拟沟通过程中,沟通者需要关注沟通对象的复杂性——其所面对的沟通对象既可能是存在现实交集的熟知个体,也可能是不存在现实交集、仅了解各自提供的部分个人信息或完全没有相互了解的陌生个体。一方面,无论面对何种沟通对象,沟通者都应坚持严格要求自我,尊重沟通对象,选择符合社交礼仪与伦理道德规范的方式进行沟通;另一方面,对于了解程度不同的沟通对象也需要注意自我保护,谨慎提供个人信息或隐私内容。

除了沟通对象的复杂性,沟通者在一对一虚拟沟通过程中也需要考虑存在未知受众的情况。尽管在沟通主体的主观认知中,与其进行沟通的是某一虚拟账号的唯一用户,但是事实上,同一账号可能由多个现实主体共同使用,一条语音消息可能被当众播放,即使是即时性的视频会话,拍摄范围外也可能隐藏除目标沟通对象之外的其他人。正是因为这种

未知受众存在的可能性，即使在一对一虚拟沟通之中，沟通者也需要注意对信息隐私的保护，避免提及过于私密的信息内容。

7.3.2 一对多虚拟沟通

一对多虚拟沟通是指在虚拟沟通中，信息的发送者为单个主体，但信息的接收者是多个人，有多人参与沟通的情况。这种虚拟沟通通常并非针对某一个体，而是针对某个群体甚至更为广泛的社会公众。不同于纯粹的私人沟通，此类沟通包含一定的公共属性。信息的接收者可能对信息作出回应，也可能保持沉默，同时他们也可能对信息进行保存、解读、评论、讨论或转发。在此处，可以直接接触信息发送者发出的沟通信息的接收者是其指定的目标受众，被称为一级受众；通过非直接方式接触到沟通信息的接收者是信息发送者本人未知的受众，被称为二级受众。

正是由于信息的不断转发，这种沟通形式的影响力扩散通常不再局限于信息的发送者和直接接收者之间，而可能影响更为广泛的受众。这种沟通方式在虚拟环境中经常出现，例如社交媒体平台上的文章和博客等都可以看作是一对多虚拟沟通的实例。这些信息通常不仅仅是点对点的交流，而是对整个社交媒体社群产生影响，形成了广泛的讨论和互动。处在一对多虚拟沟通中拥有大量一级受众的沟通主体，必须对其在公开场合的言行格外谨慎。这是因为每个一级受众都可能将他们接收到的信息向一个或更多人转发，最终在本就为数众多的一级受众基础上衍生出更为庞大的二级受众群体。这些一、二级用户在真实世界中的社会背景呈现出多元性，具有不同的文化程度、认知水平、经济状况、年龄、国籍、社会阶层等，对同一信息的理解与态度也因此而各不相同。此时信息发送者公开发表的任何言论都可能对他们产生引导与影响，形成一股巨大的社会力量；也可能因为不能满足他们的一贯期待而招致剧烈的批判。

7.3.3 多对多虚拟沟通

多对多虚拟沟通是指在虚拟沟通中，有多个信息发送者和多个信息接收者参与的情况。与一对多的虚拟沟通相同，这种虚拟沟通通常不是面向个体，而可能针对某个群体或更广泛的公众。其沟通内容同样不具有私密性，而具有一定的公共属性，具有不局限于信息发送者与直接接收者之间的社会影响力。因此，在多对多虚拟沟通中，同样需要区分一级受众和二级受众。在上一沟通形式的基础上，多对多虚拟沟通涉及多个信息发送者，且并非每个可以直接接触信息的接收者都是信息发送者的目标受众，这些情况使沟通活动越发复杂。

多对多虚拟沟通的典型案例是微信群聊。在微信群聊中，沟通参与者少则三四人，多则数百人，每一成员均有可能成为信息发送者，均可以接收群聊中发布的任何信息，也均有可能在接收信息后将信息转发给二级受众。多个信息发送者可能使群聊信息相互影响、纷乱冗杂，令信息接收者无所适从。除此之外，每个信息发送者还应谨慎思考群聊中的每个成员是否都是目标受众，如果某一信息不适宜为群聊中的全体成员得知，则应避免发布在群聊之中。

上述三种虚拟沟通的形式并不是固定不变的，而是在实际沟通的过程中相互影响，互相嵌套。以线上课程为例，包含课程教师及全体学员的课程群聊属于多对多沟通，教师的每次直播授课属于一对多沟通，而某两个学员针对课程内容进行的私信讨论则属于一对一沟通。不同的沟通形式拥有不同的私密性、影响力与沟通难度，通过结合自身能力与实际沟通需要，将当前沟通形式转化为最合适的形式，沟通者将可以实现更加有效的虚拟沟通。

7.4 虚拟沟通的障碍与规范

在前文之中，本章详细介绍了虚拟沟通的概念、特点、联系纽带与常见形式，基本囊括了虚拟沟通的主要理论知识。本节将从虚拟沟通的现实实践出发，分析虚拟沟通参与者可能遭遇的主要障碍，介绍有效的解决方式以及虚拟沟通的一般准则。

7.4.1 虚假信息

虚假信息一般指凭空捏造而成的或者经过有意无意扭曲后产生的对某一客观事实的描述性信息。这些信息通常缺乏完善周密的证据支撑，其发布者时常通过谎称信息来自可靠渠道，比如，政府内部消息或专家研究结果以取信于人。通过互联网或社交媒体进行传播的虚假信息则可称为网络谣言。网络谣言的发布者通常将与时事热点信息相关的谣言包装在情感激昂且煽动性十足的言辞之中，以便轻而易举地获得支持者的信任，鼓励他们进行讨论与分享。利用一对多、多对多虚拟沟通形式中信息的广泛传播性，这些谣言可以在虚拟社交圈中快速传播，为发布者带来可观的流量，帮助其实现个人目的。

在面对网络谣言时，冷静的心态与理性的思考是虚拟沟通参与者最为有力的武器。冷静的心态有助于正确看待情绪化信息，避免情绪被操控，不至于在情绪高涨时成为谣言的传播者或虚假信息的欺骗对象。理性的思考则有助于虚拟沟通参与者谨慎、细致地查验信息来源，发现信息之中缺乏实际依据或存在逻辑漏洞的迹象，避免为谣言所欺骗。

7.4.2 技术滥用

在互联网环境中，利用电子信息技术进行的负面行为层出不穷。一些互联网技术不仅可以帮助沟通者设置虚假的姓名、地址、家庭背景、工作学历并伪造相关证明文件，甚至可以帮助他们展示虚假的声音、容貌、身形与性别等个人特征。随着 AI 技术的不断发展与普及，信息提供者可以伪造出的个人信息与个人特征也越发逼真。通过这些手段，信息提供者能够制造虚假的良好形象以误导接收者，最终达成个人的经济或情感目的。

在虚拟沟通环境中，许多个人信息往往难以验证，因此虚拟沟通参与者更难识破基于虚假信息的诱导消费和欺诈。一些网络骗局通常以沟通者对金钱、美色、情感等的需求为切入点，使其在欲望的控制下做出不理智的决策。因此，如果虚拟沟通参与者怀疑自己面临此类骗局，应努力调整思维，控制情绪，克制欲望，以冷静和理性的态度审视对方。这往往能帮助人们避免成为欺诈的受害者。如果发现自己已经身陷骗局之中并遭受了一定的

损失，则应及时停止与对方联络，并向相关部门举报寻求帮助。

7.4.3 网络戾气

网络戾气是一种在网络环境中盛行的极端心理或行为风气，典型表现包括恶语相向、阴谋论、盲目拥护某一立场、党同伐异等。虚拟沟通的匿名性与广泛传播性是网络戾气形成的重要原因。

在传统的线下现实社交中，人们面对的沟通对象通常是了解其现实情况的个体，包括师生亲友、领导同事等。沟通者与沟通对象间存在密切联系，共同构成结合紧密的社交网络。在这样的背景下，沟通者任何不礼貌或违反伦理道德规范的沟通行为，都可能成为其个人形象的负面影响因素，令整个社交网络中的成员对其产生消极印象。因此，大多数沟通者都会努力维持个人正面形象，选择合适的沟通方式。然而，在虚拟沟通过程中，尤其是与不了解真实身份的沟通对象互动时，匿名性就可能成为沟通者的"遮羞布"。由于无须展示真实身份，一些沟通者不再顾及个人形象，也不再考虑伦理道德与社交礼仪，甚至将网络视为情绪的出口，用粗暴的言辞表达情感。虚拟沟通的广泛传播性在网络戾气的发展中则起到了"放大器"的作用，令各种充满戾气的言辞以更快的速度、更加广泛地传播，迅速涌入每一个互联网使用者的生活之中。

在网络戾气出现时，首当其冲的受害者往往就是其直接针对的当事人。这些人可能因为遭受网络戾气而产生恐惧、委屈或愤怒等负面情绪，这会在很大程度上对他们的工作和生活产生消极影响，甚至在某些情况下引起他们自我怀疑和自我压抑，严重时甚至可能导致自杀倾向。除此之外，网络戾气还会严重地破坏虚拟沟通的风气氛围，降低常规沟通者的积极性，挤压正面价值观的生存空间，最终影响网络沟通参与者的现实生活。

面对这样的情况，虚拟沟通参与者需要同时培养自我规范与自我保护的能力。在自我规范方面，沟通者需要意识到，遵守伦理道德规范、尊重沟通对象、维持平静的沟通情绪并采用礼貌与理性的沟通方式是个人坚守的原则。无论身处现实世界还是置身虚拟空间，无论沟通对象是相交已久还是素未谋面，沟通者都需参考这些原则以规范自己的行为，避免使用冒犯性、侵略性或情绪化的语言进行沟通。此外，每个沟通者都是虚拟沟通环境的一部分，每一个人的言辞与行为都将影响虚拟环境的风气氛围，并最终影响他们自己。同时，每一个施暴者、欺骗者，也可能会成为另一场网络欺凌中的受害者。简而言之，每个虚拟社交中的恶行发出者最终都可能成为下一个受害者。因此，规范自己的沟通行为，积极建设和维护和谐、友好的虚拟社交环境，就是在降低自己未来遭受网络戾气攻击的风险。在自我保护方面，虚拟沟通参与者如果遭遇恶意言论，可以选择及时屏蔽信息并向平台举报；如果遭遇大规模的网络暴力，也应保留相关证据，通过法律手段制止侵害，保护自身合法权益。

7.4.4 网络沉迷

2017年，美国加州大学伯克利分校的研究人员对人类情绪进行了详细分类，确定了27种主要情绪，"着迷"就是其中一种。这种情绪可能与人类内心中未被察觉的深层渴望有关，

为人类的行为提供了有力的内在驱动。然而，正是由于人类对与之相关联的渴望缺乏认知，可能无法很好地控制这种情绪。因此，人们既可能对能够产生正面影响的人或事物着迷，也可能对存在负面影响的人或事物着迷；既可能因为适度的着迷对一件事情全情投入，获得常人难以媲美的成就，也可能因为过度的着迷而无法自拔，忽略生活中其他美好的人和事物。

网络沉迷就是一种对于网络虚拟世界的过度沉迷。由于虚拟世界丰富多彩的信息与独具特色的沟通方式，部分虚拟沟通参与者逐渐深陷其中，把虚拟社交和虚拟生活视作生活的核心，拒绝参与现实生活中社交、工作与学习等各种活动。然而，虚拟沟通并不等同于真实生活，它只是人们生活的一部分。例如，基本的生理和物理需求，如进食、饮水、穿衣、居住、交通和医疗等，都无法在虚拟空间中得到满足。虚拟空间中的知识学习、休闲娱乐与社会交际等各种活动也无法完全替代现实生活中的同类活动。虚拟世界的探索者应当明辨虚拟世界与真实生活的关系，避免过度沉迷。

7.5 虚拟沟通的典型情境

虚拟团队、学术社区与社交媒体是人们在日常生活中经常遇到的三类虚拟沟通情境，虚拟团队的出现消除了团队建设、维系与日常运转过程中的时空局限性，极大地缩减了团队合作的成本，为当今社会的学习者与工作者广泛运用。学术社区为学者们进行专业性的学术交流提供了新的平台，师生均可以在其中畅所欲言，分享个人见解，讨论学术问题。社交媒体为人们提供了丰富的有关日常生活的交流平台，人们在其中展示自己的生活趣事，也通过他人上传的内容了解不同的生活方式。本节将对这三种典型情境的特点进行详细介绍，帮助人们获得针对这些情境的准确认知。

7.5.1 虚拟团队

虚拟团队是指借助互联网科技建立的、具有明确共同目标的非实体团队。虚拟团队的成员尽管由于物理距离或其他约束条件的限制，无法进行面对面合作，却也与其他团队相同，围绕某一共同目标进行交流讨论与相互协作。虚拟团队成员间可能同时以多种纽带链接，比如，具有明确层级关系的团队成员之间可能以权力为纽带，存在"指挥—被指挥"关系；专业背景不同的团队成员可能以知识为纽带，互相提供信息与专业知识；具有相同爱好的团队成员可能还会以兴趣为纽带，在工作之外建立更加深层的人际关系。

为了应对越发多元化的工作要求，提升团队综合能力，当今社会中的团队通常十分注重成员的互补性，希望团队成员具有多元的知识、技能与文化背景，可以互为补充。因此，以知识作为连结团队成员核心纽带的"知识型团队"不断增加。在"知识型团队"之中，每个成员都是团队边界的一部分。成员根据各自的知识背景分工合作，为实现团队目标而努力奋斗。"知识型团队"通常适宜采用"去中心化"的组织结构。在日常工作中，具有较高专业水平的团队成员既可以独立完成擅长领域内的个人任务，又可以通过与其他成员的讨论协作完成涉及多个领域的复杂工作，无须接受来自团队领导的监管或指导。当然，"去

中心化"并不意味着消除团队内部分工,"知识型团队"中除了需要专业能力优秀的普通团队成员,也需要能够连结各个成员的特殊角色。该角色对于团队工作相关领域的基础知识都具备准确的了解,同样熟悉团队其他成员的能力、背景与性格特点,能够在所有团队成员间统筹协调,推动团队达成共识,为团队做出准确有效的判断与决策。"去中心化"结构保证团队成员在日常工作中享有充分的自由,但仍然能够保持交流,使团队既灵活又充满凝聚力。这种组织结构有助于知识型团队的持续发展。

对于团队而言,虚拟沟通的重大意义之一在于消除了团队成员间的空间限制,使团队成员的来源不再局限于某一狭小的地理区域之中,允许来自不同国家、民族、文化背景的优秀人才相互合作,极大地提升了团队成员的多样性。正因如此,虚拟团队的出现极大地推进了"知识型团队"的发展。多元化的成员背景意味着不同的知识能力、文化习惯与思维方式,团队成员间可以分享交流与碰撞磨合的内容越发充实,更加显著的差异有助于团队成员打破思维定式与刻板印象,产生更具创新精神的奇思妙想。正因如此,"知识型团队"已经越来越成为虚拟团队中的主流类型。

7.5.2 学术社区

"学术"这一术语源自古希腊柏拉图哲学学派。在那个时代,学者们聚集在特定地点,自由运用理性探讨问题,通过交流和讨论来解决问题。这一传统推进了包括哲学、数学、天文学、历史学等在内的众多学科的开创与发展。虚拟沟通的出现打破了地域和时间的限制,为学术交流提供了崭新的平台,促使学术研究和教育在全球范围内展开。学术社区通常是指支持学者通过虚拟沟通创造、传播和学习学术知识的互联网信息平台,国际知名的学术社区包括 Elsevier、EBSCO、Jstor 和 Research Gate 等。显然,学术社区是以知识为纽带的一种虚拟沟通情境。互联网学术社区的出现,使学者们能够通过在线论文传播知识,极大地推进了学术交流的进程,帮助人类文明进入了一个知识爆发性增长的新时代。

学术社区往往具有高度专业性,主要面向从事高等教育、知识创造和学习研究的人群。在主要的学术社区中,学者可以通过标题、作者、关键词和期刊名称等信息来检索和下载其他学者撰写的专业论文,以获得所需知识并了解特定领域的知识进展。在信息时代,通过学术社区获取专业知识是经过充分学术培训的学者必须具备的技能。这些学者能够通过论文标题快速了解论文的主要内容,通过摘要识别论文在特定学术领域的贡献,并通过关键词了解论文的研究领域。这种学术判断能力在当前知识急剧增长的情况下,可以节省学者的关注资源,使他们能够迅速了解特定领域的最新成果。与传统的知识传播渠道相比,学术社区的价值体现在其丰富和不断更新的知识资源上。对于学习能力较强的学者来说,学术社区使他们能够获悉各个学科领域的最新知识。这种知识传播方式使高度专业化的科学知识成为学者之间的交流桥梁。

在学术社区中进行的交流往往强调较高的专业性与逻辑性,因此具有相对更高的门槛。其一,学术研究大多建立在本领域已有专业知识的基础之上,因此沟通参与者必须在该领域具有一定的学习基础,了解各种专业术语并积累大量的专业知识,才有可能阅读并理解学术社区中的专业文章;其二,高质量的学术论文大多内容丰满、思想深刻,沟通者必须

具备长时间的高度注意力以充分理解文章的深刻内容；其三，学术社区内的讨论具有高度的理性，尽管在发散思考、提出观点时允许天马行空，却一定要以充分的事实依据或严密的逻辑推理作为其佐证，也即"大胆假设，小心求证"。因此，学术社区中的沟通参与者往往需要具备更强大的逻辑思维能力，从而对深刻的问题进行严谨周密的理性思考并对不确定性作出预判。

7.5.3 社交媒体

社交媒体是信息时代的一种发布、传播与交流信息的平台。这类平台一般以一对多和多对多的虚拟沟通为主，促进互联网用户的内容创作和交流互动。国内外均拥有众多社交媒体平台，往往针对不同的领域和人群，具有独特的风格特点与使用功能，吸引差异化的用户并满足他们丰富的社交需求。知识、电子商务、权力与兴趣都是社交媒体中常见的纽带，这也体现了社交媒体这一虚拟沟通情境的多样性。

尽管存在许多用于工作与交流的社交媒体，但大多数社交媒体的主要功能还是为使用者提供丰富的业余休闲活动。使用者对于不同社交媒体的选择，以及对于具体信息内容的偏好，实质上反映了他们对自身注意力的分配方式，展示了他们的兴趣和内在动机。例如，喜欢音乐的人可能会在业余时间使用音乐社交媒体，成为业余歌手或作曲家；游戏爱好者可能参加电子竞技比赛，成为职业游戏玩家；美食爱好者可能在大众点评网上挑选餐厅，成为美食评论家或业余厨师。社交媒体为人们提供了广泛的机会，以培养各种技能，有助于提高生活质量。

在社交媒体中，人们需要遵循的沟通规范相对较少，可以相对自由地表达自我。各个平台也为用户提供了包括文字、声音和视频等在内的丰富的表达途径，最大限度地帮助用户展现自我特色。当然，由于虚拟沟通匿名性特征，许多用户滥用社交媒体提供的自由空间，以非理性的方式展示自我，导致了许多典型虚拟沟通障碍的产生。除此之外，使用不同社交媒体、关注不同内容的用户逐渐形成独立的圈子，并产生了许多约定俗成的网络语言。这些网络语言依赖于社交情境，具有特殊含义，不能通行于虚拟沟通空间与现实世界。因此，当沟通双方对互相使用的网络语言缺乏理解时，就可能造成沟通失效。

本章小结

在当今社会，虚拟沟通虽然已经是人们工作生活中的常见现象，却仍然是学术研究领域的新鲜话题。本章以虚拟沟通的定义为出发点，通过厘清定义，分析了虚拟沟通中多种参与者的差异，并指明了虚拟沟通的三个显著特点。在此基础上，我们深入探讨了虚拟沟通参与者的行为动机，梳理了连结它们的四种纽带。纽带不同意味着沟通参与者的动机与目标不同，也反映了沟通参与者间的相互关系。虚拟沟通的形式同样是本章讨论的重点内容，不同形式虚拟沟通的特点不同，沟通参与者在其中也可能扮演不同的角色。通过主动选择最佳沟通形式，沟通者可能会获得更好的沟通效果。

在理论阐释之外，本章同样对虚拟沟通的现实情况进行了简要介绍。虚拟沟通的典型

障碍是比较常见的影响虚拟沟通效果的不良因素，人们应当学会识别与应对这些障碍，同时注意自我反思，避免成为他人所遭遇沟通障碍的来源。典型的虚拟沟通情境则是在日常生活中可能经常需要参与的沟通活动，本章对这些情境的特点进行了详细分析，希望帮助大家更好地明确在这些情境中应当选择的沟通方式。

课后练习与讨论

1. 虚拟沟通的定义是什么？与传统沟通方式相比，虚拟沟通具有哪些特点？
2. 虚拟沟通的常见纽带有哪些？这些纽带是如何在虚拟环境中连结沟通双方的？
3. 虚拟沟通的形式有哪些？在不同的沟通形式中，沟通者分别需要注意哪些问题？
4. 虚拟沟通的常见障碍有哪些？在面对这些障碍时，沟通者应该如何保护自己，又该如何自我约束？
5. 虚拟沟通有哪些典型情境？

案例模拟

无论对于学生还是工作者而言，"团队"都是非常重要的一种合作形式。在学校中，学生需要与同学组成团队共同完成课程作业；在企业中，许多重要工作同样需要团队成员配合完成。随着互联网技术的发展，团队合作不再局限于线下，即使是来自天南海北、素未谋面的人也可以组成虚拟团队进行合作。现在，设想你被邀请加入了某个虚拟团队，你会如何在微信群中与团队成员进行沟通呢？这里列举了几条基本的沟通法则：

- 确保自己已经明晰项目的主要目标和任务。
- 主动向团队成员介绍自己，礼貌问候，并表达良好意愿，如"期待与大家合作"。
- 需要信息、材料或其他帮助时，首先筛选可能为自己提供帮助的成员，有针对性地向其求助。
- 收到信息要明确表达，即使当下时间不充裕或材料较为复杂，也可以先答复，如"信息已经收到，待我认真阅读后再回复您"。

即测即练

自学自测 扫描此码

第4部分

沟通的情境与策略

第 8 章

沟通的逻辑：高效演讲

自古以来，演讲就是一种颇为普遍的社会行为，在国外可追溯至古代埃及（公元前 3000 年左右），在中国则可追溯至夏朝（公元前 21 世纪）。公元前 2675 年，古埃及的伯塔·霍特为指导伊雷斯法老的儿子如何演讲，曾著有《箴言集》，着重阐述如何进行有效的谈话。公元前 11 世纪至公元前 10 世纪，古希腊的演讲活动十分盛行，诗人荷马在其著名的史诗《伊利亚特》《奥德赛》中首次提出演讲艺术的概念，并记载了当时许多英雄武士的精彩演讲。在我国，演讲活动同样历史悠久。据《墨子·兼爱下》记载，早在公元前 21 世纪，夏禹大举进攻三苗前举行誓师大会时，就曾发表过振聋发聩的演讲："济济有众，咸听朕言！非惟小子，敢行称乱。蠢兹有苗，用天之罚。若予既率尔群对诸群，以征有苗。"这一演讲条理清晰、语气坚定、简练有力，显示出了较高的言语表达水平。

作为一种沟通方式，演讲一直以说服听众接受演讲者观点、引起听众情感共鸣、鼓动听众依照演讲者意愿行事为核心目的。在众多说服他人的方式当中，通过环环相扣的逻辑推理说服他人无疑是十分有力的一种。可以说，为演讲建立缜密的逻辑内核是演讲准备的核心要素。严谨缜密的逻辑在演讲中起到"骨架"的作用，使整段演讲的内容与信息层次清楚、条理分明、表达精准，进而令听众对演讲内容理解准确、记忆深刻。然而，许多演讲者缺乏对于逻辑基础概念的详细认知，自然也无法真正进行逻辑清晰的演讲。

逻辑是一个来自西方的音译词汇，狭义上指人类进行思考的规律，广义上则指事物运行的一般规律。逻辑推理是一种依循逻辑规律进行论证和推断的过程，从已知的前提（包括事实和先前的知识）中得出新的合理结论或判断。逻辑推理依赖于严密的逻辑思维和正确的逻辑规则，以保证推断的准确性和可信性。在一场成功的演讲中，演说者既需要用充沛的情感引发观众的共鸣，也需要用清晰严密的逻辑从理性的角度真正令观众心悦诚服。逻辑推理的主要表现形式包括演绎、归纳两类。演绎法是指人们以一定的反映客观规律的理论认知为依据，从服从该认识的已知部分推知事物的未知部分的思维方法。这种认知方式由一般到特殊，可以帮助人们获得结论。演绎论证最常见的形式为三段论，其基本原理是：由一个确定为真的命题（"大前提"）开始，通过抽丝剥茧地分析（"小前提"），得出原始命题后隐含的内容（"结论"）。归纳法是指人们以一系列经验事物或知识素材为依据，寻找出其服从的共同基本规律，并假设其他同类事物也同样服从这些规律，从而将这些规律作为预测其他同类事物的基本原理的一种思维方法。这种认知方式由特殊到一般，可以帮助人们从对特殊代表或反复现象的有限观察中总结出一般规则。相比于演绎法，归纳法得到的结论不充分可靠，未必把握事物本质，也难以概括事物的发展与未来。

在后文中，本章将首先讲解演讲的基本概念，并在此基础上从内容、形式、状态、辅助工具等多个方面介绍高效演讲的基本方法。需要注意的是，任何演讲技巧的使用最终皆

服务于阐释事理的核心沟通目标。因此，在学习本章内容时需要保持清晰的逻辑意识，不断思考各个具体技巧与演讲逻辑间的相互关系。

8.1 演讲的概念

8.1.1 演讲的内涵

演讲在《现代汉语词典》中的解释是："就某个问题对听众说明事理，发表见解。"在《辞海》中的解释是："在听众面前就某一问题表示自己的意见，或阐说某一事理。"这两种解释大同小异，都指出了演讲一词的关键要素：一是面对听众；二是就某个问题发表意见、说明事理。一般而言，演讲又叫讲演或演说，是指在公众场合，以有声语言为主要手段，以体态语言为辅助手段，针对某个具体问题，鲜明、完整地发表个人见解和主张，阐明事理或抒发情感，进行宣传鼓动的一种言语和非言语沟通活动。

在初步了解演讲的含义之后，演讲者需注意其与朗读、朗诵和谈话的区别，以更好地理解演讲本身。朗读是将文字转为有声语言的创造性活动，朗诵则是用抑扬顿挫的声音结合各种语言手段表达作品思想感情的语言艺术。二者皆将视觉转为听觉，但仍受书面形式制约。演讲与朗读、朗诵的主要区别在于：演讲强调口语化，要求演讲者以深入浅出、生动形象的方式阐明思想，而非刻板生硬地"念稿子"；而朗读、朗诵则需要严格按照书面材料的内容进行。形式上，演讲通常单人进行，而朗读、朗诵可以采取单人或集体形式。演讲与谈话的区别同样体现于内容与形式两个方面：内容上，演讲要求连贯性、系统性、完整性、逻辑性，而日常对话交流更加随意；形式上，演讲具有明确的主体和受众，多数情况下受限于时空；谈话是彼此对谈，有时具有明确的沟通目标，有时则较为随意。随着现代技术的发展，越来越多的"视频、音频演讲"也逐渐进入人们的生活。

8.1.2 演讲的特性

演讲是一种具有现实性、艺术性、综合性、鼓动性、广泛性和实践性的言语交际活动。从本质上看，它属于社会现实活动而非艺术活动。因此演讲的现实性即其社会性，具体表现为以满足特定目的和需求为沟通目标，旨在追求直接的现实效果或解答生活中的问题。例如，学术演讲以传授知识为目标，政治演讲旨在获得群体支持，商务演讲追求展示企业形象。同时，演讲也被认为是一门现实的实用艺术。演讲的艺术性体现在其更为严格的语言运用要求上——相较于一般口语表达，演讲语言更具煽动性与感染力。

演讲的综合性体现在多个方面。其一，演讲是多个学科交叉融合的产物。演讲源自政治学，进入课堂后属于教育学，在其发展演进过程中又借鉴了心理学、美学、文学等多学科知识。其二，演讲技巧取法于多种艺术门类。一次优秀的演讲既可以如相声般诙谐幽默、轻松欢快，也可以如小说般情节跌宕、引人入胜，还可以如诗歌般词句优美、情感充沛。其三，演讲者自身需要具备强大的综合能力，包括语言表达能力、肢体表现力、深度思考能力等。其四，演讲需要综合考虑多种要素，包括演讲者、听众、辅助工具、时间、地

点等。

演讲的鼓动性在于引导听众，使其按照演讲者希望的方式进行思考，由衷信服演讲者所传授的知识经验或其所宣传的主张，甚至产生演讲者希望的情感。例如，美国黑人民权领袖马丁·路德·金在《我有一个梦想》中振臂一呼，在黑人中产生了极大的影响力，可谓鼓动性之典范。

此外，演讲还具有广泛性和实践性。广泛性意味着任何人都可以成为演讲者或听众。实践性也称习得性，说明演讲作为一种能力可以通过后天的学习与实践不断提升。随着互联网的发展，演讲的广泛性与实践性得到进一步加强，人们可以通过在线视频、音频等形式进行演讲，在为更多人带来启发的同时提高自身演讲水平。

总体而言，演讲是一种融入现实生活的重要社会交流方式，广泛应用于会议主持、商务交流、宣传动员等各个方面。演讲者可以通过演讲锻炼胆识、提升内涵与阅历。优秀的演讲者能以理服人，以情动人，赢得人们的欢迎和认可；高效的演讲不仅传递信息，更能启发听众的思想，产生深远的影响。

8.1.3 演讲的类别

演讲按照不同分类标准可以分为几种类型，包括照读式演讲、背诵式演讲、提纲式演讲和即兴式演讲等。照读式演讲也称为读稿式演讲，演讲者事先准备好完整的演讲稿，在讲台上逐字逐句地宣讲给听众。此类演讲的内容经过慎重考虑，语言经过反复推敲，结构经过精心安排，适用于重要而严肃的场合，比如，大会报告、政府声明等。需要注意的是，这种演讲方式需要以饱满的演讲内容和周密的演讲逻辑作为支撑，否则可能无法吸引听众的注意力，减弱演讲的效果。

背诵式演讲则是演讲者提前写好演讲稿，并通过反复背诵，然后在讲台上脱稿演讲。这种演讲方式常见于演讲比赛和演讲初学者，可以在一定程度上培养和检验演讲者的演讲能力。但这种方式也在一定程度上限制了演讲者的临场发挥，可能令听众感觉僵硬拘谨。同时，演讲者一旦因为意外原因遗忘稿件内容，则演讲难以继续。因此，如果演讲者选择应用这种演讲方式，需要进行充分准备，尽可能完全理解掌握演讲内容，使讲稿语言口语化，并在演讲过程中自然放松，避免过于夸张的表演。

提纲式演讲亦称提示式演讲，是一种行之有效的帮助初学演讲者进一步提高演讲水平的演讲方式。演讲者依据演讲内容的层次结构将之以简单的语句排列形成提纲，借助提纲进行演讲。此类演讲可以弥补照读式和背诵式演讲缺乏与听众进行思想感情交流的缺陷，便于临场发挥，可以增加演讲真实感，但也要求演讲者对演讲内容与相关领域有充分了解。

即兴式演讲是指演讲者在没有充分准备的情况下，临场根据实际情况，针对听众心理和需求，迅速调动一切积极恰当的语言因素进行演讲。依照此种方式进行演讲，一旦成功往往可以呈现出极佳的演讲效果。需要注意的是，此类演讲方式同样拥有极高的难度，对演讲者的语言和材料储备、思维条理性与敏捷性、联想能力及胆略气魄都有极高要求，往往只有经验丰富、能力突出的演讲者才能驾驭自如。

除了依据形式进行分类之外，演讲还可以依据其他标准进行不同划分。按演讲的目的

可分为娱乐性演讲、传授性演讲、说服性演讲、鼓动性演讲、凭吊性演讲等。娱乐性演讲通常应用于庆祝和纪念活动中，演讲者以娱乐听众、活跃气氛为目的，通常采用幽默风趣的方式。传授性演讲旨在向听众传授知识或传达消息，一般无须与听众交流。说服性演讲则希望使听众接受和认同演讲者的观点，例如竞选演讲等。鼓动性演讲以激发听众情感、鼓舞士气为目的，使他们为达成既定目标而奋斗。凭吊性演讲则是在葬礼或纪念活动上向逝者致敬、表达怀念。

此外，还可以按照演讲的内容来分类，包括政治演讲、教育演讲、宗教演讲、军事演讲等。政治演讲关注政治和国家事务，例如竞选演讲、就职演讲等；教育演讲传授文化和科学知识，如学术报告和讲座；宗教演讲则是宗教神职人员在教堂宣讲宗教教义；军事演讲涉及战争和军事战略战术问题。

总而言之，无论依据何种标准进行分类，演讲的本质依然是相同的。作为沟通表达的一种方式，演讲既需要饱满的内容和清晰的逻辑，也需要演讲者富有感染力的表达。在后面的几节中，本章将对这些要求分别加以介绍，帮助大家实现更为高效的演讲。

8.2 演讲的架构与策略

成功的演讲将信息、演讲者和听众巧妙融合，由演讲者以恰当的方式传递受众关心的信息，形成一个和谐的整体。信息是演讲的核心，演讲者需要首先明确要传达的信息，并考虑其对听众的影响。在英文中，常常强调"WIFT"，即"对他们有何好处"（what's in it for them）。在此之后，演讲者应开始思考如何进行表达。在演讲当中，言语是传递信息的主要形式，各种非言语符号则起到了辅助信息传递的作用。因此，优秀的演讲者往往既会对每次演讲中的语言内容进行细致的修改打磨，也会反复排练演讲过程中的非言语行为，确切了解甚至熟练控制自己在讲台上的形象。听众是演讲中不可或缺的组成部分，演讲准备阶段首先要了解听众是谁，他们期待听到什么。从经济学角度看，人是理性的动物，其行为出自激励。因此，演讲者需要了解听众，将演讲定位于满足他们的兴趣和期待，针对不同听众，调整演讲内容和表达方式，以吸引并满足听众的需求，增强演讲的说服力。

8.2.1 演讲的架构

演讲的结构通常包含开场序语、主体内容和总结收尾三个部分，常被称为"总分总"形式。一次成功的演讲往往在各个环节都有出类拔萃的表现。精彩的开场白能吸引听众的注意力，主体内容则需要围绕核心主题展开，并按照逻辑顺序进行论证。最终，整个演讲完美结束于一段简洁有力的结束语之中。演讲过程中可以穿插哲学思想、时事新闻、文学名言或幽默笑话等内容来提升效果，加深听众的理解与印象。

开头部分有多种常见的有效模式可以使用。譬如奇论妙语式，即通过他人意想不到的见解引出话题，以引起听众的兴趣。例如，美国一家广播公司在宣传无线电作用的科普演讲中讲述了一个奇妙的故事："一只苍蝇在纽约的一扇玻璃窗上行走的细微声音，可以通过无线电传播到中非洲，还可以将之放大成如尼亚加拉大瀑布般惊人的巨响。"抑或自嘲幽

默式，演讲者可以适当地用揶揄的、自我解嘲的口吻表达乐观情绪并展现幽默感。例如，胡适在一次演讲时这样开头："我今天不是来向诸君作报告的，我是来'胡说'的，因为我姓胡。"这一开场白既巧妙地介绍了演讲者身份，又体现了演讲者谦逊的修养，而且活跃了现场气氛，沟通了演讲者与听众的心理，为后续演讲内容的展开奠定了良好基础。除此之外，较为常用的开篇方式还有提问式、开门见山式和引经据典式等。

在核心内容部分，依循逻辑有序地导出核心信息和观点，采用清晰的逻辑结构如前文提到的"演绎式""归纳式"等，可以让听众更好地理解和记忆。此处需要注意分论点的设计同样有原则可循，一般而言，分论点不宜过多，避免遗忘信息，同时分论点间应以适当方式进行衔接，使整篇演讲浑然一体，不至于在前后文间出现过于明显的割裂。演讲结尾的方式繁多，但无论采用陈述还是提问形式，信息都应清晰明了。若能与开头形成呼应，更能引起听众的情感共鸣，并加深观众对于演讲内容的印象。

8.2.2 演讲的策略

格罗斯曼（Grossman）在其研究中总结了提高演讲水平的策略，主要可以归纳为以下几点：

其一，明确演讲主要目的。演讲者需明确演讲目的，围绕主要目的设置演讲主题，并收集重要参与者期望获得的信息。在当今信息技术高度发达的社会，人们可以通过多种渠道迅速获取大量信息，因此演讲者必须确保演讲主题与核心信息对于重要听众具备足够的吸引力。如果听众无法被演讲的核心信息吸引就不可能认真听取演讲内容，更遑论配合演讲者实现其演讲目的。增加吸引力的关键在于确保所传递的信息可以切实为听众提供帮助，满足其需求，使其在演讲结束后深感获益良多。

其二，了解沟通的组织背景。组织背景包括一个组织的外部和内部情况，即组织外部的政治、经济、社会和文化情况及组织内部的文化背景和人员构成等，譬如重要人物间的人际关系、某些词汇的独特含义等，以避免触犯组织内部的禁忌，更好地与组织文化背景相容。

其三，准备材料。演讲的材料准备阶段至关重要。在准备材料时，演讲者需为幻灯片编写易于理解和清晰的内容，并注意通过适当的排版方式（更改字体、颜色或加粗等）来突出重要信息，并去除多余和不必要的幻灯片内容，以确保信息传递的简明扼要。同时，幻灯片的准备要避免语法错误和拼写错误，这些错误可能削弱听众对演讲者的信任。此外，如果需要在幻灯片中呈现数量较多的数据或案例作为佐证时，将这些资料编制为图表可以方便听众迅速浏览。

其四，规划演讲语言。演讲者需要使用适合受众的技术性和非技术性语言，以清晰地呈现信息。适宜的表达方式还可以起到吸引听众的作用。演讲内容通常需要在趣味性和实用性之间取得平衡，而成功的演讲则需要在这两方面出类拔萃。例如，优秀的教师往往会选择生动有趣的方式讲解晦涩深奥的课堂知识，以使学生保持专注学习的课堂状态。此外，演讲者可拟定一个执行摘要，即简要地描述所做的工作、结果及基于结果的建议行动，以满足管理人员首先听到最终结果的期望。这一部分知识可以参阅本书第 3 章与第 4

第 8 章　沟通的逻辑：高效演讲

章内容。

其五，跟进后续交流。演讲者需要意识到演讲后与听众的交流是演讲过程的一部分。这种后续交流常被称为"答疑"（Q&A），可以进一步加深听众对于演讲内容的理解。演讲后进行答疑是最为典型的后续交流方式，一般也是演讲的重要环节。正如 TED 主席克里斯·安德森（Chris Andersen）在《演讲的力量》一书中所说："实践是最重要的。我永远不会忘记将阅读的知识付诸实践，并在实践中不断纠正自己。"在此环节中，演讲者随机应变、处理听众的质疑与提问的能力会受到极大的挑战，因此演讲者更需做好答疑管理。作为与听众互动的方式之一，答疑环节实际上为演讲者提供了修正与完善演讲内容的机会。在答疑中，演讲者的目标不仅是提供正确答案，更是通过对复杂问题的解答，展示其应对逆境、保持方向和控制局面的能力，以此树立积极形象。在此环节中，演讲者需要认真聆听问题，确保完全理解，避免误解。然后，通过重新用自己的话语或者其他方式重述问题，澄清问题，确保理解一致。最后，演讲者要给出简洁、有力的回答，使整场演讲得以圆满结束。

需要注意的是，演讲者即使已经对演讲内容、材料和现场流程都进行了充分的规划，仍需安排一定的时间进行充分练习以保证将演讲的全部内容谙熟于心。一般来说，完整的演讲准备过程需要分配 70%的时间进行材料准备，20%的时间进行预演练习，剩下的 10%用于实际演讲（见图 8-1）。只有经过充足的准备与练习，演讲者才能保持对于演讲内容的高熟练度并展示出积极自信的演讲状态，从容自如地应对演讲现场可能出现的各种提问或讨论。这种精心的准备和训练，可以让演讲者更加从容地展现出专业水准和自信风采。

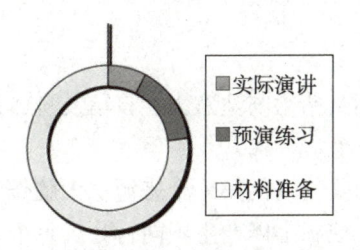

图 8-1　演讲时间规划

8.3　演讲的状态与气场

8.3.1　气场的概念

一场成功的演讲既需要丰富饱满的信息内容，也离不开个人良好的状态和强大的气场支持。个人状态是演讲者在演讲时的身体与精神状况，会受到主观与客观因素的影响，在每次演讲中可能并不完全相同。相比之下，气场往往来自长期的培养训练，轻易不会发生明显的变化。正因如此，对自身气场具备清晰认知，并在日常生活中不断提升气场强度对于演讲者而言颇为重要。

气场是一个人气质以及对周围产生影响的集合，展现了人体内在的能量，也可被视作

个人的精神特质。这种精神特质展现于一个人的言谈举止当中，受到此人文化素质、情绪心态、性格习惯、道德修养等多方面的影响。气场虽然无形无质，却可以被他人感知，影响他人对于气场散发者的评价；甚至还可以影响气场散发者周围的环境，改变周围环境的氛围。上位者因为某件事大发雷霆时令其下属感受到压抑恐怖的氛围，战战兢兢、噤若寒蝉，这就是个人气场影响沟通的典型案例。

在中国传统哲学中，"气"被视为一种客观存在，中文中也有许多词汇来描述这一概念，例如气度、气质、气概、气派等。在中国历史上，圣主明君、贤臣良将往往都具有强大的气场。他们可以通过气场展示威严，从而实现更有效的统治。在西方现代管理学领域，气场也常与领导力相关联，被认为是领导力的影响因素之一。实际生活中，每个人都拥有自己独特的气场。某些人具备强大的气场，容易引起他人关注；另一些人气场温和友好，更容易让人亲近；还有些人气场庄严肃穆，让人不敢轻易接近。这些都是气场的不同表现。

因此，气场既是一种感知体验，又是一种影响力。在演讲（图 8-2）中，人们追求的不仅是信息的传递，更是通过演讲使观点获得认可和传播。演讲者的气场有助于增强影响力和感染力，当这种影响力和感染力在观众中扎根时，演讲将更大程度地发挥其价值并获得更多认可。强大的气场往往是演讲成功的前提，因此提升演讲效果也需重视改善状态和塑造气场。

图 8-2　公众演讲

8.3.2　气场的来源与提升

气场主要来源于三个方面：精力与注意力、自信及身体语言，演讲者个人气场的建立与提升也可以从这三个方面着手。

高度集中的精力与注意力是气场的第一个来源。大脑作为思考和决策的中枢，会在面对不同情境时做出不同反应，控制个体产生不同行为。每个人对相同问题的反应因个体差异而不同，这也就构成了气场的特质。气场不仅是虚无的感觉，更是可以从一个人的言谈举止中实际感知到的存在。正因如此，那些能力过人、阅历丰富、思考深刻的人往往遇事冷静、应对得体，也就可以表现出更为强大的气场。当然，无论是能力的提高还是阅历的积累都非一朝一夕之功，演讲者不应急于求成，而需要在日常生活中不断学习积累，完善自我。

自信是气场的第二个来源。自信表示对自身多方面能力的自我认可和信心。正如萧伯纳所言："自信之人能够将渺小化为伟大，平庸变为神奇。"自信是积极的生活态度，指引我们跨越人生的各个关卡，在困难面前坚定不移，在失败时愈挫愈勇。自信的人可以散发出一种神奇的气场。他人在与其相处之中可以感受到蓬勃的希望和一往无前的力量。这就是他们气场的来源。然而，自信不应是盲目的。在这里，自信更加强调的是对专业领域的深入了解所带来的自信；换句话说，扎实的学识和相关技能是建立自信的基石。除此之外，在演讲前进行充足准备与反复训练，在演讲中不断为自己提供积极的心理暗示，均有助于演讲者自信力的提升。

身体语言是气场的第三个来源。身体语言与非言语交流密切相关。正如第 4 章所述，身体语言是生动的，可以直接准确地反映个人的内心状态，同时沟通者也可以通过主动控制身体语言反作用于身体内分泌循环，改变自身精神情绪。因此，不同的身体语言也会影响一个人在特定情况下的气场强弱。一般而言，较为合适的身体语言可总结如下：身体放松、腰背挺直；双手可以依据演讲需要做出恰当的动作，但频率不宜过高；双腿可以依据演讲需要进行走动，但应保持步幅步频适中、不急不缓；眼神应与听众建立交流，最好将目光集中在听众双眼中间以避免过度凝视。演讲初学者可能需要通过刻意控制才能展示出最为合适的身体语言，随着演讲者不断地训练、演讲与积累经验，其控制身体的能力也将越发炉火纯青。

8.4 演讲的视觉辅助

演讲的视觉辅助指任何能够在演讲中帮助演讲者传递信息的材料。在现代社会的演讲中，PowerPoint（以下简称 PPT）成为演讲者常用的辅助工具。作为微软公司的演示文稿软件，PPT 使用户可以通过投影仪或计算机进行演示，其所生成的演示文稿通常以 ppt、pptx 等格式保存，同时还可转化为 pdf 或图片等格式。PPT 借助文字、图形、色彩及动画等元素，以直观、形象的方式呈现所需表达的内容，从而令听众对演讲主题有更深刻的印象。PPT 广泛应用于各个领域，例如创业者用 PPT 向投资人展示商业计划，产品发布会利用 PPT 向消费者介绍新产品，教师在授课时运用 PPT 展示课件等等。在不同场合的演讲中，PPT 都能发挥重要作用，影响着演讲效果的整体呈现。

8.4.1 演讲型 PPT 的作用

作为一种视觉辅助工具，演讲中的 PPT 主要被用于提升演讲效果，辅助演讲者更清晰地传达所要表达的信息。具体而言，PPT 的作用包括补充信息、增加感受维度、展现整体性和逻辑顺序性，以及强调核心信息。

在现代演讲中，PPT 与演讲者之间存在互补关系，可以帮助演讲者展现不便于以言语方式进行表述的信息，譬如调研数据、统计结果等。除此之外，PPT 构建了演讲的逻辑框架，还是对演讲信息的简明概括，为演讲者提供恰到好处的提示。同时，PPT 与演讲者也可以在气场形成互补。当演讲者气场强大，能够影响全场氛围和节奏时，PPT 则变得次要；当演讲者稍显紧张时，PPT 能够协助演讲，达到更佳效果。特别是对于初次登台的演讲者，站在聚光灯下，面对观众的目光，PPT 能够在某种程度上减轻其压力，帮助演讲变得更加有序。

对于听众而言，PPT 能够增加感受的层面。在没有PPT 的演讲中，演讲者通过声音的变化传达信息，但这主要局限于听觉刺激。PPT 的引入扩展了感官维度，让听众能够在视觉角度感受演讲的趣味，同时也提高了信息的传递效率。

此外，PPT 能够增强信息的整体性和逻辑性。一致的图标、颜色、排版等设计可以加强信息的一致性，同时系列化地展示观点则有助于加强逻辑性。例如在产品展示演讲中，

PPT能够将产品的各个部分整合为一个有机整体，并进行动画展示，帮助听众更直观地理解产品，避免信息片段化的问题。

最后，PPT可以巩固并强调核心信息。演讲中信息密度较高，听众稍有不慎，便可能错过关键信息。此外，如果听众希望回顾演讲核心内容往往必须回放演讲的完整录音录像，从中寻觅关键信息，这样的方式无疑十分不便。PPT弥补了这些不足，它可以列出各个要点和关键数据，便于听众快速把握重要信息。此外，在问答环节，PPT同样发挥着重要作用，听众可以直接针对特定幻灯片内容提问，提高问题沟通效率。

8.4.2 如何制作PPT

优秀的PPT往往具备专业、简洁、清晰的特征，其核心原则在于结构化思考和图表化表达。PPT的多样功能可以满足使用者的不同需求，然而在其制作过程中，人们也常因此陷入一些误区，过于重视PPT的外观设计而忽视其内容。这样的作品虽然华丽绚烂、异彩纷呈但其内容却很可能空洞乏味、逻辑混乱，可谓是"金玉其外，败絮其中"。由于特效、色彩的滥用，过于华丽的PPT甚至会使观看者产生视觉不适，甚至厌烦。

优秀的PPT需要建立清晰的逻辑线索，从整体到细节、从外在现象到内在本质、从基本原理到实际应用等。编排目录有助于听众从一开始就把握全局内容和逻辑走向。此外，每页PPT添加副标题也能强调整体逻辑，明确整体结构与每页内容的关系。

同时，PPT制作需注重可读性，即表达清晰简明，易于使听众产生深刻印象。图表化表达是提升PPT可读性的重要方式。解释说明性的图表可以使信息传递更为生动准确；用于罗列信息的图表则可以将大量信息以清晰的方式向大家进行展示，还可以简单表示信息间的相互关联。然而，过多的图表于PPT制作有害无益。滥用图表可能使PPT空洞无物或是信息杂乱，影响体验和信息接收。除此之外，进行美观的PPT排版也是提升PPT可读性的重要途径。在内容方面，每页PPT的概念不应超过7个，文字内容不超过12行，字号不小于14号，且应避免使用过于花哨的字体；在形式方面，主色调应避免过于鲜艳，通篇不宜超过三种色系，色系搭配应注意美观，且以贴合主题为宜（例如，以春季为主题的演讲多选用青绿、绯红等作为主色调，以秋季为主题的演讲则常常以棕黄色为主）。图8-3中的金字塔原则呈现了制作PPT的标准流程。

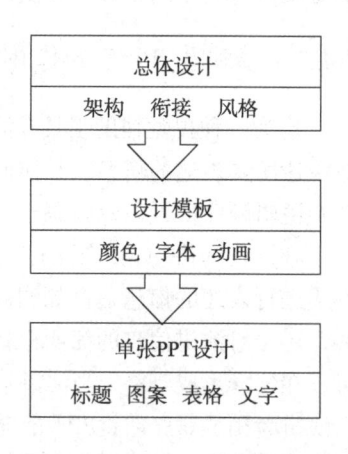

图8-3 制作PPT的标准流程

本章小结

本章重点探讨了高效演讲的多个方面。从演讲的内容、风格、状态、情境及辅助工具等诸多角度，详细解析了实现成功演讲的核心要求，并具体介绍了帮助演讲者满足这些核心要求的技巧、方法。高效演讲的核心在于观点表述清晰且具有强大的说服力。演讲者需要就某个具体问题，鲜明、完整地发表自己的见解和主张，同时打动听众，使其接受、信

服甚至帮助演讲者传递其主张。这要求演讲者不仅要深入了解话题，还需要运用高超的表达技巧将观点和情感传递给听众。本章的内容可以帮助演讲者更加熟练地掌握这些技巧，从而取得更卓越的演讲效果。

然而，值得注意的是，成为出色演讲者的过程不是一蹴而就的。在掌握演讲方法和技巧的基础上，往往还需要不断地练习和积累。在学习本章内容后，充分的实践和演练是夯实演讲能力的一个必要环节，从而将理论与实际相结合，逐渐塑造和完善自己的演讲风格。反复的练习和持续努力才可能在演讲领域取得显著进步，从而在各种情境下都有能力自信从容地发表出色演讲。

课后练习与讨论

1. 演讲有哪些类别？它们分别有什么特点？
2. 演讲通常采用何种架构？
3. 提高演讲水平的常见策略有哪些？
4. 什么是"气场"？演讲者应该如何建立并提升自己的"气场"？
5. 演讲者在制作 PPT 时需要注意哪些方面？
6. 回顾自己过去曾经进行过的一次课堂展示或演讲，总结其优点与不足。

案例模拟

1. 准备一次时长为 3 分钟的视频演讲，内容可以为针对学术项目申请或工作申请等的自我介绍，知识、文化、运动或技巧的介绍分享，书籍或影视剧等的推荐展示，或其他积极正面的内容。在演讲准备过程中，思考以下问题：

本次演讲所介绍的人或物有哪些值得突出介绍的特点？

如何加深听众对于这些特点的记忆？

如何组织语言，安排非言语辅助工具，以获得最佳的演讲效果？

2. 准备一次时长为 10 分钟的现场演讲，内容主题要求同上。在上述思考问题外，还需思考下列问题：

如何合理安排演讲以吸引现场听众的注意力？

针对演讲内容，听众可能提出哪些问题？演讲者应如何作出回应？

即测即练

自学自测　扫描此码

第 9 章

沟通的情感：共情倾听

美国发展心理学家迈克尔·托马塞洛（Michael Tomasello）在《人类沟通的起源》中将人类进行沟通活动的三类原初动机定义为请求、告知与分享，这三类动机的本质显然都是通过沟通满足个人的物质或情感需求。然而，如果每一位沟通者都专注于依照个人意愿单方面地输出观点或情感，忽视他人在沟通过程中展示出的观点或情感，沟通过程就会变成沟通者们的自言自语，而以此为动机的沟通行为无法收获任何来自他人的反馈与支持，也将变得毫无意义。因此人们逐渐意识到，在表达自我之外，倾听他人观点、感知他人情感同样是沟通过程中的重要环节。为此，孔子以"多闻阙疑，慎言其余，则寡尤"教诲其弟子；英国前首相丘吉尔则说："勇气在于站起来说话，更在于坐下来倾听。"

许多沟通者将倾听视作易事，认为与人言谈之时能够逐字逐句清楚听到对方的表达即为倾听，这无疑是一种严重的误解。事实上，听清发言者所述的字句只是倾听的基础步骤。倾听的核心，如美国管理学大师彼得·德鲁克（Peter Drucker）所说，"是听到没有被说出口的东西"。第 3 章所介绍的依托语境而存在的信息即为这些弦外之音中的一部分，弦外之音的另一部分重要内容则是发言者的情绪状态。情绪是个体对外界事件、刺激或内部状态的主观感受，也是人类心理体验的重要组成部分。

情绪在人类的生活中起到关键作用，影响着人们的思维、行为和社交互动。许多情况下，人们会因为情绪的影响做出非理智的行为决策，比如，在兴奋情绪影响下的得意忘形与在愤怒情绪影响下的怒发冲冠。如果倾听者可以准确感知发言者的情绪，并进行有针对性的反馈与引导，发言者的情绪也可以成为倾听者的有力工具，帮助其实现当下的沟通目标，并建立更为长期的良好人际关系。反之，如果倾听者无法识别或错误识别发言者的情绪，并因此做出不当的应对，发言者可能会因此产生针对倾听者的消极情绪，严重时亦会阻碍双方的长期交往。情绪对于沟通效果的影响力可见一斑。正因如此，感知情绪成为倾听活动的一个重要内容。

本章将以倾听的核心概念为起点，为大家梳理倾听过程的基础步骤与关键技巧，并帮助大家识别、应对倾听过程中的各类障碍。通过本章的学习，大家将掌握调节自我倾听心态的方法，以积极开放的精神状态面对他人的自我表达，理解他人不同的观点，感知背后蕴含的情绪从而帮助沟通者更好地交流情感。

9.1 倾听的概念

于大多数人而言，"倾听"这一概念其实并不陌生——它既是管理学、心理学、社会学等众多人文科学中的重要概念，也常常为前辈在传授为人处世经验时提及。然而，未曾主

动了解或经专业学习的沟通者们对于倾听的理解往往浮于表面，认为只要逐字逐句地"听见"沟通对象的发言内容即为倾听。事实上，"听见"与"倾听"之间具有极大的区别。

听到（hearing）是人类天生的生理能力，也是人的感觉器官对声音的生理反应。在听到的过程中，信息接收者通常是被动的，只是简单地用耳朵接收声音，而不一定进行任何形式的处理或理解。如果要求某学者参与跨学科的顶尖学术会议，尽管可以清楚接收演讲者的声音，却无法理解对方所讲述的专业学术内容。

在此基础上，倾听（listening）则被完整确定为一个听见而后理解，最终给出反馈的闭环过程。这一过程包括感知、理解、评价和反应四个阶段。与听到的过程不同，倾听过程是一个主动参与的过程，需要沟通者利用已有知识体系、情绪感知能力和逻辑思维能力对信息进行基本的筛选、分析和加工处理。以下是倾听的关键环节：

1. 听到

这是倾听的起点，是指倾听者的听觉器官对外界声音的生理反应，是人们最基本的听觉能力。这个环节强调了接收声音的过程。在不同的情境下，人们通过耳朵感知各种声音，如音乐、谈话、汽车等。噪声可能会影响倾听的质量，因此沟通者需要在有噪声的环境下适当调整语速、音量和清晰度，以确保信息传递的有效性。

2. 专注

专注是倾听的心理过程，表示倾听者将注意力集中在所听内容上。这意味着倾听者需要从多种声音中选择关注的对象，以便更好地理解其中的信息。例如，在长时间的演讲中，倾听者可能会选择关注核心信息，而忽略次要细节。专注帮助倾听者过滤杂音，集中精力获取重要信息。

3. 理解

这个环节发生在倾听者能够理解声音的意义时。倾听不仅仅是听到声音，更是要将听到的声音转化为有意义的信息。这需要倾听者调用已有的知识和各种能力对信息进行分析处理。例如，人们能够通过音调、语速和语气判断说话者的情感状态。

4. 回应

在理解声音的意义后，倾听者可以通过各种方式回应说话者。回应不仅限于言语，还包括非言语的表达，如点头、眼神交流等。回应是一种积极的沟通行为，它可以帮助确认信息传递是否成功，同时也鼓励说话者继续交流。

5. 记忆

记忆是影响倾听质量的关键因素。在倾听的过程中，倾听者将听到的信息在脑海中储存，以便后续回顾和使用。如果倾听者无法清晰准确地记忆信息，这些信息将如过眼烟云转瞬即逝，无法在未来给予倾听者任何帮助，前四个环节所能实现的效果也将因此大打折扣。倾听者可以借助笔记、录音、录像等方式来加强记忆，以便更好地吸收和应用所听到的内容。

通过这些环节的有机组合，倾听者能够更好地与他人进行有效的沟通和交流，确保信息的准确传递和理解。倾听不仅是被动的听觉行为，更是一种积极的认知和互动过程。

9.2 积极倾听的定义

心理行为学将倾听细分为多个类别,包括积极倾听(active listening)、自信性倾听(assertive listening)、信息性倾听(informative listening)、批判性倾听(critical listening)、反思性倾听(reflective listening)、辨别性倾听(discriminative listening)等。这些不同类别的倾听形式涵盖了多种心理学概念,它们各自在沟通和人际交往中扮演着独特的角色。

积极倾听作为众多沟通形式中的一种,在沟通中展现出关键作用。它是一种有效的沟通技巧,旨在展示倾听者对他人经历、观点、情感的共鸣。这种倾听形式并非一个静听的过程,而是要求倾听者积极参与,在适当的时机通过开放式提问、鼓励、意译、反映感受及总结等方式,确保对话双方的有效互动。在倾听者和表达者之间,70%的时间应用于倾听,30%的时间用于表达。此外,倾听者需要避免打断对方,除非为了澄清或确认刚才听到的信息。在各类倾听中,积极倾听无疑是一项关键技能。它保障了沟通的顺畅进行,降低了沟通者之间冲突和误解的可能性,有助于沟通者间信任、尊重的建立及持久人际关系的形成,同时也促使人们深入理解他人,拓宽自己的视角。在人际关系中,被理解和被倾听往往是衡量关系质量的重要指标,因此倾听与表达同等重要。无论是在职业领域还是个人生活中,掌握积极倾听的艺术都是增进交流效果和人际互动的重要一环。

9.2.1 社交性积极倾听

社交性积极倾听是指倾听者在社交互动中,为增进沟通双方社会关系而进行的倾听活动。在这种情境下,倾听者在内心可能并没有真正全心全意地聆听对方的沟通内容,却可以通过使用倾听技巧表现出浓厚的兴趣,营造出完全理解并吸收了对方所传递信息的感觉。在社交场合中,积极倾听是一项基本而重要的社交礼仪。对面对面的交谈而言,倾听与说话形成了互补关系,认真倾听表现出对讲话者的尊重,展示了沟通者礼貌的态度。相反地,如果沟通者在讲话者发言时心不在焉,则会给人以粗鲁无礼的印象,不符合现代文明礼仪的基本要求。

在日常工作和生活中,我们常会遇到类似的沟通难题,其中一方可能在努力表达,而另一方则没有及时给予肢体语言或言语反馈。这种情况容易导致交流不畅,甚至引发情绪上的不满。表达者可能会感到自己的话语受到敷衍或不尊重的对待。因此,为了避免沟通障碍,我们需要在社交互动中注意:即使无法始终保持对交流中对话内容的浓厚兴趣,也要表现出礼貌,运用一些倾听技巧进行适当回应。这将有助于改善交流体验,加强双方之间的理解和共鸣。

9.2.2 认知性积极倾听

认知性积极倾听是指倾听者有意识地追求获取有效知识和信息,期望这些内容能够对自身学习、事业等方面产生积极影响。这种倾听源于内心的需求。在有关切身利益和兴趣

时，人们常会选择采用认知性积极倾听。譬如课堂上的认真听讲、公司会议中员工对领导发言的仔细关注，均可被视为认知性积极倾听的实例。

认知性积极倾听不仅是获取知识和信息的有效方式，还展示了对说话者的尊重和重视。在学校或工作环境中，倾听者在积极倾听的同时，也能通过倾听姿态传递出他们对说话者的重要性的认可。因此在认知性积极倾听的过程中，除了内心的渴望外，将这种倾听的态度通过言辞和非语言方式传达给说话者同样重要。如果倾听者虽然内心想要积极倾听，却未能通过适当的表达方式将这种意愿传递给说话者，说话者可能会感受不到倾听者的专注，从而影响有效的沟通和交流。

9.2.3 同理心积极倾听

在同理心积极倾听（见图9-1）中，倾听不仅是信息与情感的传递，更是对于说话人当前困境和情感状态的真诚理解。相较于前文提到的社交性积极倾听和认知性积极倾听，同理心积极倾听要倾听者调动内心，站在对方的立场上，共情其感受，体会其情绪以实现真正的共鸣，同时为倾诉者提供精神上的鼓励与支持。下面的案例展示了同理心积极倾听的具体体现和重要意义。

图 9-1 同理心积极倾听

在一个食堂就餐的场景中，小楠察觉到小北情绪低落，用餐时心不在焉。

小楠：嘿，怎么感觉你的心情不太好，是食物不合口味吗？

小北：嗯……不是食物，是家里的事情。

小楠：家庭问题确实很令人困扰，之前我的父母也曾产生矛盾，气氛非常紧张。

小北：嗯……不是父母之间的问题……（欲言又止）

小楠：我记得你曾提到和哥哥之间的矛盾，那个问题解决了吗？

小北：是的，我之前提过他。自从他住进我家，我们就常常因为琐事争吵。

小楠：都是因为哪些事情呢？

小北：我和他需要共用一个学习桌，但桌面总是被他弄得非常杂乱，我时常找不到自己需要的东西，真的很让我苦恼。

小楠（注视着小北，点头表示理解）：这应该只是暂时的情况吧？

小北：我也不确定，但是今早我们又因为找不到东西发生了争执，吵了半天！（情绪逐渐激动）

这时她们的同学小熙经过，看到她们在聊天，并不清楚内容，但突然加入了对话。

小熙：你们已经吃完了吗？要不要一起去上体操课？

小楠：小熙，今天不去了，我正陪小北聊天，下次我们可以一起去。

小熙：好啊。（说完后离开）

小楠：（目光回到小北沮丧的脸上，示意她继续）……

以上情境中，小楠的提问都是引导式的，她主要以耐心倾听为主，通过眼神交流与点头示意不断鼓励对方倾诉，没有草率地给出结论或提出建议。即使被打断，小楠也没有转移注意力，而是继续维持对话的完整性，让对方能够敞开心扉、真情流露。

9.3 积极倾听的原则

9.3.1 积极倾听的 3A 原则

总体而言，积极倾听需要遵循三个关键准则，即 3A 原则：态度（attitude）、关注（attention）、调整（adjustment）。首先，态度表明个体对特定对象（人、事件、观念或情感等）的稳定心理倾向，暗含了其主观评价与行为趋势。态度是影响积极倾听的关键因素，倾听者只有秉持开放包容的态度，才可以放下审视、评判的旁观者心态，真正站在发言者的角度理解对方的观点与情感，进而给出积极有效的反馈。除此之外，倾听者需要采用合适的方式准确传达自己的态度，避免因为态度模糊引起发言者的揣度臆测。

其次关注是关心和重视的表现，涵盖视觉观察、深入思考、实际行动等多种方式。关注既是一个心理过程，也是知觉选择的结果，在东西方文化中普遍存在，是人性的体现。倾听者在积极倾听中运用关注原则可以增进积极倾听的效果，其具体要求如下：第一，倾听者需要全情投入沟通之中，精神集中、排除干扰；第二，倾听者应尽量保持耐心，对于后续沟通内容保持积极预期，避免中途分心或仓促下定论。

最后即调整心态，倾听者需调整心态，在倾听过程中保持客观中立，避免因为个人情绪或主观臆断影响对于他人传递信息的理解判断。例如，在学术讨论时中立的态度尤其重要，沟通者需要秉持思辨的态度倾听不同声音、综合不同观点，与其他学者一起共同促进学术领域的发展。在高语境社会当中，这一点尤为重要，因为听者的理解程度往往会对沟通效果产生很大的影响。因此，学会换位思考，从对方的角度理解、体会对方话语背后的含义，对于高语境文化中的倾听者尤为重要。

9.3.2 积极倾听的过程

基于 3A 原则，积极倾听过程包括：关注、调整态度、理解和反馈（见图 9-2、图 9-3）。首先是关注，倾听者需关注发言者陈述的内容，同时注意其各种非言语行为，譬如神情、语气与体态等。之后是调整心态，倾听者需要保持中立态度，客观评估和审视交流内容。随后是

理解，倾听者需要结合发言者的个人情况切实理解对方某个观点、某种情绪的合理性。最后是反馈，有无反馈是积极倾听与听见的重要区别。倾听者需要在心中总结、概括谈话内容，梳理出个人疑惑、思考与观点，之后以礼貌温和的方式真诚地向对方进行反馈。

图 9-2 积极倾听的过程

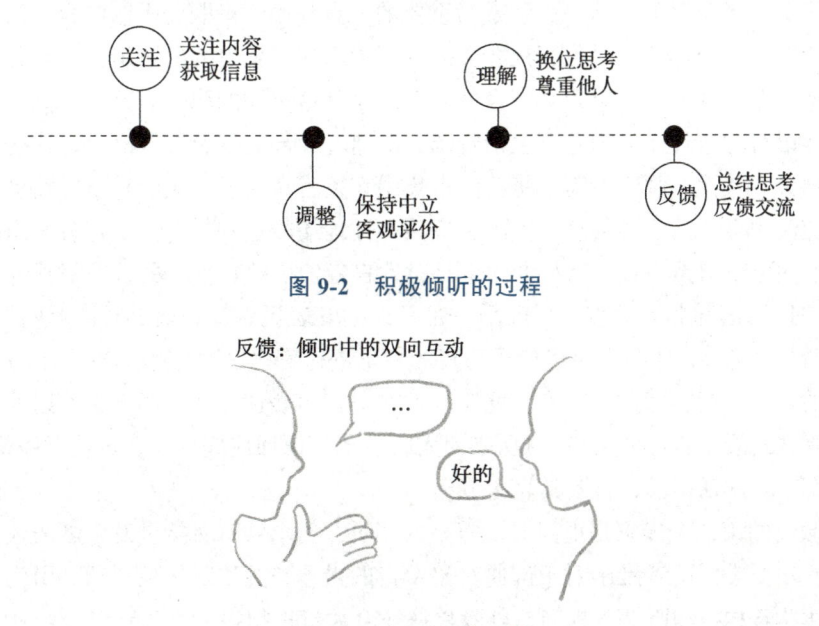

图 9-3 倾听中的反馈

9.3.3 积极倾听的行为步骤与技巧

作为一种重要的沟通技巧，积极倾听同样有可以用于指导沟通者进行实践的具体步骤，如图 9-4 所示，它们包括：倾听、提问、重述和附和。

图 9-4 积极倾听的行为步骤与技巧

积极倾听的第一步是"听"。这一过程涉及一系列语言和行为动作，有许多相关技巧需要学习。很多人在交流中更注重说，将"说"视为主动行为，而把"听"看作被动行为，因此忽略了倾听的重要性。虽然有人会承认在"说"的方面不够娴熟，但很少有人愿意承认自己在倾听方面存在问题，这导致对倾听技巧的学习意愿不高。实际上，将"听"特别是积极倾听视为被动行为的观点是错误的，"听"可以通过有意识地调整自己的注意力和态度来实现，这有助于提高沟通的质量。

在众多关于"听"的技巧当中，最为重要的一点是倾听者既要听取内容，又要捕捉情感。倾听者应该结合环境、时代、社会文化等因素来理解发言者的言辞，注意发言者言辞之间的暗示，考虑词汇的多重含义、言外之意或是其他可能的隐喻。此外，倾听者应当注意获取非言语行为所传递的信息，包括音调、语速、面部表情及肢体语言，这些都是积极倾听的一部分。其次，倾听者需要将关注点集中在发言者身上。倾听是双方互动的过程，发言者在交流中会传达各种信息，倾听者应该专注地接收这些信息。发言者发出的信息会在倾听者的注意下自然呈现。这种专注也是对发言者的一种尊重。最后，倾听者在倾听时应适当地使用语言和非语言表达，鼓励发言者继续发表观点，表现出对话题的浓厚兴趣。

在倾听的过程中，倾听者可以使用简短的短语进行言语表达，例如"我明白了""是的，我明白你的意思""我同意""确实如此"等。在非言语表达方面，倾听者可以通过点头、眼神交流等方式展示自己的关注。倾听者对发言者的言语回应应尽量在表达者停顿时进行，避免抢占发言者的话语权，打断其表达节奏。

积极倾听的第二个步骤是提问。步骤一的"听"要求倾听者接受发言者表述的信息，提问则进一步要求倾听者展示对于沟通对象发言的兴趣与关注，甚至主动吸引沟通对象进行深入表达。若积极倾听缺乏提问，其效果往往会大打折扣。

在提问过程中，倾听者同样需要注意一些问题。首先是提问类型的差异，此处提供三种提问范式作为参考。第一种可称为开放式提问，如"你的意思是什么？""发生了什么？"等，这种方式旨在鼓励发言者继续表达，经常发生在发言者具有显性知识或信息优势，并被倾听者所需要时。当然，倾听者在进行提问诱导时也需注意对方的态度，如果强行要求对方说出不愿提及的内容，反而会引起对方的反感。第二种可称为追问式提问，即倾听者对发言者所述不清或未能理解的内容进行提问。在学术报告活动中，这是一种常见的提问方式。发言者在呈现研究内容时，通常会使用专业性的概念、理论、方法，倾听者如果未能了解，可以向发言者进行追问。第三种可称为诱导式提问，即倾听者通过巧妙引导得到期望的答案。有时发言者对于倾听者希望了解的内容缺乏了解，或对发言的部分内容缺乏成熟思考。在这种情况下，倾听者可以根据自身对知识、信息的需要巧妙设问，帮助发言者恰当地表达思想。

除此之外，提问时还有一些其他的注意事项，包括：每次只能提出一个问题，问题需要简短清晰、逻辑准确，提问后需要为对方留出充足的思考时间等。倾听者需要注意提问依然是为倾听服务，如果在提问时过度表达则会导致喧宾夺主的后果。

需要注意的是，提问不仅是积极倾听中的重要步骤，更与一个人的思维方式直接相关。在教与学的过程中，古今中外皆重视提问。古希腊的苏格拉底以诘问式的教学方式而闻名，先秦孔子所留的《论语》也是其弟子与再传弟子对课堂问对内容的总结。及至现代，许多学者也对"提问"这一课题进行了深入的分析与研究。美国学者尼尔·布朗在所著的《学会提问——批判性思维指南》一书中将提问与批判性思维联系在一起。在该书中，作者应

第 9 章　沟通的情感：共情倾听

用批判性思维领域的最新研究成果，列举科学研究和日常生活中的大量实例，教授人们如何富有理性、逻辑性和批判性地提问、思考、判断和解决问题。该书的第 1 章，作者花费了大量笔墨论述提出正确问题的益处，作者认为，"我们不希望自己的行为仅仅建立在他人评价的基础上，不希望自己是公众的傀儡"，因此我们应当学习和掌握必要的批判性思维技巧。批判性思维是有效提问的必要条件，有助于实现更好的积极倾听效果。这里的批判性思维涉及三个方面：一是意识到彼此相关的批判性问题的存在；二是能够在适当的时机提出与回答批判性问题；三是愿意主动运用批判性问题。在通常情况下，人们的思维可以被分为两种风格：一种是"海绵式思维"，像海绵一样尽可能多地吸收所有知识，即强调知识的获得；另一种是"淘金式思维"，从一堆信息的沙子中，筛掉无用的沙子，淘出真正有价值的金子，强调与知识的积极互动。在积极倾听的过程中，倾听者应充分运用"淘金式思维"以获得更好的提问效果。

积极倾听的第三步是重述。在心理学中，重述是一种常见于咨询中的基础步骤，即将对方的话进行重新表达，以示理解其言辞。重述是高度技巧性的过程，一般采取的方法是用自己的措辞概括对方的主要观点和情感，或者对关键信息进行重新陈述。例如，"我来总结一下，你的意思是……""你之前提到，你被要求在五天内完成所有工作，是吗？"需要强调的是，重述不同于机械复述，而是需要传达理解、展现共情，并向对方展现出足够的重视。很多情况下，人们未能理解对方的话便急于发表意见，这是有效交流的大忌。若能恰当地重述对方的话，不仅能对对方做出有力回应，还有助于更深入理解和掌握对方的言语信息，促进有效交流。

积极倾听的最后一步是附和。附和是指确认对信息内容和情感解读的正确性，以达到理解发言者的目的，而并非表示完全的赞同或支持。这在积极倾听中具有关键意义，其核心在于表达倾听者准确接收并理解沟通者发出的信息。人们在倾听过程中调整心态，选择恰如其分的表达方式，随后通过反馈传递自己对于所接收信息的态度与观点，这些构成了一个有机的整体。同时，附和也是一种工具，可以运用在不同层次的倾听当中。

《聆听的技巧》一书强调，出色的交谈者，不仅能言善辩、词锋锐利，还需要具备专注的倾听能力[1]。人们在他人言谈之际往往忽略了对方可能的情感，或者在倾听时并不全神贯注，只是在考虑自己接下来的回应，而忽略了对方正在表达的内容。因此，有效沟通需要倾听者运用适当的方法和步骤进行附和，学会理解对方，站在对方的角度思考问题。附和的技巧本身并不包括引入对方没有提及的内容和无关的扩展。这是因为除了必要的附和外，过多发表自己的意见可能会影响对方的表述。在此基础上，略微延迟回应可以帮助倾听者进行理解与思考，进而更好地理解对方。

9.4　积极倾听的障碍

在与发言者交流时，倾听者可能会面临一些倾听障碍，因而在不同程度上影响沟通效果。这些障碍主要源自沟通者、听众及环境等三个方面，会从不同角度干扰倾听活动，影

---

[1] 东山宏久. 聆听的技巧[M]. 红色旌旗，译. 北京：中国民族摄影艺术出版社，2004.

响信息传递的质量和意义，最终削弱乃至颠覆沟通效果。从沟通者的角度来看，最主要的障碍可能是模糊的沟通目标和混乱的思绪。此外，言语和非言语的表达方式也会影响倾听的质量。听众方面的障碍更多涉及受教育程度、文化背景、心理状态及态度等，这些因素会影响他们对信息的接收和理解。环境障碍一般则是由于选择不当的沟通渠道或平台等客观原因导致的倾听效果不佳。下面对这些障碍进行具体解释。

9.4.1 沟通者障碍

沟通者障碍的核心问题主要包括以下三种类型：一是说话者不清楚自己需要传递什么信息，二是说话者无法清晰准确地表达自己希望传递的信息，三是说话者采用了不适当的表达方式，导致听众不愿接收其所传递的信息。在一段沟通中，沟通者的核心是为某一明确目标清晰有效地传达自己所想表达的观点，而观点的确切内容、逻辑组织和论证方法则是沟通者需要认真考虑的重要问题。但在现实生活中，许多人对自己的表达目标不明确，即使在完成表述之后依然不清楚自己实际上传达了什么、应该传达什么以及如何传达。这样的问题从本质上讲依然是逻辑思维能力的欠缺，在倾听中需要特别关注。

沟通者障碍有时来自对言语和非言语沟通方式的选择与使用。在语言方面，沟通者障碍一般表现为无法准确使用词汇、无法恰当安排句式和逻辑顺序等问题，也就是人们常说的"词不达意"与"言不及义"。在非言语方面，沟通者障碍则涉及语音、语调、语速、口音、发音准确性、面部表情与微表情、肢体动作、着装及时间掌握等方面（具体内容可参见第 4 章）。有时，沟通者所选择的言语与非言语信息传递方式可能是准确的，但是不符合倾听者的文化背景或者令倾听者不愿意接受，这种情况也会在一定程度上影响信息和情感的传递，导致沟通过程中的沟通者障碍。譬如，在团队合作过程中某一成员如果一直采用命令式的语气与其他成员沟通，就可能会激发其他成员的厌恶心理，影响其他成员对其话语的倾听。

上述常见的沟通者障碍往往会给倾听者造成一定的负担，从而降低沟通效率。因此，一段成功的沟通，既需要沟通者清晰地阐述，又需要倾听者调整状态，准确抓取沟通者希望传递的核心信息。具体来说，倾听者应首先注意维持自身包容开放的心态，以积极乐观的情绪面对此类问题，避免因为自身心态、情绪的变化进一步阻碍倾听。在此之后，如果沟通者障碍来自沟通者逻辑不清或语义不明，倾听者应着重应用前文所提及的提问技巧，通过提问的方式帮助对方梳理思想、明确语义。如果障碍来自对方的非言语行为或辅助资料，倾听者则可以尝试尽量忽视产生障碍的部分，将注意力集中于对方的言语表达上，从言语当中捕捉核心信息。如果对方采用的沟通方式确实难以接受，倾听者也应以理性客观的态度与对方沟通，要求对方改变沟通方式。

9.4.2 听众障碍

听众障碍指的是在倾听过程中，个体可能因为不同的原因而对对方的语言、意图和态度产生理解上的障碍。听众障碍可以概括为两大类：心理障碍和生理障碍。心理障碍包括情绪因素、过度解读、选择性偏好、异议排斥和专注困难等；而生理障碍则包括听觉、视

觉、身体状况、身体语言、思维速度等方面的问题。

在心理障碍方面，情绪问题尤为重要。未经有效调控的个体情绪可能影响积极倾听的效果。比如，在倾听时，由于思考的速度远超说话的速度，人们很容易产生厌倦情绪，并因此神游万里，最终形成不良的倾听习惯。过度解读是另一种心理障碍，有时人们因为过度推测而曲解了对方的真实意图。

选择性偏好同样是心理障碍的一种，是指个体往往倾向于只关注自己感兴趣的内容，而忽略其他信息。这可能导致倾听者错过一些本应有所裨益的信息。排斥异议是指一些人倾向于听取与自己观点一致的意见，对不同观点则持拒绝态度，这可能导致倾听者最终深陷于个人根深蒂固的心理定势与成见之中，无法以客观、冷静的心态与他人交流。心神分散同样是一种心理障碍，一些人在倾听时过于注重对方的外貌、姿势和修辞，或者容易被周围的噪声干扰，甚至忽略了对方所传达的核心思想。

在生理方面，与视力等知觉能力相似，每个人的听力情况也会因个人先天情况而有所差异，比如，只有少数听力灵敏的人拥有绝对音准，可以准确辨别不同音高。除此之外，个人短期的身体状况也会影响听力水平。现代社会中，人们经常因为压力过大而面临身体疲劳、精神萎靡等情况，这些不良的身体状态也都会给积极倾听带来阻碍。

听众障碍来源于倾听者自身，因此也需要倾听者通过自我调整进行应对。良好的心态是应对一切心理性听众障碍的根本方式，只有在倾听者秉持开放包容、客观平和的倾听心态的前提下，一切倾听技巧才能发挥其应有的作用。针对生理性听众障碍，对自身时间进行合理的安排，尽量避免在身心疲惫时进行倾听是十分有效的应对方法。

9.4.3 环境障碍

环境障碍亦可概括为两类：一是狭义的噪声，即各种干扰信息传递、降低信息清晰度或歪曲信息的声音，例如谈话过程中不断响起的手机信息提示音。二是广义的环境背景，包括历史、文化、时代和组织氛围等背景环境的影响，例如在企业明确需要节省开支时，企业负责人可能不愿意听到超出预算之外的项目。关于广义的环境背景，本书将在第12章进一步详细论述。环境特点及相应的倾听障碍源可概括如表9-1所示。

表 9-1 环境类型特征及相应的倾听障碍源

环境类型	封闭性	氛围	对应关系	主要障碍源
办公室	封闭	严肃、认真	一对一 一对多	地位差距造成心理负担，他人或电话干扰……
会议室	一般	严肃、认真	一对多	其他与会者的影响，会议时间把控……
现场	开放	可松可紧 较为认真	一对多	外界干扰，事前准备不足……
谈判	封闭	紧张、投入	多对多	对抗心理，过于强烈的说服欲望……
讨论会	封闭	轻松、友好 积极、投入	多对多 一对多	信息杂乱，缺乏信息捕捉能力……
非正式场合	开放	轻松、舒适	一对一 一对多	外界环境干扰，易偏离议题……

为了应对环境障碍，人们需创造一个宜人的交流环境。在自然环境方面，可以努力消除可能的干扰，包括关闭手机声音等；在心理环境层面，则要营造一个轻松、愉悦的交谈氛围，避免因为过度紧张影响沟通效果。

9.5 无偏见倾听

偏见是倾听过程中的重要问题之一，但由于深植于文化和心理属性之中往往易被忽视而难以克服。倾听过程中的偏见既可能来自沟通者暂时的情绪状态，也可能来自其长期形成的经验认知、知识体系和思维方式。因此对于倾听者而言，感知自身情绪状态与了解自我主观认知都非常重要。只有在充分了解的基础上，倾听者才可能做到平静客观地进行倾听，避免为偏见所影响。

9.5.1 偏见的概念

偏见是针对个人或团体而持有的不公平、不合理的消极否定态度，是一种建立在主观臆断而非客观事实上的对人和事物的消极看法。通常情况下，偏见是基于某些社会群体成员的身份而形成的态度，经常是不准确的否定或怀有敌意的态度。

偏见与误解不同，偏见源自认知者的主观倾向，而误解源自被认知对象的复杂性。相同的信息会因倾听者的个人条件、经验、心态、环境和时间等因素的不同而出现不同的理解。误解实际上是因为一些障碍的存在，导致某人的言行使他人产生误会。本节所讨论的偏见更倾向于刻板印象。社会学习理论认为，偏见通常不是与生俱来的，而是后天获得的，是通过周围成长环境的影响逐渐形成的。儿童会在父母、朋友、老师、社会环境中接触到，甚至潜移默化地学习到看待某些社会群体的消极观点。若在儿童时期接受这些看法，还可能因此得到他人（如老师、同伴和父母等）的肯定和奖励，从而强化这种偏见。举例来说，有的家长会告诉孩子："如果不好好学习，将来可能只能当清洁工。"这种表述实际上暗含了对清洁工人的轻视，隐含着这种职业地位较低的意味。这样的教导会在孩子的价值观形成中起到一定作用，使他们自然而然地滋生偏见。

9.5.2 偏见的产生

偏见产生的因素多种多样，涵盖了性别、年龄、种族、宗教、文化、教育等各个方面。其中，宗教信仰对形成偏见影响尤为深远，因为宗教信仰涉及个体内心的虔诚，对不同信仰的排斥情感往往同样强烈。举例来说，历史上马丁·路德领导的宗教改革引发了新教与旧教信仰者之间的激烈冲突，甚至导致了悲惨的宗教战争。此外，许多现代西方国家要求在简历中尽量避免提及性别、年龄和种族等，这是为了规避招聘过程中的偏见。再者，社会中的偏见不仅涉及宗教信仰，还包括其他诸如教育、职业等方面的问题。在一些社会文化氛围中，具有权威主义人格的人容易产生并坚持偏见，这一现象具有以下主要特点：

1. 固守传统等级观念

他们将传统等级观念视为判断价值的主要依据，因此对于不以此为基准的价值观持冷漠甚至攻击的态度。他们相信权力与地位能解决社会问题，而且认为人与人之间的差异主要在于权力的大小。

2. 顺从群体的道德权威

追求权威和地位是他们行动的动力，而这种追求获得了所在群体的支持和认可。他们所在群体的道德权威赋予了他们的行动以合理性，使得他们对权威和地位的追求越发强烈。

3. 敌视其他群体

他们会对不认同权威和地位为价值判断标准的群体产生敌意，因为这些群体不认同他们的权力。为了使这些群体服从，他们可能会采取各种手段，甚至包括暴力。

4. 简化的二元思维

他们的思维较为二元，将事物简化为非黑即白、非善即恶，常常忽视社会的多元性和复杂性。随着权威和地位的提升，他们的偏见也会变得越来越严重，甚至在极端情况下，他们将人群仅分为服从和不服从两类。

团体冲突常常源于对稀缺资源和有限竞争机会的争夺，不同群体之间也由此产生偏见。在团体冲突中，相对剥夺观点认为，当人们认为自己有权获得某些利益却没有得到时，他们可能会感到被剥夺，从而引发相对剥夺感，这种感觉可能导致对立和偏见。

群体间的利益冲突理论也可以解释偏见是如何从地域隔阂中产生的。当一个团体内的人们拥有类似的生活方式和习惯时，他们会形成群体认同感和凝聚力。当具有不同文化背景的群体相互交往时，由于生活方式、信仰和意识形态的不同，可能会引发竞争、矛盾甚至冲突。这种文化差异在区域隔阂中可能并不明显，但当不同文化群体相遇时就会尤为突出。

9.5.3 无偏见倾听的方法

在交流中，带有偏见的言辞容易引发沟通障碍，削弱交流效果。因此，无偏见的倾听在促进情感交流和有效沟通方面扮演着重要角色。无偏见倾听可以通过以下几点来实施：第一，要尽可能消除刻板印象。刻板印象是人们根据社会影响对特定群体形成的固定看法，这可能导致忽视群体内的差异。消除刻板印象需要超越表面的认知，真正了解个体的独特性。例如，教师并非常人眼中简单轻松的职业，有些情况下可能承受着巨大的工作压力。第二，增加平等的、个人间的接触。这种接触可以帮助倾听者更全面地了解说话者。尤其在复杂的事务中，合作伙伴之间的互相了解对于项目的成功具有关键作用，这种了解又需要建立在平等和信任的基础上。第三，建立共赢理念与合作奖励机制。信任是沟通的基础，而构建合作机制能够消除嫌隙，促进更深层次的合作。例如，在高等教育领域，建立透明的奖励机制可以减少偏见，提高学术合作的效率。第四，借助消除偏见的社会规范和制度。譬如在招聘和其他领域中限制对于非工作性因素如民族、健

康状况、外貌等的要求，从而减少偏见。第五，要做到真正的倾听，不仅仅听内容，更要听思维和内心。有效倾听需要通过言语背后的情感和诉求来深入理解对方。此外，在倾听过程中，要避免断章取义，尤其是避免脱离社交情境对说话者的表达做过度解读。

无偏见倾听是促进沟通的关键方法，它有助于减少误解、加深彼此了解，进而为合作创造更有益的环境。要通过理解多样性、建立信任和共同体来营造有效沟通的氛围。

本章小结

在沟通中，倾听是一种极为重要的情感传递方式。本章系统介绍了积极倾听的概念、范畴、方法与技巧以及可能出现的倾听障碍与应对方法。积极倾听作为倾听的一种技巧，其核心目标是以同感的态度向对方传递自己对其经历和感受的认同。这种倾听方法不仅能够激发对方更加清晰的表达，同时也有助于对方理解自己的想法和情感。积极倾听可分为社交性积极倾听、认知性积极倾听和同理心积极倾听。它在建立信任、降低冲突、避免情感伤害方面具有积极作用，同时也有助于增进对他人的真实理解，拓宽自己的视野和经验。

积极倾听的具体实施需要一系列技巧的指导，包括3A原则、具体步骤等。3A原则即态度、关注和调整，而具体步骤则包含了倾听、提问、重述和附和，每个步骤都有相应的实际操作方法。在倾听过程中，可能遭遇的主要障碍包括沟通者障碍、听众障碍和环境障碍。沟通者障碍是指说话者可能因不确定内容或未选择适当方式而导致的障碍；听众障碍则是个体在倾听过程中可能因语言、意思、态度等方面的理解困难而遇到的问题；环境障碍则包括狭义的噪声以及历史、文化、时代和组织氛围等因素对倾听过程的影响。

偏见是沟通和倾听中常常存在的一种障碍，指沟通者基于主观看法而对个人或团体持有的不公平、不合理的消极态度。这种偏见可能使人们脱离客观事实形成一种不合理的消极看法。为实现无偏见倾听，沟通者需采取多种措施，如消除刻板印象、促进平等的个人接触、建立命运共同体及制定消除偏见的规范和规则等。此外，了解说话者的思维和内心也是非常重要的，这有助于更加准确地理解对方。

课后练习与讨论

1. 什么是倾听？倾听具有哪些环节？
2. 积极倾听有哪些原则？实现积极倾听的步骤是什么？
3. 结合生活经验，讨论在日常沟通中经常出现的倾听障碍，并分析其解决方法。

案例模拟

阅读下文案例，分析小华在倾听过程中存在哪些问题。

小华是某大学的大一新生。他心思玲珑、风趣幽默，往往仅靠三言两语就能引得身边的老师同学开怀大笑。因此，尽管入学只有一周时间，小华已经结交了几位好朋友。

随着相互了解的不断深入，小华与朋友们的交流不再局限于日常琐事，朋友们开始将

第 9 章 沟通的情感：共情倾听

一些纠结、烦恼的事情分享给他，向他寻求安慰或帮助。由于天生心思玲珑，小华往往听过朋友所说的几句话就能大致猜出对方面临的问题。这时，他就会表现出不耐烦的态度，有时一边做自己的事一边敷衍同学，直到对方说完向他询问时才重新集中精神；有时则干脆打断对方的发言，表示对方所说自己已经能全部猜到，随即提出自己的看法与建议。大多数时候，小华的猜测往往与事实相差仿佛，给出的建议也能一语中的。然而，获得建议的朋友虽然也很感激他的帮助，却总有些欲言又止。有时他的猜测过于主观武断，与事实情况出入较大，前来求助的朋友不得不几次纠正他的猜测，重新叙述自己的困难。久而久之，小华新结交的朋友基本不再愿意与他进行深入的交流，他与所有人都沦为了泛泛之交。

即测即练

自学自测　扫描此码

第 10 章

沟通的智慧：协作共赢

团队在文明社会的发展进程中扮演着重要的角色，对社会的生产力和工作方式产生着深远影响。从个人生产到团队协作，集体的力量往往比个人才能更为强大，人们也逐渐形成了一套高效的生产生活组织形式。在现代社会中，团队协作的重要性与日俱增。社会分工日趋精细化，各种问题也日益复杂，各行各业人才的通力合作对于问题的解决越发重要。在科学研究方面，学者们也越来越注重学科之间的协作与跨学科交流。这些现象对团队的合作水平提出了更高要求，因此，学习如何有效地进行团队沟通对现代社会的每个参与者都至关重要。

团队协作并非团队成员各自完成工作内容并加以整合的简单过程，其核心在于团队成员彼此深度地相互支持，从而提升整体的生产力，创造比简单整合各自工作成果更大的价值。该过程强调人与人在交流协作时，积极沟通并互相包容学习，为团队的共同目标发挥各自优势。正如费孝通先生所言"美人之美，美美与共"，高效的团队协作在考虑个人情况和目标时，更注重团队的目标并为之共同努力、共情、共赢。

10.1 团队协作的概念

在现代工作生活中，团队协作随着行业细分领域扩大而显得越发重要，因此准确理解团队的概念和特点（见图 10-1）至关重要，这有助于人们判断所处群体是否可以称为"团队"。界定团队的一个核心标准是所有成员是否拥有共同的目标，并愿意为之奋斗。准确把握团队的核心目标是团队协作的一个重点，也是执行共同任务的起点。此外，团队成员需要明确各自在团队中的角色，进一步制定自己的目标和工作方法。在团队中，每个人承担的角色不相同，明确个人任务的同时，也要为其他人留出工作空间。

图 10-1 团队协作的概念与特点

第 10 章 沟通的智慧：协作共赢

10.1.1 团队协作的概念

团队一般指由 3～20 人组成的小组，成员围绕同样的愿景和目标进行工作。在团队中，成员的背景和经历可能各不相同，但都愿意为一个共同的目标一起努力。通常情况下，一个高效的团队人数大约为 5 人（增减两人以内为佳）。如果团队中没有明确的领导者，则成员数量以奇数为宜，以便在决策投票时取得有效结果。许多人对于团队的定义缺乏明确认知，因此会对身边的群体产生误解，将团队和群体的概念混淆。例如，同宿舍的舍友或者同班级的同学一般来说可以称为群体，但不一定是一个团队。

团队成员之间良好的关系对于团队工作的顺利进行非常重要。一般来说，团队成员既拥有职业关系，又具备伙伴关系。在家族企业等一些情况下，一些项目或组织的成员还拥有亲属关系。团队关系与简单的职业关系相比更为亲密；与一般的伙伴关系相比，则更加强调任务感和目的性。在普通的职业关系中，同事之间可能只有工作上的往来；在伙伴关系中，人们则会一起经历或分享生活中的情感。与前二者不同，在团队中成员们共同承担任务和使命，协同工作、相互交流，甚至互相挑战，一起享受荣耀、应对困难。

团队协作具有四个特质，分别是：共同的目标、个人的职责与期望、团队与团队成员的角色认同，以及相互影响与制约。人们通常参考以上标准来判断一个群体是否可以称为团队。例如，一个大学班级中的成员虽然构成了一个群体，但在大多情况下并不是一个团队。班级成员尽管可能各有目标，如取得好成绩和找到好工作，但往往缺乏一个长期的共同目标，没有强烈的团队角色感，彼此之间缺乏相互影响和制约，更多的是各自为战。

10.1.2 团队协作的特点

团队协作往往强调资源共享与协同合作，旨在通过合理调配团队成员的资源和才智实现既定目标。在团队任务中，"协作"与"参与"之间存在本质区别。在优秀的团队协作过程中，每个成员都会将自己视为"协作者"而非"参与者"，积极倾听他人观点、专注思考，并主动提出自己的意见与想法。

团队的协作能力对于团队能否成功至关重要。一个优秀的团队无须每个成员在各个方面都出类拔萃，而是善于利用各个成员的不同优势，降低任务完成成本，提高任务完成效率。在这个过程中，团队成员需要相互学习交流，借鉴其他成员的长处来弥补自己的短处，同时充分发挥自己的长处和优点，在完成团队目标的同时共同进步。良好团队协作的重要性体现在以下方面：它可以帮助团队更高效地完成任务，形成和谐的团队文化，促进成员之间良好的人际关系，降低因信息不对称而引发冲突的可能性。

在一个团队中，成员的协作能力大致可以划分为以下三个层级：最为出色的团队协作者通常具备清晰明确的逻辑思维、准确的总结表达能力、良好的倾听意识，以及果断的决策能力和强烈的主观能动性。同时能够根据资源和目标提出建设性的推动建议，帮助团队取得进展或迅速作出决策。表现稍逊的团队成员则在这些方面有所欠缺，尽管敢于分享自己的想法，但在多数情况下对团队的决策帮助有限。最不理想的情况则是团队成员完全不参与团队讨论与决策，在团队中几乎没有任何存在感，也不发挥任何影响力。团队协作中的表现优劣如图 10-2 所示。

不敢或不愿分享想法，缺乏参与感与影响力，在团队中几乎毫无贡献

愿意主动分享想法，但对团队裨益有限

能力过人、思维缜密、积极主动，可以影响团队决策，帮助团队取得进展

图 10-2　团队协作中的表现优劣

在个人能力与意愿之外，是否具有清晰的领导架构也是决定一个团队能否高效协作的重要因素。清晰的领导架构可以明确每个成员的责任，确保高效的信息传递，从而推动团队工作的进展。除此之外，任务的复杂性也是团队协作水平的影响因素之一。任务越复杂，团队整体能力和组织形式上的问题就会越明显，进而影响整体的协作效果。团队协作情况的最后一个影响因素则是团队成员的信心。团队成员的信心能够提升整体协作的效果。正是由于这些影响因素，在团队协作完成集体任务时，成员们需要对每个人的能力特长、团队的组织架构及任务的难度进行充分评估，并以这些充分的准备激励团队成员的信心。

10.2　团队沟通的策略

与个人决策不同，团队决策通常需要综合多人的想法和思考，其中的沟通过程相对复杂却又尤为重要。整体而言，团队沟通需要遵循三个基本原则，即相互信任、合作态度和积极思维，这三项原则保障了团队内开放包容的沟通环境。在此基础上，团队成员亦需要掌握特定的沟通策略，包括积极倾听、言语负责、行为真诚、情绪控制及换位思考等，这些策略可以帮助成员营造良好氛围，提升沟通效果。

10.2.1　团队决策特点

团队决策是一种发挥集体智慧的过程，多人共同进行决策分析并制定一个相对较优的决策。相比个人决策，团队决策可以发挥各成员不同的优势，起到集思广益的效果。然而，团队决策由于需要综合不同人的想法和思考，因此讨论沟通过程更为复杂，这也为团队决策带来了一定的困难。

随着社会环境日益多变，许多问题变得越来越复杂，需要更多维度的考量。因此，只有综合多个领域的专业知识和经验累积，才能解决这些问题。个人决策者的价值观、态度和信仰往往有一定的局限性。一方面，这些因素会影响问题的类型以及解决问题的方法和思路。例如，技术开发人员可能会从技术实现的角度考虑问题，市场专员可能会根据市场的变化来预测未来趋势，美工人员则会关注产品的外观和实用性。单个成员很难全面考虑所有方面。另一方面，决策者个人不可能擅长解决所有类型的问题，即使团队领导意识到这些角度与问题，也很难在每个方面都达到专业水平。因此，决策问题的相互关联性要求

不同领域的人积极参与，提供相关信息，并从不同的角度来认识和解决问题。

总体而言，团队决策具有多方面的优势：

- 有利于获取更多的信息、数据和知识；
- 可以有效汇集不同领域的智慧，从多个视角分析和解决问题；
- 更容易得到普遍认同，有助于任务按计划推进；
- 提升整体风险承担能力。

然而，团队决策也存在一些缺点。例如，团队决策过程需要投入大量的时间成本；决策过程中可能需要某方妥协，如果处理不当容易导致冲突；决策往往由 1～2 个领导者控制，形成小团体决策，其他人的意见难以产生影响；核心领导者之间的个人矛盾可能导致团队项目无法推进；非领导成员过度依赖团队决策，久而久之失去了独立判断能力；在团队中担任不同角色的成员，由于考虑问题的角度不同，可能会产生矛盾，等等。

10.2.2 团队沟通的基本原则

团队沟通的基本原则以及使团队协作最终取得成功的要点是相互信任、协作态度和积极思维。相互信任成就团队，而信任对团队的重要性主要体现在以下四个方面：提升团队成员的合作意愿；提高团队成员之间的信任度，促进信息共享；提高成员的满意度和忠诚度；获取上级组织对团队的支持与授权。在团队之中，信任的建立不仅需要良好的心态，更要求团队成员认真思考如何展现值得信赖的个人形象，这也是许多团队成员的疑难所在。在建立信任的过程中，非言语表达往往比言语更有力量。例如，会议迟到或任务拖延等小事往往会令团队成员对其产生不可信赖的印象。团队成员间的负面印象一旦形成，便难以再通过言语表述等来改善。因此，建立信任最好的方式是从小事做起，通过点滴行动在团队中树立正面形象，提高个人可信度。

在此基础上，良好友善的协作态度有助于营造健康良好的团队氛围。建立信任强调关注自己的行为，而良好友善的协作态度则要求团队成员根据其他成员的反应和状态不断调整自己的表达方式。这种不断调整的行为过程是一种无声的信号，本质上表达了积极合作的态度。积极倾听往往是表达合作态度最简单的方式。通过积极倾听，人们可以令团队中其他成员感受到尊重与认可。有关积极倾听的具体方法可参考第 9 章中的介绍。

最后，积极思维则可以拓展团队的思考方向。积极思维强调团队成员需要从多个角度展开思考，不局限于某种固定的思维方式，不因为担心可能产生的分歧而畏惧提出自己的观点。在畅所欲言的环境中，成员们的思想相互碰撞激发，这有助于团队的高效运转。

10.2.3 团队沟通的行为策略

在上述三项基本原则的基础之上，团队成员还应掌握一定的行为策略，这些策略包括：积极倾听、言语负责、行为真诚、情绪控制及换位思考（见图 10-3）。

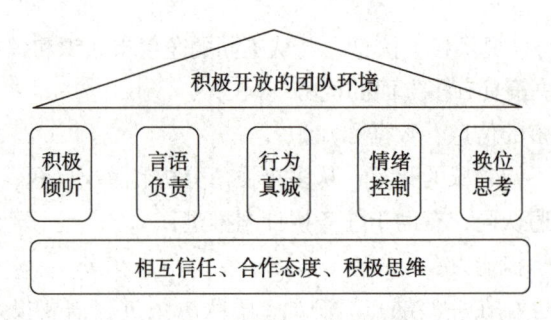

图 10-3 团队沟通的策略

第一，成为优秀的倾听者。倾听不仅表达出对讲话人的尊重，也表明自己具有良好的沟通态度和修养。一些不成功的团队协作模式是每个成员都急于表达自己的看法，却没有人真正倾听他人的意见，这样的团队缺乏思想交流和互相尊重，失去了协作的基础。

第二，使用负责任且清晰友善的言语去沟通。团队合作中的言语沟通可以起到交互信息、互通有无的作用。在许多情况下，团队成员对个人工作的决策与规划都会受到其他成员所反馈信息的影响。因此，如果某一团队成员在沟通过程中表达模糊，团队中相关成员的工作就很有可能受到影响；如果某一成员在团队沟通中信口雌黄，在取得成就时矜功伐能、夸大其词，在遭遇问题时欺瞒遮掩、弄虚作假，整个团队都可能因此蒙受巨大损失。

第三，提升控制自我非语言行为以及理解他人非言语信息的能力。这两种能力并不是与生俱来的，而是需要团队成员在与他人合作共事的过程中不断学习与磨炼。拥有第一种能力的成员可以通过各种非语言行为展现自己积极向上、昂扬进取的精神面貌，为整个团队注入活力；拥有第二种能力的成员善于察言观色，可以及时识别、消解其他成员可能产生的不良情绪，避免团队成员间形成潜在的误解与矛盾。在一个优秀的团队中，每个成员都应该具备这样的能力，以保证团队氛围良好、合作顺利。

第四，培养良好的自我情绪解读和控制能力。团队合作鼓励成员充分表达想法，但也可能因此产生分歧。团队合作的目的在于共同完成任务，成员应该理解和支持彼此。妥协不等于懦弱，固执己见也不代表正确。因此，保持平和的心态，就事论事，避免因个人情绪影响合作对于团队来说非常重要。

第五，学会换位思考。换位思考可以使团队成员避免以作壁上观的态度审视他人，帮助成员理解、接纳他人的观点与决定。例如，作为领导成员，在安排工作时需要考虑每个成员的能力等情况；作为下属成员，也需结合领导以及其他团队成员的工作风格去理解执行协作任务，从而形成更融洽的团队氛围，促进高效合作。

10.3 团队沟通的表达技巧

尽管团队成员共享目标和愿景，愿意共同努力，但在沟通细节的处理上若不够细致，可能也会导致误会和问题。本节将介绍团队交流中常用的表达手段，具体包括附和、表

扬、鼓励、询问和委托等。借助不同的表达技巧，同样的信息也可能产生不同的影响和沟通效果。

10.3.1 营造团队氛围的沟通技巧

附和是团队沟通中最重要的方式之一，可以让对方感觉到被理解、被认可，有利于创造和谐亲善的团队氛围。好的附和方式可分为以下5种：

（1）营造畅谈氛围的简短附和。在言语方面，使用类似"对""啊""嗯"等词汇的附和可以有效地培养出畅所欲言的氛围。然而，需要留意附和的使用与对方的语速相协调，避免过于频繁地使用同一个词，比如，连续使用"对"会给人一种被敷衍和不被重视的感觉。非言语方面，适当时机的点头也是一种有效的附和方式。

（2）促进谈话的附和。言语方面，在对对方的观点表示既不赞同也不反对时，使用像"原来如此"这样的词汇，能够有效地承接谈话，且不会引起对方的不快。当希望对方继续发言时，诸如"接下来呢""然后呢"这样的附和可以给对方以提示，表示附和者对双方的谈话饶有兴趣。非言语方面，真诚的眼神交流和恰当的身体语言也是促进谈话的重要因素。

（3）表示赞同的附和。在言语方面，明确地表达出类似"很有意思""太对了""是的，我也这样想"的观点，能够让对方感到自己的发言得到了认可，从而更愿意继续交流。在非言语方面，友好的眼神交流和积极的面部表情也能够表明赞同的态度。

（4）表示慰问的附和。言语方面，如果希望委婉地表示某件事情还有更好的处理方式，可以在对话的开始加入"我能理解你的心情"，然后通过转折的方式提出建议，从而在一定程度上缓解对方的情绪。同样的，"那种情况的确不好处理"这样的表达能够将你与对方置于相同的情境中，更好地理解对方，增进心理上的亲近感。

（5）承接相反意见的附和。当对方观点与你的意见不同，直接否定可能会打击对方的积极性。因此，使用一些肯定性的附和，例如"的确，这种想法也是有的"，能够显示出你对对方观点的尊重。接着，明确地表达你自己的观点，以便继续展开有益的讨论。

在团队沟通的过程中，恰到好处的夸奖是一门艺术，可以营造融洽的团队氛围并起到激励作用。但是，如果不注意夸奖时的言辞和沟通对象的个人特点，有时反而容易起到相反的作用。如同学或同伴之间的一句"你的 PPT 做得可真好呀"，发言人的本意或许是表达夸奖，但由于语音语调或环境等因素的影响，往往容易令对方产生阴阳怪气的感觉。通过下面的方式，可以让夸奖更有力量。

（1）细化夸奖对象。过于笼统的夸奖容易给对方恭维、敷衍的感觉，将夸奖内容集中于某一细节上，可以让夸奖更加真诚实际。如"我很喜欢你的 PPT 配色，非常漂亮大方"。

（2）请教式夸奖。间接的赞赏方式虽然没有直接采用称赞的词语，有时却可以起到更好的作用。如"你的 PPT 结构非常清晰，请问你当时是怎么构思的呢"或者"我对你的 PPT 里的结论非常感兴趣，可以请你进一步介绍吗"。

当团队成员在工作中出现失误时，建设性的调整方案比指责更重要。此时，出现错

误的团队成员更需要其他团队成员的信任、支持和鼓励。常见的方式包括将"你这个部分做得不好，内容不够充实"改为"这个部分可以进一步完善，如能添加一些事实例证和具体数据会更好"，或将"我建议你下次报告讲清楚一些"改为"下次报告你能否稍微说慢一点，这样大家会听得更加清楚一些"。这样的鼓励语气和具体的建议通常能够产生更好的效果。

询问也是团队沟通中必要的技巧。在团队讨论的过程中，可能会出现对对方想法和观点没有完全理解的情况，这会降低沟通效率。然而，贸然打断对方进行询问通常显得不礼貌。因此，询问需要选择合适的时机，最好在发言人语意已尽、话语停顿时进行。除此之外，选择适当的话术也非常重要，例如"可以详细地说说吗""你是说……""也就是说……"等。这些话术既可以起到引导作用，也不会显得咄咄逼人。

在团队中，相互帮助是不可或缺的，因此委托也是常见的沟通方式之一。在委托时选择适当的措辞同样极为重要。运用诸如"辛苦""谢谢你"等表达方式在接受帮助后表达感谢，可以使对方感受到委托人的感激之情，提升团队成员间的共情力。同时，清晰地解释为何需要对方的帮助也是不可忽视的。例如，委托者可以说："能否帮我顺路送一下这份文件呢？我将要参加一场紧急的会议，时间很紧迫，非常感谢你的帮助。"此外，在委托的过程中，非言语信息的传递也同样值得重视，关于这一点可以参考与非言语沟通相关的章节。特别值得强调的是，认为在熟悉的人际关系中不必使用"谢谢"是一种误解。即使是与亲近的人之间，也应当对所受的帮助心存感激之情，不应将其视为理所当然。真诚地表达感谢，对对方的付出予以肯定，既是礼貌的表现，也是素养的展示，同时有助于维护双方关系的和谐。

10.3.2　信息化社会中的团队沟通

在信息时代，互联网科技的发展推动了大量沟通工具的涌现，旨在提高团队的沟通效率。这些工具使得团队在沟通方式上获得更多选择，为完成团队任务提供了便捷途径。然而，多样化的沟通工具也带来了一些挑战，例如信息遗漏、全球范围内 24 小时不间断的信息流所带来的压力，以及不同平台之间非兼容等问题。

目前，国内大部分企业在团队合作中广泛使用虚拟沟通和信息化沟通工具。一些企业配备了专业的团队沟通软件，更为普遍的做法则是使用微信群、QQ 群等工具来发布通知、共享文件和进行多人语音交流等。对于更为复杂的任务，还有一系列专业的团队协作软件可供选择，如国内的 Teambition、Tower，以及国外的 Slack、Chanty、Microsoft Teams、Skype for Business、Zoom 等。这些软件可以帮助团队合理规划任务进度、同步工作进展，并更有条理地共享和管理文件，有助于提高工作效率。

在团队协作的过程中，有效评估任务的复杂程度并选择合适的信息化工具有助于提高整体沟通和工作效率。此外，在信息化社会中进行团队沟通时，还需留意以下两点：一方面，沟通的内容和形式应与公司的文化保持一致；另一方面，表现出积极合作的意愿和基本的礼貌同样重要。

10.4　团队沟通的冲突管理

团队协作常常伴随着成员意见的差异，这种情况可能会引发冲突，特别是在争夺有限的资源和竞争机会时更为突出。意识到冲突的出现是应对冲突的基础。在此基础上，成员们才能冷静理性地寻找解决方案，针对问题采取适当的对策。

一般来说，寻找解决方案的首要之务是倾听冲突的核心问题，确保所有冲突方都清楚地认识到矛盾的本质。其次，需要深入探讨不同的观点和背景，从多个角度审视问题，努力理解其他人的观点，尊重观点上的分歧，而非将对方视为对立面。这意味着我们可以坚持自己的观点，同时也要尊重他人表达意见的权利。最终，确保各方在问题的焦点上达成共识，并在同一层面上共同探讨解决办法，以推动问题的解决。为了实现共识，寻找一种集体认同的方式是非常有益的方法。基于这一集体认同，团队成员可以进一步探讨不同的解决方案和情境，最终达到让各方都满意的讨论结果。

面对自身思考尚不成熟的情况，有的团队成员往往因为害怕冲突而过度妥协，回避问题。这种做法在现实生活中往往会牺牲一定的效率，因为过度妥协通常会造成单方面利益的牺牲，并不能从根本上解决问题。相反，在冲突中过于固执己见看似是在捍卫自己的利益，但往往也不利于问题的解决，因此，团队成员在处理冲突时需要保持开放的心态。同样，作为良好的合作伙伴，团队成员之间也须努力从对方的角度来理解其初衷与思考。分享思路和逻辑的生成过程有助于最终实现共同目标。

10.4.1　冲突的概念

冲突是一种普遍存在于人类社会的现象，通常指的是在个体、群体或组织的互动过程中，由于各种原因导致彼此关系产生不同程度的紧张状态。冲突的产生原因多种多样，其中大部分人际冲突可以归因于个人因素，如智力、能力、动机、态度或人格，信息不足、角色不相容和环境压力等因素也有所影响。

冲突可以分为个体间冲突和团体间冲突两种类型。传统上，个体间冲突大致有四种主要来源，即个体差异、信息不足、角色不相容和环境压力。个体差异主要指的是不同个体由于成长、文化和家庭背景的不同导致的价值观差异，这种差异是冲突的主要来源。信息不足是指团队中的沟通双方采纳了不同或错误的信息，因此产生冲突。一旦信息得到更正或补充，情绪上的问题就会减少。角色不相容指的是现代组织的高度相互依赖性使得组织成员的角色之间也相互依赖，但角色要求可能是不相容的。例如，生产经理的角色要求减少存货以控制损失，而销售经理的角色要求及时给顾客交货，需要保持一定的存货水平，这就导致了角色不相容和冲突的产生。环境压力是指现代社会的高压力环境可能会放大某些冲突。此外，在资源匮乏或高度不确定的环境中，各种类型的冲突都有可能发生。

团体间冲突通常是由组织环境中的一些条件引起的，如资源竞争、工作的相互依赖性、责任模糊和地位争斗。资源竞争往往是组织内冲突的核心问题，各个群体为有限的预算、

空间、人力资源和辅助服务等资源展开竞争，而冲突常常是由于资源分配未达到预期而产生的。工作的相互依赖性指两个群体之间存在紧密的联系和利益关系，涉及群体的目标、优先级及人力资源的多样性。相比群体之间相对独立的情况，互相依赖的情况更容易导致冲突的发生。责任模糊在工作过程中会导致团队内部任务分配不明晰，从而造成工作内容的缺漏或重复；在工作结束后则可能引起争抢功劳或推卸责任的冲突。最后，地位争斗指的是团队成员在追求更高职位的过程中产生的冲突，更高的职位往往代表着更丰富的资源和更高的权力。在有限的资源面前，当一个群体或个人努力提高自己的地位时，其他群体或个人可能会将之视为对自己地位的威胁，因而产生冲突。

总结而言，冲突的发展过程通常可以分为五个阶段。第一阶段是潜在的对立或不一致，第二阶段是认知和情感投入，第三阶段是行为意向，第四阶段是行为，最后是结果。

10.4.2　冲突管理的核心

冲突管理是指采用一定的干预手段改变冲突的形式，以最大限度地发挥其益处而抑制其害处。在组织情境中，主要从确定适宜的冲突管理风格、选择适切的冲突管理策略及采取必要的冲突管理措施三个方面来实施或加强冲突管理。冲突管理的核心是管理沟通理念，同时需要积极的思维以塑造沟通风格。在寻找适当的冲突管理方法之前，首先应明确三种主要冲突管理类型：功能两极型、隶属分野型和要素构成型。这三种常见的管理类型从不同方面和形式帮助抑制并消除矛盾冲突，以下是详细阐述。

功能两极型是指积极冲突与消极冲突的管理方法。这种类型的冲突管理方式需要对冲突性质进行准确判定，据此调整后续冲突管理的态度和策略。进行此类冲突管理时，正确区分冲突性质对于调整态度，采取行之有效的应对措施和政策具有重要意义。对于积极性质的冲突，需要充分展开和有效利用，以达到调适冲突的目的；对于消极性质的冲突，则需要有效抑制、尽快消除并解决，避免产生更为恶劣的后续影响。

隶属分野型是指与上级、下级和同级之间的冲突。由于不同层级的冲突存在不同前提和依据，因此与上级、下级和同级的冲突在表现形式和解决方式上存在差异，但都可分为工作型冲突与非工作型冲突两种。与上级冲突时，由于上级处于主导地位，是管理的主体，当事人采取晓之以理、动之以情的方式一般更容易使冲突和分歧向有利于自我的方向发展。如果无法说服上级，则应及时选择放弃，服从上级。与下级冲突时，如果冲突类型为工作型冲突，尤其是上级对下属的批评、教育和规范，上级往往需要坚持到底，绝不中途妥协，避免因为一时退让而给日后的工作遗留隐患。如果冲突类型为非工作型冲突，上级则应选择包容妥协的沟通风格，展示作为领导者的胸怀气度。与前两者相比，同级冲突表现形式往往比较隐蔽，多采用调和妥协、各自退让的方式进行解决。在冲突较为严重无法调和时，可能需要上级领导的介入裁决。

要素构成型是指管理主体内部冲突、管理客体内部冲突和管理主体与管理客体的交叉冲突。管理主体和客体的状态决定了管理的效能和效率。通常情况下，管理效果取决于管理主体和客体内部冲突以及交叉冲突是否为良性互动。良性冲突互动将促进组织界限的清晰化，组织目标的明确化，从而发挥管理的强势作用，实现理想绩效。相反，内耗性冲突

互动甚至恶性冲突互动会导致组织界限模糊，组织目标丧失，管理无法发挥应有作用，甚至会产生负面效果。

10.4.3 冲突管理的步骤

冲突产生的原因往往十分复杂，冲突管理的类型与模式也并不单一。在一些情况下，即使冲突双方已经清楚了解造成矛盾的原因和冲突类型，但如果对管理冲突的有效方式和步骤一无所知，仍然会导致冲突管理失败。下面将拆解冲突管理的三个步骤以及每一步骤下的具体操作。

首先，确定冲突管理的风格。在人际互动过程中，团队成员对冲突的知觉、预期以及信念是各不相同的，这涉及个体对冲突的认知、情感和行为反应。了解自己和他人的管理风格有助于更好地理解冲突的本质，并为解决冲突提供指导。因此需要有针对性地选择适当的冲突管理风格。托马斯·吉尔曼在1992年根据团队成员介入冲突的方式，区分出五种冲突管理风格。每种风格均可用两个维度上的不同水平组合来标记。维度一为关注人，代表成员在双方关系中的抉择；维度二为关注生产，代表成员试图满足个人利益的动机。这两个维度形成了五种典型的冲突管理风格，如图10-4所示。

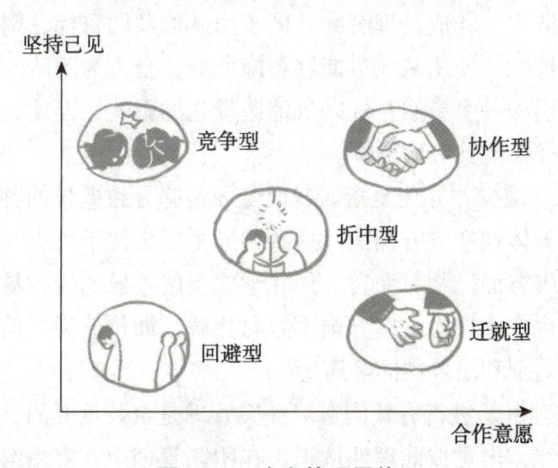

图10-4 冲突管理风格

（1）协作型：是指双方通过积极地解决问题来寻求互惠和共赢。其特征是双方乐于分享信息，并善于在此基础上发现共同点，找到最佳解决方法。通常来讲，协同是首选的冲突管理方式。但只有在双方没有完全对立的利益诉求，且彼此有足够的信任和开放程度来分享信息时，协同才能有效地发挥作用。

（2）回避型：是指试图通过逃避问题情境的方式来平息冲突。这种比较消极的冲突管理方式在应对非紧急重要的问题时比较有效。此外，当问题需要冷处理时亦可采用回避作为权宜之计，以防止冲突进一步激化。但是回避无法从根本上解决问题，且容易导致自己和对方产生挫败感。

（3）竞争型：是指以他人的利益为代价，试图在冲突中占据上风。这种极端不合作的冲突管理方式通常并不是最佳解决方案。但是，当确信自己是正确的，且分歧需要在较短

时间内解决时，斗争是必要的。

（4）迁就型：是指完全屈从于他人的愿望，而忽视自身的利益。当对方权力相当大或问题对于自身并不重要时，迁就是比较有效的冲突管理方式。需要注意的是，这种方式容易令对方得寸进尺。从长远看，迁就并不利于冲突的解决。

（5）折中型：是指试图寻求一个中间位置，使自身利益的得失保持平衡。这种方法比较适合难以共赢的情境。当双方势均力敌，且解决分歧的时间比较紧迫时，折中比较有效。但由于忽略双方共同利益，因此折中往往难以产生令人满意的问题解决办法。

其次，选择合适的冲突管理策略。团队中的冲突是不可避免的，关键在于如何处理并利用这种冲突提升团队整体效率。根据需要，团队可以采取多种策略管理冲突，使其对团队目标有益。选择适当的策略可以帮助双方更好地协调利益、理解对方的立场，并寻求共同的解决方案。在现实生活中，冲突管理策略可以细化为六大具体内容。

（1）强调高级目标。高级目标是指超越冲突双方各自具体目标的更高一级目标，也是冲突双方服务和追求的共同目标。通过多种方法突出高级目标的重要性，有利于增强团队的凝聚力，减少情绪性冲突。在解决由目标不兼容和差异化造成的冲突时，此种策略的作用尤为显著。通过提高成员对团队共同目标的忠诚度，可有效解决由部门目标不一致造成的分歧；在异质性团队中，若成员理解并认同了团队的共同目标，则能够有效地避免具体目标差异带来的潜在冲突，使团队成员能够各施所能，全力为团队的共同目标服务。但由于该策略仅仅是通过引入一个参照目标来抵消差异化的影响，因此它无法从根本上消除团队内部各种潜在的多样性及其负面影响。

（2）减少差异化。减少差异化是指通过改变或消除导致差异的各种条件，直接抵制分化。人与人之间的差异体现在方方面面，这些差异主要来源于历史经历、文化环境、教育背景、价值观及信仰等方面。相对而言，外在形式上的差异比较容易减少，如着装风格或者饮食偏好，等等；内在深层次的差异则不容易化解，如价值观、信仰等。减少差异的方法包括消除形式上的差别和培养共同经历等。

（3）增进交流与理解。进行有效沟通对冲突管理是至关重要的，它能够消除刻板印象带来的偏见和负面情绪，增进彼此理性认识。在团队管理中，常用沟通方法有对话法和组间镜像法。对话法是指通过团队成员之间正式或非正式的交谈来讨论彼此的分歧，在了解各自基本设想的基础上构建团队共同的思维模式。组间镜像法一般用于为冲突双方提供一个充分表达各自观点、讨论分歧的机会，并最终通过改变错误观念来找到改善双方关系的途径。

（4）降低任务依赖性。互相依赖是相互摩擦产生的一个重要原因，在团队合作过程中越紧密的依赖关系往往也会导致更高频率的摩擦。因此，降低任务依赖性可以有效减少冲突发生的概率。对于共用型任务依赖，可采用分割共用资源的方法；对于顺序型和交互型任务依赖，则可采用合并任务的方式来降低任务依赖性。此外，还可通过建立缓冲带的方法（如建立专门的调解委员会）来协调不同部门的工作。

（5）增加资源。解决由资源匮乏导致的冲突时，增加资源无疑是最直接、最有效的方法。尤其在互联网信息时代，国际化的发展让世界变得更小而市场变得更大，多元化的社

会也让资源更加丰富。面对冲突中的困难与挑战，与其在有限资源范畴内争夺，不如尝试扩大范围，增加资源。当然，管理者需对不同类别的资源有清晰的认识，并权衡增加资源所需的成本及应对冲突带来的损失。

（6）明确规则与程序。明确规则与程序是冲突管理中非常重要的一个环节，可以有效解决由模糊性带来的冲突。尤其是当资源匮乏时，如何分配和利用资源，如何分配团队内部权力并划分责任，都需要做出明确的规定并在达成一致后严格执行。这有利于消除误解，建设公平、公正的工作环境，增强团队的凝聚力。

最后，采取必要的冲突管理措施。结合前述冲突管理的风格和策略，根据合作程度（一方愿意满足对方愿望的程度）和肯定程度（一方愿意满足自己愿望的程度），有五种处理冲突的行为模式，分别是：竞争、协作、回避、迁就和折中。此处的五种行为模式与第一步中的五种风格相呼应，展示了这五种风格指导下具体的冲突管理方式。

（1）竞争：自我肯定但不合作，指个人或群体在冲突中寻求自我利益的满足，而不考虑对他人的影响。例如，试图以牺牲他人的利益为代价达到自己的目标；试图向他人证实自己的结论是正确的，而他人是错误的；出现问题时试图让他人承担责任。但竞争意向并非全都有害，当需要做出迅速果断的决定或需要实施一项不受多数人欢迎的重大措施时，竞争意向更为适宜。

（2）协作：自我肯定且合作，指冲突双方均希望满足双方利益，并寻求相互受益的结果。在协作中，双方的意图是坦率澄清差异并找到解决问题的办法，而不是迁就不同的观点。例如，试图找到双赢的解决办法使双方目标均得以实现或寻求综合双方见解的最终结论。当冲突双方都十分重要并愿意进行妥协或折中或需要综合各方意见达成一致承诺时，协作都是合适的选择。

（3）回避：自我不肯定且不合作，指个体或群体可能意识到了冲突的存在，但希望逃避它或抑制它。当问题微不足道，或还有更紧迫、更重要的问题需要解决时，当冲突一方认识到不可能满足自己的要求和关心时，当问题解决后带来的潜在破坏性超过它能获得的利益时，当收集信息比立刻决策更重要时，当其他人能更有效地解决冲突时，当这一问题与其他问题无关或是其他问题的导火索时，回避会成为自然的选择。

（4）迁就：不自我肯定但合作，指为了维持相互关系，一方愿意做出自我牺牲。例如，愿意牺牲自己的利益帮助对方达成目标；尽管自己不同意，但还是支持他人的意见等。当冲突一方发现自己是错的，希望倾听、学习一个更好的观点，并表现自己的通情达理时，当为了长远目标需要建立社会信任时，当融洽与稳定至关重要时，一方迁就另一方的情况就会发生。

（5）折中：合作性与自我肯定性都处于中等程度，冲突双方都放弃部分利益，并共同得到另一部分利益。此时双方之间没有明确的胜负，他们愿意共同承担冲突问题，并接受一种双方都不完全满意的解决方法。例如，承认在某些问题上看法相同，对于出现的负面情况共同承担责任等。当目标十分重要，但不值得为此承担因采用更自我肯定的做法而可能造成的潜在破坏时，当对手拥有同等的权力且为共同的目标作出承诺时，当为了一个复杂问题达成暂时的和解时，折中会成为双方的首选。

10.4.4 支持型团队沟通

在上述原则与步骤的指导下，沟通者可以采取多种方法进行沟通管理，与团队成员进行沟通交流无疑是其中非常重要的一种。根据不同的社会背景环境、企业文化及个人性格等因素，适宜采用的沟通方式风格也各不相同。本节将介绍一种较为常见的实用沟通方式——支持型团队沟通。一般来说，有效的支持型团队沟通通常包括以下六个步骤（见图 10-5）：

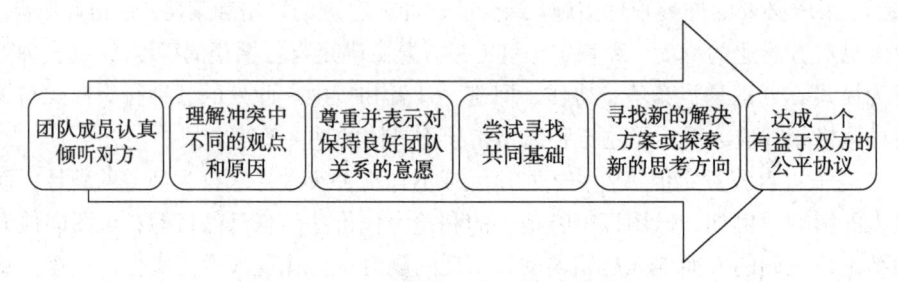

图 10-5　支持型团队沟通的具体步骤

（1）认真倾听：团队成员在面对冲突时需要认真倾听对方的观点和意见。如果无法当面沟通，可以考虑寻找合适的中间人居中斡旋。

（2）理解和探讨：在充分倾听对方后，尽量理解和探讨冲突中不同的观点和背景原因，做出理性的分析与归因。

（3）尊重和合作：尽管存在分歧，仍要尊重对方，并表示愿意保持良好的团队合作关系。

（4）寻找共同点：尝试找到一个共同基础，即共同的利益或兴趣点，以便开展进一步的探讨。

（5）创新解决方案：围绕问题尽量找出新的解决方案或探索新的思考方向。

（6）达成公平协议：最终目标是达成一个有益于双方的公平协议，使各方均能接受并从中受益。

这些步骤可以帮助团队更好地应对和解决冲突，促进团队协作和交流。在实际应用中，根据具体情况可能需要灵活调整这些步骤以取得最佳效果。

作为一种成熟有效的冲突处理方式，支持型团队沟通这一方式可以创造良好的沟通氛围，避免团队陷入紧张的气氛之中，从而保证团队成员进行充分沟通，提高解决问题的效率，降低激化矛盾的可能性。

在运用支持型沟通的技巧时，可以运用共情力和同理心来表达对对方的理解，这包括承认问题的合理性、理解对方可能存在的负面情绪，并提供情感上的支持等。此外，可以通过分享自己类似的经验来表达共鸣，鼓励对方充分表达自己的感受，这通常更具说服力。在情感层面进行安慰后，可以进入理性建议的阶段，提出具体的解决措施，例如："如果我面临这种情况，我可能会……"在表达时，适度使用幽默可以在保持共情的同时减轻紧张和焦虑。

第 10 章　沟通的智慧：协作共赢

本章小结

本章以团队协作的定义和理论基础开篇，帮助大家理解团队的概念、团队协作的优缺点以及成功的团队合作所需的因素。此后，本章阐述了如何在工作和生活中评估团队，并探讨了在参与团队过程中对团队产生积极推动作用的因素。在此基础上，本章重点介绍了创建积极开放的沟通环境以及提升团队沟通效率的方法，希望更全面、立体地建立团队沟通的基本框架和具体方法。其中以三个基本原则为始，并延伸至团队沟通的五项策略，进一步提出了可操作的团队沟通实用技巧，并强调了信息化工具对沟通效率的影响。

在团队协作中，冲突是难以避免的。团队成员应以辩证的态度看待冲突，并理性地运用沟通解决矛盾和冲突，尽可能通过冲突管理促进团队的健康发展。恰到好处的冲突管理不仅需要当事各方具备理性分析和解决问题的能力，还需要一些支持型沟通的策略和技巧。

课后练习与讨论

1. 团队协作具有哪些特点？团队成员应该如何评估自己在团队中的表现水平？
2. 团队沟通的基本原则与行为策略分别包括哪些内容？
3. 在团队内部进行沟通时，有哪些具体的技巧？
4. 团队内部冲突包括哪些类型？冲突管理有哪些具体步骤？

案例模拟

阅读下文案例，结合本章所学冲突管理的知识对小华与同事产生冲突的原因进行细致分析，并从邱经理、小华和其他同事的角度分别思考，应该如何处理小华与其他同事间的矛盾冲突。

一家金融公司因业务需要而招聘市场开拓人员，应届毕业生小华以优异的成绩和扎实的学科基础通过面试，成功上岗试用。小华具有强烈的好胜心和竞争意识，将每天的工作视为一场竞赛。为了充分发挥自身价值，她在完成自己工作后经常主动帮助他人。两周后，她已深得领导喜爱，将在试用期后获得更为重要的工作岗位。看似一切都在顺利发展，公司得到一位充满潜力和热情的员工，员工也找到一份热爱的工作，但一些问题却逐渐显现。凡事有利就有弊，出色的能力与优渥的成长背景使小华在日常工作中表现出色，却也限制了她对多元社会中不同人和事的整体理解。她似乎总认为别人不够努力，不够出色。这导致她看到别人的错误时，会直接指出或要求他人以与自己相同的方式解决问题，因此引发了许多矛盾。

有一天部门经理邱力去办公室取文件时，电话突然响了。小华正在写材料，坐在她旁边的同事（以下简称 A）正在看手机。邱力打算让 A 同事接听电话，但小华抬头看到后脱口而出："A，你接一下电话。"因为部门领导在场，A 同事生气了，回应道："我正在回复重要客户的信息，你不能接一下吗？"办公室气氛因此变得压抑紧张，邱力见状迅速接起电话，并在挂断电话后将 A 叫出办公室，缓解了尴尬氛围。

还有一次，下班前部门突然接到一项任务，要求第二天提交汇报材料。由小华和另一

同事（以下简称 B）共同完成，B 负责写稿，小华负责插图和排版。晚上 8 点，B 准备收拾离开，小华却要求 B 必须将材料完成并交付给她方可离开。尽管 B 告诉她材料在电脑里，可小华还是坚持要求 B 留下并完成。B 最终不耐烦地说："你以为你是谁！"然后自顾自离开，留下愤怒的小华。

即测即练

自学自测　扫描此码

第 11 章

沟通的礼仪：职场着装

从沟通的角度来看，着装可以理解为一种非言语的表达方式，并在人际沟通交往中发挥着一定的作用。无论生活中还是工作中，个人的着装选择往往体现着其审美水平、对生活或工作的态度和价值观念。就外在呈现效果而言，着装的搭配选择往往影响着穿衣者的形象气质，从而在一定程度上影响他人对穿衣者的印象。从社会文化的角度而言，经过长期演变最终固定的着装礼仪是一个行业、一个国家或一个民族习俗文化的重要载体。合乎礼仪规范的着装展现了穿衣者对于着装礼仪背后文化的接受与认可，而不合礼仪的着装则可能会令他人形成对穿衣者无知无礼的印象，往往难以获得这一文化背景下其他人的认可。

在现代商务环境中，不同行业均存在各自的行业文化，企业内部也有各自的企业文化，而着装也是体现文化的一个方面。在这些文化的基础上，有的行业与企业对其中的工作者有着相应的礼仪要求，尤其是职场着装范式。本章将对职场中着装礼仪规范的细节及深意进行详细介绍，帮助理解着装在沟通中的积极作用，并掌握常规商务礼仪范式。

11.1 商务着装范式

在职场中，正式的商务活动一般具有清晰明确的规格与级别划分，并据此对参与者的着装提出不同的要求。在国际商务中，依据适配活动的规格与正式程度，着装的级别可以由高至低依次划分为白领结、黑领结、酒会礼服、正式商务着装及商务休闲着装，每一级别都具有相应的着装标准。这些要求可以帮助参会者选择与活动的性质和重要性相符合的着装，在社交场合展现个人的礼貌与专业态度。

11.1.1 白领结

白领结（white tie）代指西方晚间社交场合中最正式的着装守则，又称全套礼服或全套晚礼服。这种着装常见于皇家典礼、国宴、诺贝尔奖颁奖典礼等正式场合，代表着参与者对活动的最大重视与最高敬意。

全套礼服对于男士的着装要求通常为内穿翼领衬衫及白色马甲，外穿一套黑色燕尾服西装，搭配手工打结的白色领结，并可以佩戴袖扣。鞋子必须为正装漆皮皮鞋并搭配丝质黑色袜子。有时年长的绅士们可能会搭配黑色礼帽，但这在现代社交场合中并非必需的配饰，如图 11-1 所示。

对于女性，全套礼服的着装要求为拖地长礼裙，不可穿着半身裙或者短裙。此外，女性需要穿着包裹脚趾的高跟鞋，以调整身体比例，表示庄重的态度。穿着无袖礼服时，女性需要佩戴长手套，穿着长袖礼服时则不需要。女性还需要将头发盘起，搭配真丝手拿包。此外，女士可以适当点缀精致的珍珠或钻石珠宝，如图 11-2 所示。

礼帽：高顶礼帽（可选）
领结：白色领结
衬衫：翼领衬衫
内搭：白色马甲
上衣外套：燕尾服套装+袖扣
裤子：高腰黑西裤
袜子：黑色袜
子鞋：正装漆皮皮鞋

头发：一般将头发盘起
裙子：拖地长礼服裙
手套：无袖礼服——需要手套；
　　　长袖礼服——不需要手套
配饰：精致珠宝
包：真丝手拿包
鞋子：包脚趾高跟鞋

图 11-1　白领结男装 　　　　　　　图 11-2　白领结女装

11.1.2　黑领结

黑领结（black tie）也属于正式礼服着装，其要求仅次于白领结，但相对而言更为普适。这种着装要求多出现于商务高端晚会、私人宴会、大型音乐会、歌剧和婚礼等活动中，以表达参与者重视的态度。

黑领结要求男士内穿白色翻领衬衫并配以与西服质地、颜色相同的马甲或腰封，外穿黑色或深灰礼服西装套装，搭配手工打结的黑色领结。鞋子需要选择漆皮正装鞋或者牛津鞋，内穿黑色袜子。此外，男士还可以通过选择袖扣、口袋方巾或者纽扣花等饰品来展示个人品位和风格，如图 11-3 所示。

黑领结要求女性穿着拖地长裙，但长裙不需要如白领结一样庄重，也不需要佩戴手套。鞋子方面，可以穿着精致的高跟鞋，颜色款式需要与整套服装搭配得当。携带的手包仍然需要是小巧优雅的手拿包，珠宝也需要是凸显品质感的珍珠、宝石或钻石饰品，如图 11-4 所示。

衬衫：白色翻领衬衫
领结：黑色真丝领结
内搭：腰封或者马甲
上衣/外套：礼服西装套装
裤子：正装西裤
袜子：黑色丝质或羊毛质地袜子
鞋子：牛津鞋或漆皮正装鞋
配饰：可以搭配袖扣、口袋方巾或者
　　　纽扣花

头发：如果有舞会，需盘起
礼服：拖地长礼服
配饰：精致珠宝
包：小巧优雅的手拿包
鞋子：高跟鞋

图 11-3　黑领结男装 　　　　　　　图 11-4　黑领结女装

11.1.3 鸡尾酒礼服

鸡尾酒礼服（cocktail attire）的盛行始于 20 世纪二三十年代，这一时期西方充斥着频繁但相对轻松的社交活动。新的社交环境促使人们在传统基础上推陈出新，将着装方式进行恰当的改变，以适应新的社交氛围，这也标志着一种崭新的着装形式的诞生。尽管相较于白领结与黑领结，鸡尾酒礼服提供了更多发挥个性与施展创意的空间，但它依然属于正装的范畴，因此在搭配酒会礼服时应当保持适度，不宜过于夸张花哨，以免在他人心中留下不稳重的印象。鸡尾酒礼服一般适配诸如晚宴、酒会、赛马及婚礼之类的场合，传递着活动参与者重视但不拘束的态度。

男士鸡尾酒礼服的着装要求为一套两件或三件的西服套装，颜色以深灰、浅灰、藏蓝和黑色这些中性色为主，面料可以选择带有竖条纹、格纹图案的粗花呢等，以凸显轻松而时尚的风格。根据西服的颜色，穿戴者可以选择相应的衬衫。衬衫应当保持中性色调，避免选择过于鲜艳或夸张的印花衬衫。除此之外，穿衣者应佩戴常规领带而非领结，以避免给人过于正式的感觉，如图 11-5 所示。

女士鸡尾酒礼服的着装要求不需要拖地长裙，中等长度的晚礼裙是更为理想的选择。商务酒会礼裙不宜太短，通常不短于膝盖上方 10 厘米。在颜色和面料的选择上，女士具有很大的自由发挥空间，但总体风格应当遵循"优雅而不过于正式"的原则。如果不确定选择何种颜色的晚装，一条小黑裙常被视为最佳选择。女士鸡尾酒礼服一般要求穿着高跟鞋，可以搭配精致的手提包或带链条背带的小包，如图 11-6 所示。

上衣外套：深色、灰色西服套装等
衬衫：白色或中性色衬衫
领带：常规领带（不需要领结）
口袋方巾：和领带的图案不一样
袜子：深色袜子
鞋子：正装皮鞋

图 11-5 酒会礼服男装

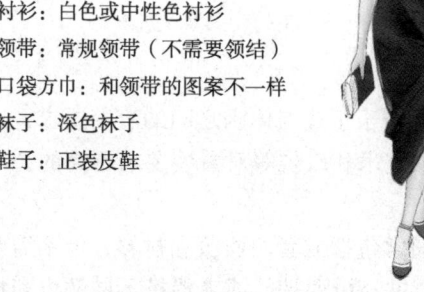

裙子：中等长度的小礼裙
配饰：可以有精致的耳环、项链、戒指或手镯作为点缀，但不要过于复杂或浮夸
包：一般以小晚装手拿包为主，小号的链条包也是不错的选择
鞋子：高跟鞋

图 11-6 酒会礼服女装

11.1.4 西服正装

西服正装（lounge suit）也称商务正装，是商务人士日常着装中的必备选择之一，也是穿着频率最高的职业套装，一般为一套两件或三件的西装，搭配衬衫和领带，通常以深蓝、深灰或灰色为主色。商务正装适用于办公室日常着装、商务活动、会议、面试等场合。它是商务环境中最为普遍的着装，表达着对职业工作的专业态度。

男士的商务正装通常包括一套深色的、两颗或三颗扣的西服和一件白色或浅蓝色、浅灰色等中性色的衬衫。西服与衬衫均应注意避免选择过于鲜艳的颜色。除此之外，穿衣者还应搭配适当的领带、皮带与皮鞋。领带的选择应保持适度，不宜选择过于花哨的款式。皮带的颜色应与皮鞋颜色相同或相近，且应避免选择带有过大的品牌标志的皮带头。皮鞋颜色宜深，并应搭配深色袜子，如图 11-7 所示。

女士的商务正装选择范围更加广泛。与男士西装不同，女士正装在颜色、面料与款式方面并无过多规定，但在正式商务场合中女士通常以选择西服套装或西服套裙为宜。不同行业的公司对女性着装的要求各不相同，职业女性应根据公司规定与企业文化来选择适当的商业着装。在日常商务着装中，颜色不应过于鲜艳。女士需穿着皮鞋，不宜穿着拖鞋或运动鞋。佩戴适当的饰品可以提升个人气质，但应遵循简约而精致的原则，如图 11-8 所示。

外套：2颗或3颗扣西装配长西裤
衬衫：翻领衬衫
领带：避免太细的领带
皮带：皮质皮带，颜色与鞋子颜色一致
袜子：深色长袜
鞋子：商务皮鞋

首饰：精致简约的款式
服装：西服套装或者套裙
内搭：短袖上衣或者衬衫
裙子：裙长不要短于膝盖以上
鞋子：穿皮鞋，不可穿拖鞋或运动鞋

图 11-7　西服正装男装　　　　　　图 11-8　西服正装女装

11.1.5　商务休闲装

商务休闲装（smart casual）是一种介于正式与休闲之间的着装要求，适用于公司的周末白天聚会活动，也可作为技术开发、艺术和广告等对着装要求不高的公司的办公室日常着装。

对于男士，经典的商务休闲着装通常包括成套的西服和衬衫，但不需要佩戴领带。穿衣者可以选择去除西服外套，只穿衬衫并搭配西裤，或者混搭不同颜色和材质的西服外套和西裤。男士商务休闲装在色彩上具有更大的选择余地，可以尝试一些明亮而活泼的浅色，塑造出充满活力的形象。常见的商务休闲单品包括：休闲西装、Polo 衫、休闲衬衫、夹克外套及棉麻质地的西裤等。在更加轻松的周末聚会场合，穿衣者还可以选择深色的牛仔裤。总体而言，男士商务休闲装需要注重雅致与整洁，不宜太过休闲，亦不可穿着拖鞋或球鞋，如图 11-9 所示。

对于女士，商务休闲装的要求在于轻松但不过于随意。整体风格以商务为主，并融入一些休闲元素，无须穿着正式的西装或套裙。简约而高雅的休闲衬衫（可以是短袖或长袖）、

休闲西装以及质地轻柔的开衫或小夹克外套都是很好的选择。下半身可以搭配休闲西裤、半身裙，在周末公司聚餐这样的轻松场合也可以选择深色牛仔裤，但应注意避免夸张的裙面或裤面装饰。鞋子应选择简单而优雅的款式，如休闲皮鞋、中性色船鞋或鱼嘴鞋，应避免穿拖鞋或球鞋，如图 11-10 所示。

外套：休闲西装、夹克外套
衬衫：休闲衬衫、Polo 衫
鞋子：不可穿拖鞋或球鞋

上衣：没有固定着装要求，可根据季节及个人风格选择短袖或长袖上衣、针织外套、休闲西装、风衣、大衣等
下装：可选择半身裙、连衣裙、休闲西裤、深色牛仔裤等
鞋子：休闲皮鞋、船鞋等，不可穿着人字拖或球鞋

图 11-9　商务休闲装男装　　　　图 11-10　商务休闲装女装

11.2　男性商务着装规范

11.2.1　西装的基本信息

西服套装是目前国际上统一的男士商务礼仪着装要求，在西方，有人将西装称作"绅士们的盔甲"。着装的每一处细节都有着独特的含义，传递着一定的非言语信息。想要恰当地穿着西装，则需要了解西装的基本组成部分以及各部分的特点。

1. 西装的历史

西装起源于 17 世纪的欧洲。1666 年，英王查尔斯二世诏令宫廷成员穿着三件套的西装，这一决定标志着宫廷服装的时代结束，华丽而精致的服饰被严格而简洁的西装所取代，从而奠定了现代西装的基础。

法国大革命后，一种被称为"庞塔龙"的宽松长裤成为反抗贵族统治的新时代的标志之一。相对于当时统治阶级常穿的及膝半截裤，这种长裤宽松方便、更加实用，迅速在平民阶层中流行起来。即便在热衷于罗马式生活、试图复兴华丽服饰的拿破仑统治时期，工人和资产阶级依然钟情于这种直筒长裤。

19 世纪 50 年代之前，西装并无固定式样。直到 19 世纪末期，西装才逐渐确立了其现代样式，并且在世界范围内广泛传播。在 19 世纪五六十年代，商务西装和休闲西装的区分逐渐清晰化。人们开始注重服装的实用性，因此西装逐渐收紧腰身，去掉了多余的装饰、背部的扣子和褶皱。这种宽松且舒适的设计备受欢迎。到 19 世纪 70 年代，西装的基本样

式已经确立,直至今日几乎没有出现显著的变化,保持了相对稳定的风格。

2. 西装的领型

西装主要有三种基本领型,分别是平驳领、戗驳领和青果领,如图 11-11 所示,每种领型都代表了不同的非言语信息。

平驳领　　　　　戗驳领　　　　　青果领

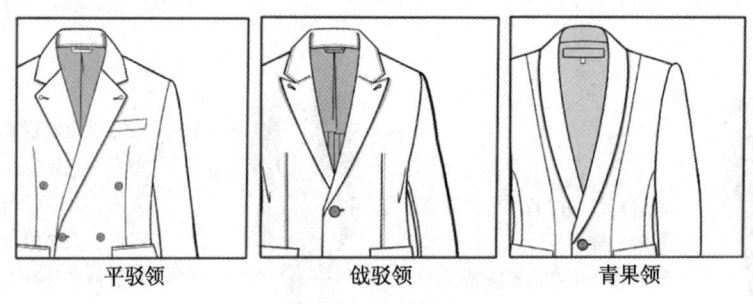

图 11-11　西装的领型

(1)平驳领:最为稳重,是非常传统、正式的一种领型。平驳领是很多正式商务活动、商务会议及日常工作中的首选。

(2)戗驳领:也称剑领,样式比较时尚,比平驳领高调、张扬,因此更受年轻人的喜爱。包绢的戗驳领给人以尊贵精致的感觉,属于礼服西装的范畴,适合婚礼、鸡尾酒会等场合。

(3)青果领:又叫大刀领,属于礼服领。青果领的西服适合参加晚宴、婚礼、重要仪式等场合,不适合日常穿着。

3. 西装的扣型

西装有两种主流款式:单排扣和双排扣(见图 11-12)。单排扣西装可细分为一颗扣、两颗扣和三颗扣三种款式。一颗扣西装被认为较为休闲,三颗扣西装则属于最正式的款式,而两颗扣的西装则是最为常见的款式。因为单排扣西装可以适配正式与休闲的多种商务场合,所以备受欢迎。单排扣西装通常搭配平驳领,穿着时需要留意,不要将底部的扣子扣上。

单排扣西装　　　　　双排扣西装

图 11-12　西装的扣型

双排扣西装分为四颗扣、六颗扣和八颗扣三种款式。其中以六颗扣西装最具代表性。双排扣西装风格优雅，适合参加舞会、酒会及婚宴等正式场合，因此备受欧洲时尚绅士的青睐。通常情况下，双排扣西装典型着装方式需要将所有扣子扣好，唯独最下方的那颗扣子通常保持敞开。

4. 西装的后开衩

男士西装的开衩方式主要分为三种：无开衩、两侧开衩和后中开衩（见图 11-13）。西装的不同开衩方式同样代表着不同的含义。

图 11-13　西装的后开衩

（1）无开衩的西装曾经流行于 20 世纪 70 年代。由于没有开衩，这种款式的西装在视觉上较为贴身，在穿着时也相对较为拘束。如今，这样的设计已经相当罕见，鲜有人选择。

（2）两侧开衩的西装是目前最受欢迎的设计。这种款式的西装在不同情境下都能保持整洁利落，无论是站立、坐下，甚至是将手伸入口袋，都不易产生褶皱。

（3）后中开衩的西装也是一种常见的设计。这种开衩通常适用于休闲或宽松的西装款式，为穿着者提供更多的舒适度和灵活性。

5. 西装袖口纽扣

最后一处传递细节信息的地方是纽扣。西装袖口的纽扣分别有一颗扣、两颗扣、三颗扣和四颗扣四种款式（见图 11-14）。袖口纽扣据说是由拿破仑的军队首先发明的，既可以增加西装的美感，又可以减少袖口与桌面的摩擦，减缓袖口的磨损。一颗扣的袖口最为休闲，四颗扣的袖口则最为正式。一般而言，这些细节之处应相互呼应组合，协助着装者在不同性质的活动场合中传递有效的信息。

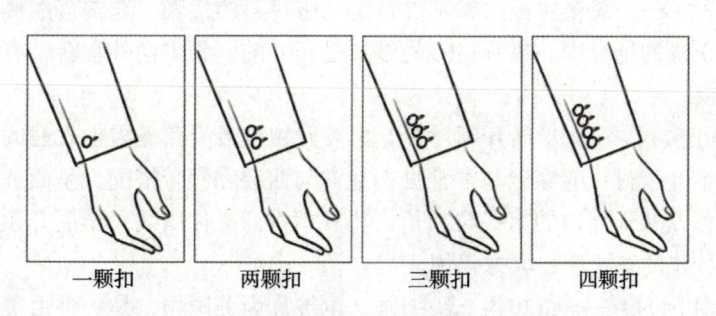

图 11-14　西装的袖口纽扣

11.2.2 衬衫的基本信息

在古代的欧洲，衬衫最初是内衬的一种，其主要目的是保护外套免受汗渍的损害，可视为一种内衣。那时，绅士们通常只在穿着礼服或外套时穿上衬衫，公开露出衬衫会被视为极不礼貌的行为。直到 16 世纪，欧洲人为了在冬季御寒，开始在衬衫的领口和袖口处添加双层布料。这不仅有助于保暖，还展示了绅士的优雅品位。衬衫发展至今，已经成为商务人士衣橱中不可或缺的一部分，与西装搭配，成为商务场合的重要服饰。本小节将分别梳理衬衫四处细节代表的不同含义。

1. 衬衫版型

衬衫通常有三种不同的版型：经典版型、修身版型和超修身版型（见图 11-15）。经典版型衬衫具有相对宽松的衣身，当它被塞入西裤中时，会在腰部留出较多的面料，相对沉稳但也显得中规中矩。目前最流行的版型是修身版型。修身版型的衬衫既不像超修身版型那样紧身，也不会在腰部产生过多的褶皱。超修身版型的衬衫在穿着时呈现出更加精神焕发的外观，同时散发出优雅和时尚的气息。

经典版型　　修身版型　　超修身版型

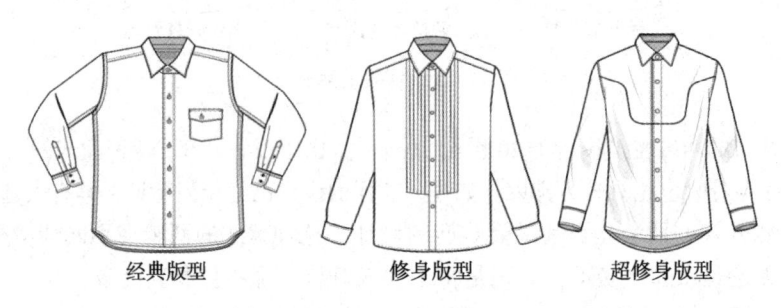

图 11-15　衬衫的版型

2. 衬衫领

不同礼仪级别规格的西装应搭配不同级别的衬衫。衬衫分为礼服衬衫、商务正装衬衫和商务休闲衬衫三种不同级别。衬衫的级别主要通过衬衫领口来体现，因为衬衫领是衬衫中最重要、变化最多且最能突显特色的部分之一。领口距离面部最近，对一个人的整体形象可以产生很大的影响。衬衫领口的款式多种多样，选择合适的领型需要考虑不同场合和脸型的搭配，如图 11-16 所示。

（1）礼服衬衫——翼领衬衫。翼领衬衫是礼服衬衫的代表，通常搭配燕尾服或礼服西装出现在较为正式的场合中。翼领衬衫的领口是竖立的，领尖向外翻转，有些款式还在前胸设计了风琴褶。

（2）商务正装衬衫——半展开领衬衫。半展开领是最受商务男士欢迎的领型之一。在日常工作中，半开领衬衫的穿着非常常见，通常与西装和领带搭配，是商务正装的标准选择。穿衣者也可以解开领口的第一粒扣子，将其用作商务休闲装。半展开领相较于一字领和敞开领更具传统的正式感，大方得体。

（3）商务休闲衬衫——纽扣领。纽扣领，也被称为美国领，是一种由美国人发明的领

型。众所周知，美国人偏好休闲的着装风格，这种领子恰好满足商务休闲场合的需要，因此深受商务休闲场合的男士们喜爱，但不适合需要穿着正装的正式场合。

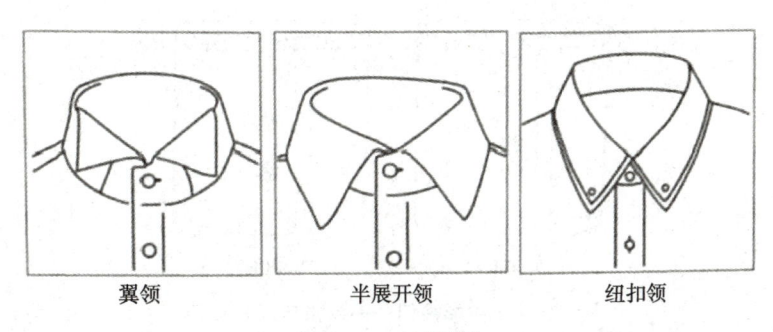

翼领　　　　　半展开领　　　　纽扣领

图 11-16　衬衫领

3. 领撑与袖口

正装衬衫的领撑（有时也被称为领骨）是一块插在领子下面的小塑料或金属片。领撑和领衬一起让领子保持挺立，不让其在穿着期间起皱或卷起，如图 11-17 所示。

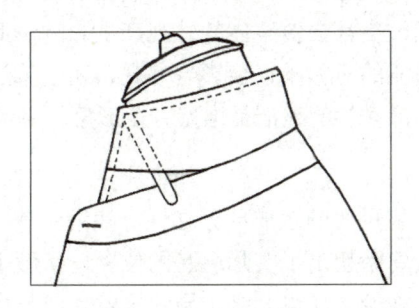

图 11-17　领撑

袖口，又称卡夫，是衬衫的重要组成部分之一。根据商务礼仪的不同要求，袖口可以分为法式反褶袖、单扣袖口和双扣袖口这三种类型。

法式反褶袖（见图 11-18）是礼服衬衫的特点，通常需要佩戴袖扣，并搭配正装西服穿着，适用于正式场合。在欧洲，注重服装礼仪的高级行政人员甚至在日常办公场合也会选择这种衬衫。

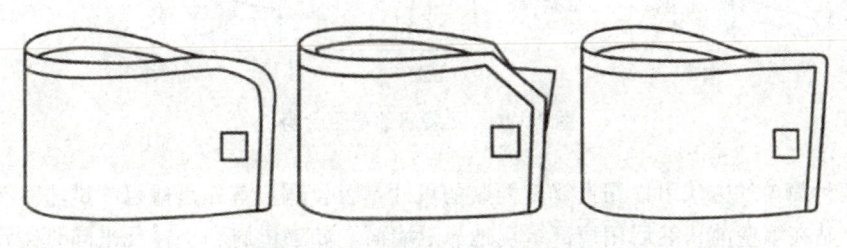

图 11-18　衬衫袖口——法式反褶袖

单扣袖口及双扣袖口是最常见的衬衫袖口（见图 11-19），也是适合日常办公的商务着装。袖口的边缘处又分为圆角、直角及截角三种形式，男士可以根据个人喜好进行选择。

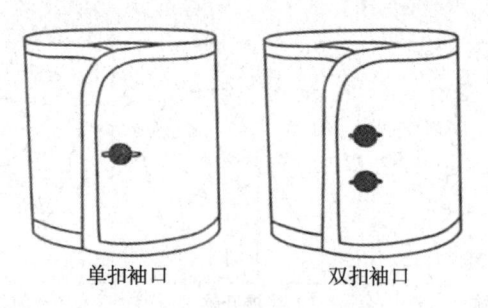

图 11-19　衬衫袖口——单扣与双扣袖口

11.2.3　商务男装注意事项及禁忌

在日常工作中，西装和衬衫是常见的着装选择，但在穿着时有一些需要注意的事项和禁忌。挑选西装的第一要素是确保服装合身。即使一套制作精良的西装，如果并不合身，也难以呈现出良好的着装效果，也无法传递准确的非言语信息。同样，选择衬衫时，合身也是一个关键要素，过大或过小都会对整体的外观产生影响。此外，保持衬衫的整洁和卫生也至关重要。有褶皱或污渍的衬衫不仅会影响外观，还会传达有关个人生活状态或习惯方面的不良信息。因此，保持衬衫的整洁是维持专业形象的一部分。

1. 正确挑选西装

西装的肩部线条是西装最重要的组成部分之一。如果西装的肩线偏大，不合身，那么肩部会显得过于宽大，衣服肩膀超出了实际肩膀的位置，从腋下到袖笼处会出现皱褶。另外，如果西服太小，肩线和袖笼会显得紧绷，导致手臂无法自由活动。穿衣者可以通过肩部来初步判断西装的尺码是否合适（见图 11-20）。

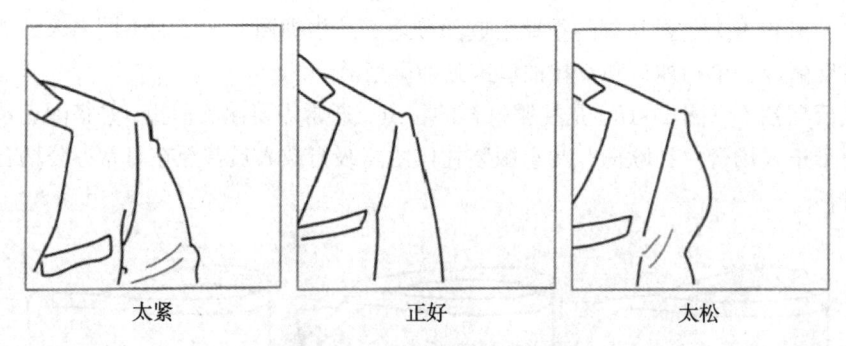

图 11-20　西装肩部是否合身

有两种简单的方法可以帮助确定西装的尺寸是否合适。首先是碰墙测试法。穿上西装外套后，站在墙壁前，然后用肩部缓慢地靠近墙面。如果垫肩和手臂几乎同时碰到墙面，那么这个尺码大小就刚刚好。如果垫肩比手臂先碰到墙面，那么西装过大；如果手臂比垫

肩先碰到墙面，那么西装过小。另一个方法是拥抱测试法。穿好西装后，站在镜子前，模拟和某人拥抱的动作。当穿衣者伸开双臂进行拥抱时，如果背后的面料没有明显的拉伸感，那么可以确定西装的尺寸合适。然而，如果穿衣者感到背后的衣物紧绷或即将撕裂，那么就需要考虑尝试更大的尺寸或尝试其他品牌的西装。这些测试方法可以帮助确保肩部线条合适，使西装的肩部线条与穿着者的肩部完美契合。这不仅提高了整体的穿着舒适度，还有助于展现出优雅的着装效果。

西装的衣长同样是需要注意的细节之一。西装的衣身长度通常以刚好盖过臀部为合适，太短或太长都不美观。过短的衣身会显得不够沉稳，过长的衣身则容易显得邋遢，同时使上半身看起来过长，扭曲了身体的比例（见图11-21）。

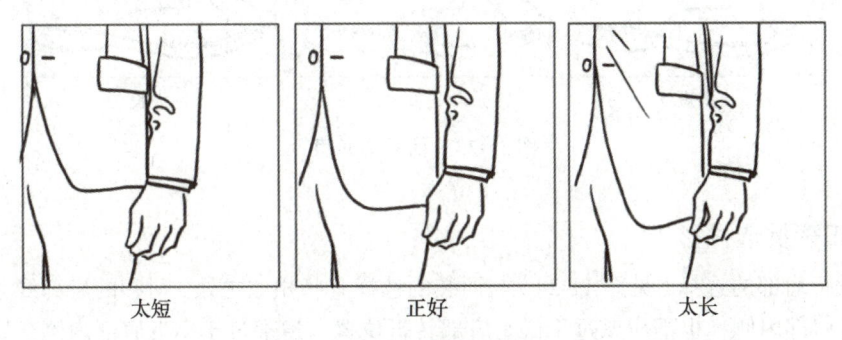

图11-21　西装衣长是否合身

另一个需要注意的细节是西装的袖长。理想的袖长通常在手腕以下1厘米左右，使衬衫的袖口在西装袖口之下略微露出。这个长度的设计有助于突出衬衫的装饰，同时确保西装的袖子比衬衫袖子短1~1.5厘米，以便更好地展现出手腕部分。这个细微的差距有助于衬衫和西装袖长的和谐搭配，提升整体着装效果（见图11-22）。

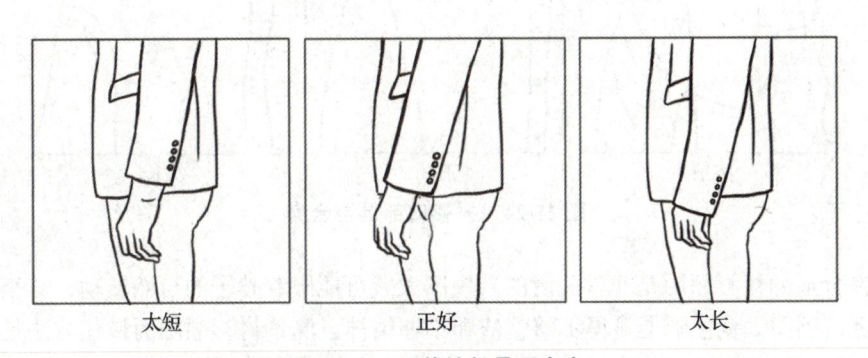

图11-22　西装袖长是否合身

2. 正确挑选西裤

一条合格的西裤，首选标准是合身，呈现出人体自然的线条，不存在多余的面料积聚在身体周围。同时，它也应该提供足够的活动空间，避免在大腿部位产生皱褶，确保穿着的舒适度。通常情况下，如果穿衣者没有选择定制西裤，商家会根据客户的身高提供修改

裤长的服务。西裤的长度一般分为全褶、半褶、四分之一褶和无褶。全褶的裤腿长度会在鞋面上产生褶皱，容易给人繁复老气的感觉。目前，最受欢迎的西裤长度是无褶。无褶的西裤长度，是指穿着者正常站立时，裤脚刚好搭在皮鞋面上，既显得整洁大方又凸显了精致的品位（见图11-23）。

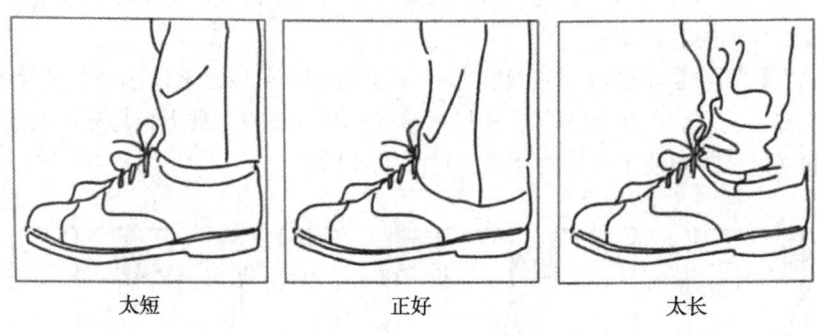

太短　　　　　　　正好　　　　　　　太长

图 11-23　西裤的长度

3. 正确挑选衬衫

对衬衫肩部的选择（见图11-24）与西装的选择有些相似之处。衬衫的肩部线条不应该过于靠近肩部内侧，也不应该过于低于肩部转折位置。肩部过于靠近肩部内侧会妨碍肩部的自由活动，并在袖口处形成皱褶。而肩部线条过低于肩部转折位置则会在视觉上营造成肩部下垂的印象，给人一种消极和不精神的感觉。

太短　　　　　　　正好　　　　　　　太长

图 11-24　衬衫肩部是否合身

选择合适的衬衫领围是非常关键的。领围太紧可能限制脖子的自然转动，甚至影响呼吸。反之，领围太宽松则会显得不够整洁和不够精神。测量衬衫领围的最佳方法是将所有的扣子系好，如果你可以轻松地插入两根手指在领围下面，那么领围的尺寸就是合适的（见图11-25）。

衬衫的袖长也是需要特别注意的细节。理想的衬衫袖长通常是到达手腕关节下方2.5厘米左右的地方，且袖口能够紧密贴合手腕又不至于勒得太紧，以确保手腕能够自由活动。通常情况下，衬衫的袖长应稍微长于西服袖长，多出1厘米左右。这个微小的差别能确保在正装搭配时衬衫袖口能够完美地从西装袖口中露出来（见图11-26）。

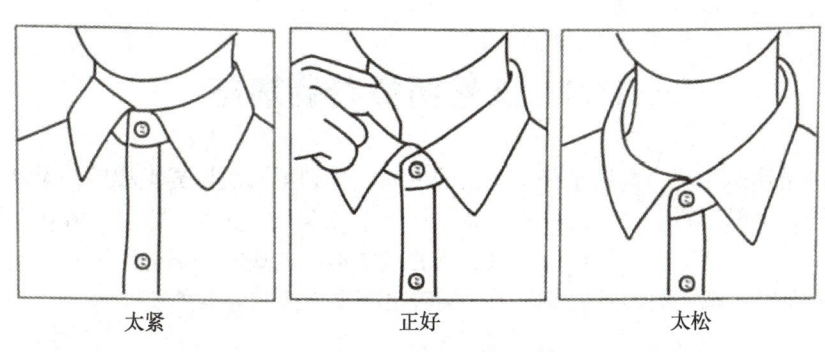

图 11-25 衬衫领围松紧

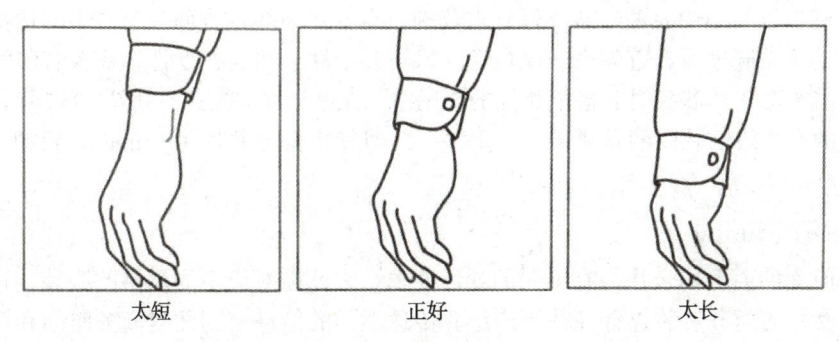

图 11-26 衬衫的袖长

4. 男性职业着装注意事项

职业着装展现着一个人的专业态度。尽管在尊重多元个性的当下，人们可以相对自由地选择自己的着装，然而依然有一些职场着装的注意事项需要牢记。

（1）无论何时何地，都要确保穿着整洁，衣物上不应有污渍，尤其要避免脏领口、脏袖口，因为这会给人留下不整洁的印象，从而降低信任度。

（2）商务人士在穿着西装时，应去掉衣袖上的商标，这是一种细节注意事项。商标的存在会分散注意力，而去除它们有助于提高整体外观的专业度。

（3）商务着装需要关注衬衫领口、皮带扣、裤子前口袢的位置，它们应在一条线上，不应错位。这有助于确保整体外观的协调一致。

（4）穿衣者坐下时应解开西装的扣子，避免西装扣子崩坏。

（5）穿西装时，永远不要系上最下面的一颗扣子，这是一项已经形成共识的着装规范。

（6）方巾是穿西装时展现个性和增加整体优雅感的重要元素，它也给予了穿戴者较大的自由度。然而，方巾的材质和图案通常应与领带相匹配，以确保整体搭配的和谐。

（7）在穿着衬衫时，袖口的长度通常比外套长 1 厘米左右，而一位讲究的绅士可能会追求更高的细节。他会让衬衫袖口的长度正好露出外套领子的高度，这是一个让整体造型更显精致的微妙差别。

（8）关于领带的长度，在理想情况下应恰好是绕过颈部，系到西裤皮带的高度。这样的长度既显得得体，又保持了整洁和协调。

11.3 女性商务着装规范

欧洲的早期职业装一直以来都是男士的专属，直到第二次世界大战后，大量女性进入职场，才开始出现专属于女性的职业套装。社会发展至今，女性不断争取着和男性一样的社会地位及工作权利，职业装成为女性职场着装中不可或缺的一部分。职业女性在职业环境中的穿着需要展现她们的魅力和风采，同时也必须保持职业素养。

11.3.1 女士商务着装原则

女士商务着装不像商务男装那样要求苛刻，在款式和颜色方面具有更多的选择余地，因此女性更容易通过商务着装来表现自己的风格和个性。然而，女性在商务着装的选择搭配上同样需要遵守与商务男装搭配相同的原则——TOP 原则。TOP 原则是 1963 年日本男装协会提出的有关服饰礼仪的重要基本原则之一，即着装要考虑时间（time）、目的（object）和地点（place）。

1. 时间（time）

不同时间的商务场合往往有不同的着装要求，因此需对应不同风格的服装。相对于男性而言，女性的商务着装选择往往更广泛并传达不同的信息，因此对商务时间和性质的把握也显得尤为重要。譬如在白天的商务活动中，女性通常应选择商务套装或套裙，以展现专业性。而在晚间的商务晚宴、酒会等活动中，通常要求穿着礼裙，并通过适当的饰品来突出对活动的重视。

2. 目的（object）

人们对服装的选择通常体现着个人的意愿与目的，着装也往往展示着个人扮演的社会角色。人们可以通过服装来传达情感，例如在婚礼上，人们会选择明亮的颜色与轻松优雅的款式来表达对新人的祝福；而在葬礼上，人们会穿着深沉的颜色与庄重的款式来表达悲伤和对逝者的怀念。女性领导在正式的商务场合可能会选择硬朗的线条和沉稳的颜色来体现个人权威性，而在周末的公司活动中，则会选择柔和的线条与颜色来提升个人的亲和力。

3. 地点（place）

根据不同的地点和场合去选择适当的服装是每位女士都应该具备的职业素养。出席正式宴会时，应根据活动的礼仪级别选择适合的长礼服或短礼裙。在公司办公、商务会议、面试等场所，往往注重穿着得体专业，避免选择太引人注目的颜色和款式。在公司周末聚会等场合，可以选择商务休闲服饰，颜色也可以更加鲜亮。此外，如果在国外参加商务活动，应了解和遵守不同国家的习俗和文化，以避免不必要的误解和冲突。这些准则有助于女性在不同商务场合中以适当的方式展现自信和专业形象。

11.3.2 女士西装

西装最初是为西方上流社会的男士设计的。然而，女性西装的历史也有着独特而有趣的发展。1885 年，英国裁缝 John Redfern 受到上流社交圈的绅士西装启发，为威尔士公主

Louise 制作了一款修身的女士夹克，这标志着历史上第一件女士西装的诞生。然而，这件女式西装仅仅是一次"心血来潮"的皇室尝试，并未引起广泛关注。直到 1914 年，法国时尚设计师可可·香奈儿（Coco Chanel）女士从男装中汲取灵感，突破了束胸衣的传统，放宽了腰部束缚，引入了硬朗的线条感，采用了男士贵族常用的粗花呢面料设计了女士粗花呢套装（见图 11-27），这个设计才真正定义了女士西装的概念。经典的香奈儿套装从那时起风靡了一个多世纪，如今仍然是女性优雅的代名词。1966 年，法国著名设计师伊夫·圣·罗兰（Yves Saint Laurent）大胆创新，设计了一款标志性的女性吸烟装（见图 11-28），掀开了女性西装裤装的新篇章。这一设计不仅展现了女性的优雅，还体现了她们的自信和领导力。吸烟装的推出改变了传统的着装规范，为女性的职业和社交生活提供了更多选择。

图 11-27　香奈儿的粗花呢套装　　图 11-28　伊夫·圣·罗兰的吸烟装

随着社会的不断发展，女性地位逐渐提升，因此女性也越来越频繁地选择穿西装。西装平整挺括的领部以及突出的肩部线条弱化了女性的柔美，展现出她们的干练与果断，提升了女性的气质与领导力。女士西装具有多种款式，与男士西服不同，女性商务西装没有严格的长度规定，也不要求套装的面料和颜色必须一致。女士西装注重在袖口、领口、纽扣等细节设计上体现个人品位，这些细节可以成为画龙点睛之笔，彰显独特的风格。这种多样性和灵活性使女性有更多的选择，以在工作场合和社交活动中展现自信和独特性。

1. 女士西装的长度

女士西装通常分为不同长度的款式，包括短款、中长款和长款（见图 11-29）。短款西装可以呈现出干练和果断的特质，尤其适合身材娇小的女性，有助于营造拉长腿部线条的效果。中长款是最为经典和受欢迎的女士西装款式，通常是商务女性的首选，因为它容易与其他服饰搭配。长款西装则更具威严和气势，适合那些希望展示权威的女性。然而需要注意的是，职场女性不宜选择过长的西装，因为过长的衣身会在视觉上缩短腿部线条，因此最好避免超过臀部长度的西装。在日常商务场合中，女士西装上衣一般可以与半裙、连衣裙或裤装相搭配，这取决于个人的喜好和场合的需要。不同的组合能够呈现出多种不同的风格，从而让女性在工作中充分展现出自信和专业性。

图 11-29　女士西装的长度

2. 女士西装的衣领

与男士西装相比，女士西装的领型（见图 11-30）具有更多的设计自由度。除了一些常见的男士西装领型，如平驳领、戗驳领和青果领，女士西装还有圆领和无领的设计，这些风格也备受欢迎。领型的设计成为彰显女性独特风采的细节之一。不同的领型可以带来截然不同的外观，让女性在职场和社交场合中展现出多种不同的形象。

图 11-30　女士西装的衣领

11.3.3　裙装

裙子是女性着装中历史最悠久且至关重要的服饰之一。古埃及已经出现了裙装的雏形——女性将布料缠绕在身上或缝制成简单的筒形裙。随着中世纪的到来，裙子的设计逐渐演变，人们开始采用省缝合和喇叭形的裁剪方式。在 20 世纪之前，女性的裙装基本以拖地长裙为主。在第一次世界大战后，随着女性的社会参与度逐渐上升，女性裙装开始演变为更方便活动的短裙。此后，裙装不断发展，历经了多次变革。时至今日，裙子的设计和种类更是多种多样，为女性提供了丰富的选择。尽管时尚不断变迁，裙子仍然深受女性的喜爱，成为商务女性着装中不可或缺的元素。

1. 连衣裙

连衣裙是女性衣橱中不可或缺的经典单品。一件面料上乘、剪裁得体的连衣裙能够完美展示女士的知性与优雅。在不同场合，连衣裙都有其独特的穿着方式和设计特点。

（1）晚装连衣裙。作为正式礼服的代表，女性在选择晚装连衣裙时需要考虑礼仪级别，裙长应以简约、得体为准则。晚装连衣裙通常会避免包含过于复杂的细节，如荷叶边、蝴蝶结等装饰，以及过多的亮片或钻饰，以保持整体造型的庄重和典雅。

（2）连衣裙套装。连衣裙套装是日间正式商务场合中备受欢迎的女士着装，通常由一条连衣裙搭配一件西装外套组成。这种套装设计可以选择相同材质和颜色的面料，也可以尝试不同颜色和材质的混搭。成套设计的套装显得更加端庄稳重，适用于非常正式的会议和商务活动。而混合搭配则更显轻松自如，如图 11-31 所示。

图 11-31　连衣裙套装

2. 半身裙

半身裙是一种多功能的单品，可以根据个人喜好搭配短袖上衣、短袖或长袖衬衫，也可以与不同颜色和材质的西装外套相搭配，展现出商务正装或商务休闲装的多样风格。半身裙的合适长度通常以到达膝盖为宜。直身裙是商务女士首选的裙型，因为其穿着效果显得成熟稳重。此外，长度到小腿中段以上、膝盖以下的大摆裙也备受欢迎，相对于直身裙更显活泼。值得注意的是，半身裙不适合特别正式的会议及活动，女士也不应穿着太过于包臀或过短的裙子。

半身裙套装指的是上装与半身裙采用相同面料和颜色进行搭配设计的套装，这种搭配展现出极高的职业感，如图 11-32 所示。香奈儿套装就是经典的半身裙套装。

图 11-32 半身裙套装

11.3.4 商务套装搭配

女士在商务着装方面有着多种选择，不像男性那样受到较为严格的限制。女性的身形、身高与体型各有不同，因此在着装时需要考虑个人的肤色、性格等多种因素，合理地搭配服装。在商务装搭配中，一般建议女性的整体搭配不要超过三种颜色，以保持整体造型的简洁和清晰（见图 11-33）。

图 11-33 女士需要选择适合自己的商务套装

职业女性的着装搭配应以简洁大方为主。很多女性虽然拥有较多的衣物和配饰，却依然经常为搭配感到困扰。解决这个问题的一种推荐方式是采用"胶囊衣橱"（capsule wardrobe）这一衣橱管理方法。"胶囊衣橱"是一种在 20 世纪 70 年代由伦敦一家著名精品店的老板 Susie Faux 创造的搭配技巧。这种技巧以一系列必备的经典款衬衣、外套、裙子和裤子等为基础，搭配具有个人特色的单品和配饰。通过随心搭配这些服饰，穿衣者可以通过较少数量的衣物实现多种组合，犹如胶囊一般上下完美配合。

举例来说，采用"胶囊衣橱"技巧的穿衣者可以首先分别准备风格相似的五件上衣与五件下装。这些衣物应以基本色为主，可以加入一两件亮色衣物作为点缀。在此基础上加入一些配饰，即可轻松搭配出至少 25 种不同的套装。为了方便搭配，穿衣者可以将搭配好

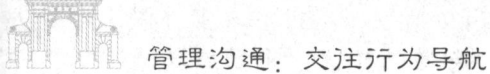

的衣服拍照贴在衣橱门内，这样出门前可以迅速选择当天需要的服装。在之后添置衣物时，穿衣者可以根据现有的色系、款式等有针对性地购买新的服装，逐渐扩展胶囊衣橱。这一过程可以帮助穿衣者逐渐形成个人着装风格，使整个着装过程更加有序和轻松，如图 11-34 和图 11-35 所示。

图 11-34　"胶囊衣橱"搭配

图 11-35　必备上装、下装、鞋及配饰

11.3.5 女性职业着装注意事项

与男士相比,女性着装往往具有更多选择和更加多样的风格,也能够更好地展示女性的个性。即便如此,女性在职场中进行着装选择时依然存在一些注意事项。

(1)与男士着装一样,职业女性着装的第一要素同样是干净整洁。衣物在穿着之前,应确保熨烫平整,避免污渍或破损。

(2)不同行业和职业对着装各有规定。穿衣者需根据所在企业的具体要求来选择合适的服装。通常情况下,传统的行业如贸易、金融、保险、房地产等要求着装相对严肃、保守,以展现职业素养,从而与客户建立信任。相反,媒体、时尚、广告等行业则对着装要求较为宽松,着装者可以选择更时尚、休闲的风格。

(3)在工作中,女士应避免穿着过于休闲的服饰,比如,吊带衫、卫衣、运动鞋或人字拖等,这些服饰可能给人过于懒散的印象。除此之外,过于暴露的着装,包括破洞牛仔裤、露脐露背装、透视装和超短裙及过于紧身的服饰等,同样不宜出现在工作场合。

(4)商务着装应注意优雅简洁。女士不宜穿着带有大型图案的衣物或佩戴夸张的佩饰,同时应注意减少衣饰上过于烦琐的细节,比如,荷叶边和大面积的流苏等。参加日间商务活动时,女士也应避免穿着带有大面积亮片和钻饰的服装。

(5)在颜色的选择上,一套专业的服装通常会将主要颜色控制在两到三个。服饰的印花选择也需要注意,避免选择对比太强烈或过于冲击性的图案,以防给人眩晕的感觉。

(6)女性可以适当地喷洒香水,但应选择清新温和不刺激的味道。

(7)女性的妆容是整体形象中的重要组成部分。适度的妆容可以让人看起来更为精神焕发,但是要避免浓妆艳抹,以免令人产生不良印象。

11.4 着装的色彩信息

色彩是一种通过眼睛和大脑对光产生的视觉效应,也是一种无声的语言。在人际交往过程中,不同的色彩默默地传递着各种信息与含义,给予他人不同的感觉与心理暗示,因此商务人士必须对不同色彩的语言有所了解。

11.4.1 色彩的种类

色彩分为无彩色系和有彩色系两大类,如图 11-36 所示。无彩色系包括白色、黑色及由这两者调和形成的深浅不同的灰色。这些颜色只有一种基本性质——明度,而不具备色相和纯度。有彩色系则包括一切有色彩的颜色,如红、橙、黄、绿、青、蓝、紫等。

不同的色调传递各种信息,引发他人不同的视觉观感。暖色调代表着上升、积极、温暖、愉悦的信息,包括红、橙、橘红、黄等。这些颜色与太阳相关,给人温暖感觉。而冷色调则代表着下降、寒冷、消极、悲伤的信息,包括绿色、蓝绿、青色、蓝色、蓝紫等。冷色调让人感到沉着、悲伤、冷静。每种色调都影响人的情绪、感官和心情。因此,穿衣者在搭配衣着时需慎重考虑,充分理解不同色彩的语言并结合自身特点有效应用,在不同

场合选择最为妥当的色彩搭配。

图 11-36 无色彩系和有色彩系

11.4.2 色彩的基本特性

有彩色系的颜色表现出三个基本特性：色相、纯度（也称彩度、饱和度）和明度。在色彩学上，这些特性也称为色彩的三大要素或色彩的三属性。

1. 色相

指色彩所呈现出来的色彩面貌，如红、黄、蓝等。色相是色彩的首要特征，任何黑、白、灰以外的颜色都有独特的色相属性。

2. 纯度（彩度或饱和度）

表示色彩的纯净程度，反映颜色中含有的色彩成分的比例。色彩的纯度最高时为原色，例如正红、正蓝。随着纯度的降低，颜色会变得更暗、更淡，例如正红、正蓝的纯度降低后可能变成酒红、藏蓝。纯度降到最低时，颜色将失去色相，变成无色彩的黑、白、灰。

3. 明度

表示色彩的明亮程度，反映物体反射光量的差异而产生的明暗强弱。任何色彩都具有明度变化。在绘画中，通过向纯色中添加白色颜料可以提高色彩的明度，例如在正黄色中添加白色会变成浅黄，浅黄的明度高于正黄色。

11.4.3 无彩色系

1. 黑色

象征权威、高雅、低调、创意，同时也寓意执着、冷漠、防御。这是大多数主管或白领专业人士所偏好的颜色，适用于需要展现极度权威、专业、品位，又不想引人注目或需要专心处理事务的场合。举例来说，日常工作、公开场合的演讲、创作，以及从事与"美"或"设计"相关的工作都是适合穿黑色的场合。此外，在国际社会的庄重活动中，包括葬礼，人们也通常选择穿着黑色。

2. 白色

象征纯洁、神圣、善良、信任与开放。在穿着上，白色可以传达出清新纯净的信赖感。

基本款的白色衬衫是男性和女性不可或缺的衣橱单品。东方文化中，白色还象征着枯竭和死亡。因此，在传统中式葬礼上，逝者的家人会穿着白色的孝服，设置白色灵堂，追悼仪式也被称为"白事"。

3. 灰色

象征诚恳、沉稳、考究。灰色中的铁灰、炭灰、暗灰可以在无形中传达出智慧、成功、强烈权威等信息。然而，当灰色服饰质感不佳时，可能会让人产生精神萎靡、衣衫脏乱的错觉。灰色在权威之中暗含精确，因此深受商务人士喜爱。在需要表现智慧、成功、权威、诚恳、认真、沉稳等场合，选择穿着灰色的服饰是一个不错的选择。整体的无彩色系如图 11-37 所示。

图 11-37　无彩色系

11.4.4　有彩色系

1. 红色

红色是一种能量充沛的色彩，象征热情、喜庆、性感、权威和自信，可以快速吸引他人注意，展现穿着者的个人魅力。然而，红色有时会与血腥、暴力、嫉妒与控制相关联，进而给他人造成心理压力，因此，在谈判或协商的场合，不宜选择红色的服饰，如图 11-38 所示。

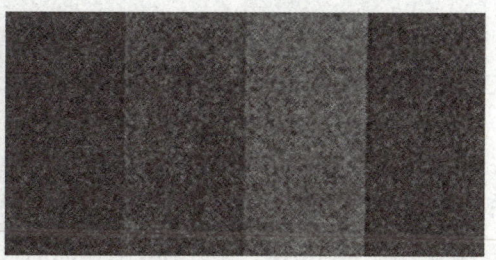

图 11-38　红色

2. 黄色

黄色是一种明度极高的颜色，可以刺激大脑中与焦虑有关的区域，具有警告的效用而常被用于具有警示作用的物品，如警示牌。在象征意义上，艳黄色代表着信心、聪明和希

望，而淡黄色则呈现出天真、浪漫和娇嫩的特质。然而，艳黄色可能带有不稳定、招摇甚至挑衅的味道，因此在可能引起冲突的场合，特别是谈判场合，不宜选择这种颜色的穿着，如图 11-39 所示。

图 11-39　黄色

3. 蓝色

蓝色是一种兼具灵性和知性的色彩，根据色彩心理学的测试结果，几乎没有人对蓝色产生反感。不同深浅的蓝色呈现出不同的象征意义：明亮的天空蓝代表希望、理想和独立，而深沉的蓝色则暗示诚实、信赖和权威。正蓝和宝蓝在热情中展现出坚定与智能的特质，而淡蓝和粉蓝则能让人在穿着中感到完全放松。在美术设计领域，蓝色是应用最广泛的颜色之一。其在穿着方面同样没有明确的禁忌，只要选择适合个体"皮肤色彩属性"的蓝色，并且搭配得体，都可以安心穿着。蓝色的选择在不同场合中有着不同的效果。如果希望保持冷静、需要思考，或者在谈判和协商中希望对方更倾听自己的观点，都可以选择蓝色的服饰。这一建议不仅符合心理学上对蓝色平静作用的理解，同时也是一种在社交场合中取得良好效果的实践，如图 11-40 所示。

图 11-40　蓝色

4. 粉色

粉色象征温柔、甜美与浪漫，是一种没有压力的色彩，可以降低攻击性，安抚浮躁的情绪。桃红色相比粉红色更深一些，代表女性化的热情，与粉红色的浪漫相比，桃红色更显洒脱、大方。然而，需要注意的是，桃红色的艳丽可能容易让人感到过于耀眼，因此在使用时应避免大面积运用，以免影响整体效果。粉色不适用于非常正式的商务场合，因为它容易令人产生不成熟、轻浮的印象，但在需要安慰他人，为他人提供情绪支撑时，粉色往往是一个优秀的选择，如图 11-41 所示。

图 11-41　粉色

5. 绿色

绿色赋予人无限的安全感，对于人际关系的协调可以起到重要作用。绿色象征自由、和平、新鲜、舒适，这些特质使其成为一种极具积极能量的色彩。黄绿色呈现出清新、有活力、快乐的感觉，而明度较低的草绿、墨绿、橄榄绿则打造出沉稳、知性的印象。然而，绿色也具有一些负面的象征，如隐藏和被动，穿着绿色可能令人产生缺乏创意、平庸的感觉，使人在团体中容易失去参与感。因此，在搭配时，需要借助其他色彩来调和，以确保整体效果更为协调。绿色在特定场合中有着特殊的适用性，它是参加任何环保、动物保育活动及休闲活动时的理想选择。同时，在进行心灵沉潜的时候，穿着绿色也能够营造出宁静的氛围，如图 11-42 所示。

图 11-42　绿色

6. 紫色

紫色是一种优雅、浪漫、充满哲学家气质的颜色，同时散发着一抹忧郁的气息。由于紫色的光波最短，在自然界中相对较为罕见，因此它被引申为一种象征高贵的色彩。淡紫色所呈现的浪漫气息中蕴含着高贵、神秘及高不可攀的感觉；而深紫色和艳紫色则展现出十足的魅力，带有些许狂野和难以捉摸的华丽浪漫。正因如此，穿着紫色需要注意场合的选择。不当的时机、地点或个人状态可能会导致紫色的穿着给人高傲、矫揉造作、轻佻的错觉。在人们渴望展现与众不同，或在表达浪漫中蕴含神秘感的时候，选择穿着紫色的服饰就显得格外合适，如图 11-43 所示。

图 11-43　紫色

7. 橙色

橙色是一种温暖的、包含温情的颜色，给人亲切、坦率、开朗、健康的感觉。介于橙色和粉红色之间的粉橘色，则在浪漫中蕴含着成熟的气息，令人感到安适、宁静。需要注意的是，如果搭配不当，橙色可能会给人以老土俗气的感觉。橙色被认为是从事社会服务工作时，尤其是需要展现阳光般温情的场合中最适合的色彩之一。其活泼、热情的特质使之成为传递温暖和关怀的理想选择，尤其在医疗、社工等领域的专业形象中十分常见，如图 11-44 所示。

图 11-44　橙色

8. 棕色

棕色于典雅中蕴含安定、沉静、平和、亲切等意象，给人以情绪稳定、容易相处的感觉。然而，如果搭配不当，可能会使整体形象显得沉闷、单调，缺乏活力。在不想过于引人注目时，褐色、棕色、咖啡色系也是很好的选择，如图 11-45 所示。

图 11-45　棕色

本章小结

本章介绍了商务着装礼仪的核心概念及其重要性。正式商务活动分为不同规格，不同的礼仪级别对应着不同的着装要求（dress code）。依照礼仪级别从高到低分别为白领结、黑领结、酒会礼服、商务正装和商务休闲装。本章分别详细阐述了男性、女性在不同级别的商务活动中常见的着装形式。男士商务着装一般以西装套装为主，需要遵循约定俗成的穿衣法则。女士商务着装在款式和颜色上更加灵活，但也因此更加考验个人的搭配功底与审美水平。在遵循商务礼仪的前提下，女性可以更多考虑衣物的面料质感、细节设计及色彩组合，通过着装展现个人风采。

第 11 章 沟通的礼仪：职场着装

得体的商务着装不仅是个人气质、修养与内涵的体现，更是对自己与他人的尊重。在选择商务服装时，无论男性或女性，干净舒适、简约大方都是基本的前提条件。在当今社会人际交往的礼仪中，着装礼仪是一个重要的组成部分。衣着在一定程度上反映了一个人对待工作和生活的态度。仪表与着装也直接影响他人对个人工作能力以及专业程度的判断。因此，职场人士需根据自己的职业与职位，在不同场合恰当地选择商务着装。

课后练习与讨论

1. 同一个人的不同着装会给人不一样的感受吗？为什么？
2. 商务环境中为什么需要注意着装？男性和女性分别需要注意哪些要点和细节？
3. 不同的颜色传递着什么样的信息？

案例模拟

阅读下文案例，分析小清为什么一直无法得到录用通知书。

一家律师事务所近期发布了一则招聘办公室文秘的通知，吸引了众多应聘者。其中，硕士毕业的小清凭借读书期间的优异成绩，成功进入面试环节。小清五官端正，身材高挑匀称，流利的英语更是为她加分不少。面试当天，她穿着心爱的迷你裙，携带着毕业后新购的名牌手袋，嘴唇上涂着最新款的鲜红色唇膏，轻盈地走进了面试地点，并坐下准备迎接面试。虽然小清有些紧张，但她努力保持微笑，习惯性地跷起二郎腿等待着面试官的提问。然而，出人意料的是，三位面试官交换了一下眼色，其中一位面试官开口说："张小姐，我们已经仔细研究了你的资料，请回去等待通知吧。"小清喜形于色："好的！"挎起小包便走出了面试地点。然而，两周过去了，小清一直没有收到任何通知。

即测即练

自学自测 扫描此码

第 12 章

沟通的权衡：时空情境

从古至今，人际交往行为都发生于特定的时间背景与空间场合之中。《淮南子》中讲道："往古来今谓之宙，四方上下谓之宇"，将人们所生活的宇宙解释为过去和未来间无穷无尽的时间和六合八荒中广袤无垠的空间。在生活节奏不断加快的当下，许多沟通者在沟通过程中将大量注意力集中于言语和非言语沟通技巧的选择应用之上，却忽略了对于沟通时空情境的认真思考与规划。

在某种意义上，沟通的时机、场合以及人际心理与物理的距离等情境决定了沟通效果的初始水平，而个人的沟通策略与技巧则在此初始水平之上，有限影响着沟通效果的增益与减损。处于适宜的沟通情境中，沟通者高明的沟通技巧可以与之相得益彰，获得出乎意料的良好效果；即使沟通者技巧平常，别无出彩之处，只要没有过分的失误，沟通效果也会差强人意。反之，处于不当的沟通情境当中，即使沟通者技艺高超，也未必可以抵消情境造成的负面影响；如果沟通者本身的沟通技巧平庸寻常，更会令沟通效果雪上加霜。正因如此，沟通者应当充分关注沟通情境，尽量为每段沟通选择适宜的时空情境，以达到最佳的沟通效果。

对于沟通时空情境的思考，本章还引入了沟通的动态平衡这一与沟通行为中各个方面因素高度关联的理念，强调沟通不仅是一门兼具逻辑性与系统性的科学实践，更是一种在人际互动中不断调适的艺术。这种动态平衡涉及时间、空间、情感与认知等多个维度。时空情境为沟通设定了行为的外部边界，认知与情绪则为沟通的行为选择提供了内部支持。通过动态平衡的实现，沟通者能够在多变的情境中寻找最优策略，从而更高效地传递信息、表达情感并建立信任。

本章将以沟通的时空情境的定义为出发点，帮助大家了解时空情境的具体含义，并在此基础上介绍在现实沟通活动中如何选择时空情境的具体方向。此后将结合日常沟通的情境，梳理沟通过程中的常见时间和空间元素，从而进一步帮助大家掌握沟通的基本原则。在此之后，本章重点介绍了沟通的动态平衡这一概念，帮助大家进一步全面地理解沟通，掌握在沟通之中灵活变通、适应调整的能力。

12.1 沟通的时机

《论语》中有这样一段问答：孔子向公明贾询问公叔文子是否如传闻一般"不言"，公明贾评价说："夫子时然后言，人不厌其言。"意思是说公叔文子总是在合适的时机下才开口说话，因此人们绝不会厌弃他说的话。孔子因此感叹道："其然？岂其然乎？"通过两个反问表达了他对公叔文子选择说话时机能力的赞叹。类似的问答同样出现在墨子与他的弟

子子禽之间。子禽问曰:"多言与少言,何益?"即询问他的老师,多说与少说究竟哪个更好。墨子回答说:"蛙与蝇,日夜恒鸣,口干舌擗,然而不听。今观晨鸡,时夜而鸣,天下振动。多言何益?唯其言之时也。"他通过巧妙地举例,将"苍蝇、青蛙日夜鸣叫,直至口干舌燥也无人认真去听"与"雄鸡只在黎明时分啼叫,却能令天下震动,人们早早起身"的两种情况进行对比,向弟子说明了"多说话并没有什么好处,重要的是要在合适的时机下说话"的道理。

正如上述两段问对当中先贤们所评述的那样,如果沟通者在不合适的时机之下发起一段沟通,往往会令沟通对象产生厌恶的情绪,使其进入防备与警惕的状态,质疑沟通者的表达能力,甚至怀疑沟通者发起这段沟通的用心。如果沟通者每时每刻都在谈论某一话题或事件,则往往会令沟通对象在厌恶的同时逐渐失去对这一话题的重视,对于沟通者所说的话充耳不闻。反之,如果沟通者能够恰到好处地选择沟通的时机,沟通对象则更可能回应以认可、重视的积极态度,使双方达成更佳的沟通效果。

12.1.1 时机的定义与选择

沟通的时机有宏观与微观之分。在宏观视角之下,所有沟通参与者都生活在复杂的外部环境之中。借鉴管理学中分析组织外部宏观环境的 PEST 分析法,沟通参与者所生活的宏观外部环境划分为政治、经济、社会与科技四个层面。在此基础上,沟通的宏观时机则可以被定义为一段沟通发生时的政治形势、经济状况、社会风气与科技水平的集合。

具体而言,上述四个构成宏观时机的层面又分别包含许多因素。在政治层面,宏观时机由政治制度、经济体制、资源与环境政策、国际环境、政局稳定情况与法律法规动向等多个因素组成。在经济层面,宏观时机包括经济政策、国际贸易环境、经济发展水平与经济结构等等。在社会层面,宏观时机由人口因素、社会结构、心态观念、社会文化和生活条件等因素共同构成。在技术方面,宏观时机包括新技术、技术产业化和知识产权等多个因素。

宏观时机代表了一个地区、一个国家乃至整个世界在某一时间的状态与演变趋势,对于绝大多数生活在其中的人而言,这样的状态与演变趋势对其生活方式、生存条件、思想观念与未来预期等具有不可抵抗的影响力,从而也影响着沟通的效果。因此,沟通者需要确保自己所选定的沟通主题和沟通目标与宏观时机相符合,以此展示自己对于实际情况的分析判断能力,获取沟通对象的关注、认可与信任。诸葛亮在与刘备初次相见时对当时的政治形势进行了详尽的分析,认为:曹操"拥百万之众,挟天子以令诸侯,此诚不可与争锋";孙权"国险而民附,贤能为之用,此可以为援而不可图也";荆州"用武之国,而其主不能守";益州"民殷国富而不知存恤,智能之士思得明君"。在此基础上,他提出了"跨有荆、益,外结好孙权,内修政理"的策略。站在后世的视角进行分析,诸葛亮在这场"隆中问对"中展示了自己对于宏观政治时机清晰准确的分析,他所提出的战略规划也与他所分析的政治时机紧密贴合,拥有较高的可行性。这就体现出了他获取、分析与利用信息的能力,使他一举获得了刘备的信任。如果沟通者选择的沟通内容与宏观时机相悖,会令沟通对象产生不合时宜、异想天开的感受,使其对沟通内容做出消极回应,同时也会以负面

态度评价沟通者。四处鼓吹骑士精神却被所有人嗤之以鼻的堂·吉诃德就是这种情况的典型案例。

一般情况下，沟通者如果长期处于某一种宏观环境之中，会在很大程度上潜移默化地形成对于所处环境的认知，从而避免发表不合时宜的言论。如果沟通者新近迁入一个不同宏观环境的地区或是与处在不同宏观环境中的沟通对象进行交流，则应尽量在沟通前对不熟悉的宏观时机如政治、经济与文化等方面进行了解，避免无意之中造成不必要的误解。

在微观视角下，沟通的时机可以定义为沟通参与者身心状态的集合。如果沟通双方都处于能量充沛、情绪稳定的状态之下，往往可以用更为平和、理性的态度面对沟通主题与沟通目标，使沟通达到更佳的效果。如果沟通者选择在沟通对象状态不佳时沟通，可能令对方厌恶或者敷衍以待。如果沟通者选择在自身状态不佳时主动开启沟通，可能会浪费沟通对象的时间，也会被认为是一种不尊重沟通对象的表现。当然，在一些特殊情况下，沟通者会刻意利用沟通对象的不良状态实现沟通目的。譬如，消磨体力、挑逗情绪都是比较常见的谈判策略。沟通对象在沟通前后的日程规划是其身心状态的重要影响因素，如沟通对象在长时间、高强度的工作之后很可能身心俱疲，在重要的活动之前往往无法集中精神等。因此，沟通者在选择沟通时机时应尽可能对沟通对象的日程规划做一了解。

需要注意的是，在某些情况下沟通者不得不在不合适的时机下开启沟通或表达不合时宜的内容，这些情况对于沟通者的沟通技巧与个人能力提出了更高的要求。例如，战国末期秦国一统天下已是大势所趋，唐雎却出使秦国劝说秦王放弃夺取安陵之地，这种逆势而为显然是一种不合时宜的尝试，但是在家国大义之下唐雎又别无选择。为了实现这一目标，他先说"安陵君受地于先王，不敢易也"，用"安陵君眷恋祖地，不愿离开"的拳拳深情殷切恳求；又说"若士必怒，伏尸二人，流血五步，天下缟素"，用"一旦自己被激怒，将会刺杀秦王，令天下易主"这样的话语威胁恫吓；最后甚至不惜舍生忘死、拔剑而起，通过实际行动展示自己宁愿身死也要刺杀秦王，保卫安陵君的决心，这才得以迫使秦王放弃了名为易地，实则吞并的计划，达到了保全安陵之地的目标。如果没有高超的沟通技巧与充足的胆识谋略，这样逆势而为的沟通显然只能是无功而返。

12.1.2　沟通时间安排

在宏观和微观时机的基础上，具体的沟通时间也影响着沟通效果。在主流社会的人际交往和沟通活动之中，沟通者的时间安排往往反映其工作与生活的习惯，展示其对沟通对象的态度。

在不同的沟通活动场合之中，不同的到场时间往往能够传达沟通者的许多信息。对于一些重要的商务工作与会议场合，如果沟通者选择提前到场，通常可以获得一段了解现场情况、平静情绪并准备个人发言的时间，也可以体现自己对于此商务活动重视与尊重的态度。在参加应聘或者答辩时，沟通者多以提前到场为宜。如果沟通者精准地按照约定时间到场，也是一种表达其对于时间的准确把控，传递其严谨工作态度的方式。与此同时，这种行为也暗含有沟通双方身份对等，足以分庭抗礼的含义。在势均力敌的谈判之中，沟通者一般可以选择恰好准时到场。如果沟通者晚于约定时间到场，不仅自己会比较仓促，也往往会令其他与会者感到不受重视。当然，有时沟通者的迟到也可能源自一些不可抗的客

观原因，此时沟通者应尽量轻声入座，避免干扰活动的正常进行。

在社交场合，如果沟通者选择提前到场，甚至帮助主办者共同进行准备，可以展现其热情的态度，展示双方亲密的关系。然而，在有的文化环境中，提前到场也可能令社交活动的主办者感到压力，产生招待不周的担心。一般而言，对于类似宴会、酒会等社交活动，适当稍晚于约定时间到场不会传递负面信息，也可以为主办方预留出充分的准备时间。

需要注意的是，上文介绍的到场时间及其传递的信息只是一种较为常见的情况。由于文化多元性的存在，不同文化对于沟通活动参与者的到场时间可能形成了不同要求，对于到场时间所传达的信息也存在差异化的解读。因此，当沟通者处于某一新的文化环境中时，应对当地相关的风俗习惯进行充分了解，以便对到场时间进行妥善安排。

沟通的时效性在沟通时间的安排中也非常重要。一方面，沟通者希望传递的信息内容可能就具有一定的时效性，只有在最短的时间内令沟通对象获悉才能发挥出最大的功效，如果因为沟通时间的安排不当导致信息失效，就会造成巨大的损失；另一方面，沟通者所选择的沟通时间本身也在向沟通对象传递信息，沟通者的及时沟通可以展现出其严谨认真的态度，对沟通的拖延推迟则可能令沟通对象产生负面感受。

12.1.3　沟通节奏把握

沟通节奏是指一段沟通中信息传递与话题切换的速度。前者在言语沟通中反映为沟通者的信息量、语速及停顿、思考的时间，在类似邮件和电子信息的书面沟通中反映为每次回应间隔的时间；后者则在言语与书面沟通中统一反映为切换话题的频率与方式。在一段人际沟通过程中，沟通节奏也可以理解为沟通者与沟通对象你来我往的交流频次、信息质量、彼此对信息的反馈速度等方面。

沟通节奏是个人性格特点与行事风格的外在表现，也是一种对沟通事件的隐形态度与信息。不同的个人内在性格特质和沟通事件的轻重缓急都会对沟通节奏有所影响。譬如，雷厉风行的人通常语速较快、停顿较少，在沟通中会简明扼要地完成对每一个话题的交流，迅速直接地切入下一个话题。当然，在遇到特殊的沟通对象、环境或事件时，其沟通节奏也会有所变化，这往往也是一种隐性信息的传达。心思细腻的人往往语速较慢，经常需要停顿思考，在沟通中会对每个话题反复推敲，在切入下一话题之前也会进行一定的铺垫。同样，在特殊的事件或情境的激发下，这种沟通者的沟通节奏同样会出现变化，传递出隐性的信息。

一般而言，沟通者习惯的节奏并不能适用于所有沟通活动，也不会为所有沟通对象所喜欢。因此，需要根据每段沟通的实际情境而适当地调整节奏。譬如，面对紧急事务时，应在保障信息准确传递的前提下尽量加快沟通节奏。当沟通双方的沟通意愿存在差异时，沟通意愿更强的一方可尝试主动配合对方的沟通节奏。在东方文化中，当沟通双方的年龄存在差距时，年轻者一般需要主动配合年长者的沟通节奏。

12.2　沟通的场合

在《论语·乡党篇》中记载："孔子于乡党，恂恂如也，似不能言者；其在宗庙朝廷，

便便言，唯谨尔。"这段话体现了孔子处于不同的场合之下对于沟通主题与沟通方式的不同选择。家乡对于孔子而言是一个亲切愉快的地方，他所面对的沟通对象都是父老乡亲。在这样的场合之中，孔子既无须刻意谈论高深的话题引人关注，也不必通过口若悬河的论述说服他人，因此他才会选择以看似木讷的方式与乡人沟通最朴素的话题，在潜移默化中教化乡里、移风易俗。庙堂是讨论国家大事的所在，他所面对的直接沟通对象是国君与臣属，每一句话都可能对国家未来产生深远的影响。因此，他的每一次发言虽然都流畅清晰，却又慎之又慎、字字斟酌。

事实上，在现实生活的沟通之中，绝大多数沟通者都面临着与孔子相同的情况。不同的场合适宜谈论的话题各有不同，又会帮助沟通者向沟通对象传递差异化的信息。因此，在现实沟通活动中，对于场合的选择颇为重要。

12.2.1 场合的定义与选择

场合具体指一段沟通所发生的空间的特点，主要包括功能属性、私密性与特殊意义三个方面。对于沟通者而言，空间的功能属性应是选择沟通的场合时所需考虑的首要因素。所谓功能属性，是指绝大多数人造场所在其建成之初就已经确定并明示的用途。譬如教室用于教学与自习，图书馆用于存储书籍、查阅资料，办公室用于工作，影院、游乐场用于休闲娱乐，等等。如果所选空间的功能属性与沟通主题不相适应，会对沟通效果产生负面影响，阻碍信息的传递。比如，选择一个混乱嘈杂的娱乐场所沟通工作往往就是一个糟糕的决定。

在选择沟通的场合时，考虑空间的私密性可以帮助沟通者消除意料之外的负面情况。环境心理学中将私密性定义为个体对接近自己或自己所在群体的一种选择性控制。个体对空间环境中其他接近者的控制力越强，则私密性往往越高。举例而言，在企业前台与他人沟通时，沟通者一般无法阻止非目标人群在身边来回经过，因此这一场合私密性较低；在独立办公室内与他人沟通时，沟通者一般可以有效避免非目标人群的接近与打扰，因此这一场合私密性较高。

在日常生活，沟通双方谈论的话题如果与个人生活、工作机密无关，一般无须担心私密性问题，如果涉及个人隐私或工作机密，则需要格外留心。一方面，空间场合中可能存在利益相关者，他们可能利用沟通双方交谈中传递的信息为自己牟利，这种行为可能会对沟通双方造成经济或情感上的损失；另一方面，即使空间场合中的非目标者与沟通双方谈论的话题并不存在直接关系，他们也可能将所听到的内容作为谈资四处传播，因此对沟通双方的利益造成损害。

有时，沟通者可以通过选择具有特殊意义的场合帮助自己传递信息。某一空间所蕴含的特殊意义可能是由一时一地的文化习俗所赋予的。譬如，在中国传统的宗法制社会之中，祠堂作为祖先神主所在而拥有了极为庄严肃穆的特殊意义，被证实在祠堂信口开河可能会给沟通者带来严重的负面影响。正因如此，族人们往往愿意选择在祠堂解决宗族内部纠纷，敢于在祠堂进行辩论至少说明纠纷双方自认问心无愧。在一些情况下，某一空间所蕴含的特殊含义可能是针对沟通对象而言的，比如，选择在对方熟悉的餐厅用餐，选择对方喜欢

的娱乐活动等等,这样的选择会传递出沟通者对于双方关系的重视。有些时候,沟通者也会选择对于自己存在特殊意义的场合进行沟通。举例而言,家被视为特殊空间中最为私密的一部分,如果沟通者选择在家中宴请沟通对象,往往可以向沟通对象传递出极为鲜明的亲近与信任。

12.2.2 空间规划

在选择合适的情境之外,沟通者同样需要对沟通场合内部的空间规划加以细致的思考。即使身处完全相同的空间场合之中,沟通者仅仅通过调整内部陈设与细节规划,就足以传递出许多不同的信息,为沟通活动营造出截然不同的氛围。比如,在同样的一间会议室中,如图 12-1 所示,领导者如果希望建立权威,可能会选择坐在长会议桌最远端"俯视"下属;如果希望增加参与度,可能会选择坐在长会议桌长边的中间位置听取多方意见;如果希望拉近距离,可能会选择撤去会议桌,与下属围坐一圈亲切交谈。需要注意的是,如果沟通者对于其所选定的场合内具体的规划情况缺乏了解,则宜于正式沟通开始前到场进行调研,在条件允许的情况下根据沟通需要做出相应的调整。

图 12-1 沟通空间规划

在一些情况下,沟通者自有的特属空间也会成为沟通场所。此时,沟通者对特属空间的陈设布置就成为其传递信息的重要方式。沟通者本人的社会地位、经济实力、品位喜好和信仰价值观等均暗含在特属空间的细节规划之中。因此,每个沟通者都应认真整理个人的特属空间,避免因为特属空间的杂乱无序使访客产生负面印象。例如,在学校的多人宿

舍中，每个床位虽然是个人休息的场所，但同样属于共同拥有的空间。如果一个床位一直保持混乱且卫生状况差，不仅是对舍友的不尊重，同时也会让外人对床位使用者的自理能力或对各项任务的处理能力产生怀疑。

在商业环境中，企业的空间风格不仅是装饰性的元素，更是对企业文化的有力体现。大到企业的结构规划、装修风格与房间安排，小到企业的门牌样式、桌椅材质与装饰选择都可能成为他人了解、评价企业整体状况与企业文化的标准之一。一家结构异常、装修陈旧且狭小的企业有时会招来客户对其资产和信誉的质疑，相比之下，一家明亮宽阔、规划先进、陈列大气的企业则更容易获得合作者的信任。对于工作者个人而言，在工作场所中的办公室或工位，其功能同样不仅限于处理公务，还包括向同事或合作者传递其所有者的个人状况。一个干净整洁的书桌代表着规范的工作态度，桌角摆放的绿植或鲜花象征着对美好生活的热爱和环境意识。相反，一个杂乱无章的办公室或工位则展示了一个人混乱无序的工作状态。

12.3 沟通的人际距离

在人际交往中，空间距离不仅体现为物理间隔，更是一种心理与情感的界限。无论日常生活还是职场互动，每个人都希望寻求恰当的距离，以既享受亲密交流又维护自身舒适与安全。正如"刺猬法则"所揭示，交往距离的把握是一门微妙的艺术：距离过近易致不适，过远则显疏离。人际交往空间的研究正是基于对此距离感的深刻洞察，探讨在不同情境、关系与文化背景下，如何通过合理距离的掌握促进有效沟通与良好关系的构建，不仅揭示了人类行为的普遍规律，更为实践提供了重要启示。

12.3.1 人际交往空间

在人际交往的相关研究中，存在一个著名的"刺猬法则"。这一法则通过描述在寒冷冬季相拥取暖的两只刺猬展示人际交往中距离的重要性。相拥取暖的刺猬如果距离过近就会扎伤对方，但如果距离过远就会寒冷难耐。最终两只刺猬通过尝试磨合找到了最佳的距离。现实生活中的人际交往同样具有类似的特点，许多人与一些初次相交的人非常投契，迫不及待希望了解对方。然而，随着了解加深，对方的缺点逐渐显现，双方反而经常发生矛盾。这样的情况在朋友、情侣、夫妻、师生甚至上下级之间都很常见。因此，在人际交往之中人们需要注意保持适当的距离，在保持彼此间美好印象的基础上避免因过于亲密而造成潜在伤害。

刺猬法则描述的人际距离偏向于心理与情感层面。与之类似的，在具象的物理空间之中，人们同样需要注意保持一定的交往距离，这就是人际交往空间的概念。人际交往空间（personal space）是指在人际交往过程中，人与人之间需要保持的必要距离，包括对空间的掌握和身体接触的运用。事实上，每个人在人际交往过程中都会在周围为自己划定一片可以掌握的空间，这个空间如同一个无形的气泡，为个体提供了一种隔离和独立的领域。然而，人们通常难以迅速准确地感知他人希望维持的人际交往空间，甚至对自己需要的人

际交往空间都不甚明确。这是因为人们都像前文提到的互相取暖的刺猬一样,渴望拥有不受干扰的安全空间,同时又渴望靠近他人并与之建立交流。因此,在个人所需的人际交往空间被突破之前,人们往往会选择相互靠近,而一旦固有的交往空间被突破,人们又会因此产生强烈的不安与不适,进而选择扩大相互之间的距离。最终,人们会通过相互试探磨合确定与不同人之间合适的人际交往距离。

然而,需要明确的是,人际交往的空间距离并非一成不变,周围的安全范围是具有一定伸缩性的,而这取决于具体的情境、交流双方的关系、社会地位、文化背景、性格特征及情感状态等多方面因素。有学者曾经通过对来自不同文化背景的个体进行调查,发现社会地位、文化背景和个人特征会显著影响人与人之间的安全距离。举例而言,在权力距离较大的国家,下属与上级之间的安全距离通常较远;而在权力距离较小的国家,下属与上级之间的安全距离相对较近。对于身在异国他乡的留学生而言,当遇到来自相同地区的同学时,由于共享文化、语言、宗教、信仰等的一致性,心理上的戒备会相对降低,彼此间的亲近倾向也更为明显。这突显了在人际交往中,不同背景和环境的差异对于安全距离的需求有着显著的影响。

理解并掌握个人空间距离,学会在与他人互动时保持松弛感,具有极其重要的意义。在有限的相互作用空间内,不同社会群体对于空间侵犯的感受呈现出明显差异。研究表明,相较于男性,女性更容易遭受个人空间的侵犯,这主要源于社会化过程中对女性形象的符号化,这些符号往往使女性处于多方面的劣势[1]。案例1中的小华,虽然是一个热情、助人为乐的人,却因在人际交往中缺乏对安全空间距离的认知而频繁侵犯同学的私人领域。这种助人未遂的尴尬局面导致了同学对她的反感,给双方的交流带来了困扰和误解。

微案 1

小华没有朋友

小华是一个刚刚踏入大学的新生,她以热情开朗、乐于助人自居,总是愿意在同学面临困难时提供热心的帮助,倾听同学的心事,并积极分享自己的喜悦。然而,小华发现同学对于她的热情的反馈并不积极。在与他人交谈时,她感觉到别人总是下意识地想要迅速结束谈话,或者有意避开与她互动。这让她感到困扰,产生了对自己是否不再优秀的疑虑。

原来,小华从小到大一直是老师和家长眼中的模范学生,在班级中长期担任班长,拥有很高的"班级地位"。由于这些过往经历,她逐渐养成了一种紧盯对方、贴近交流的习惯,以展现自己与群众打成一片的形象。然而,她过于热情的交流方式使得大学同学对她产生了不适感,觉得自己的个人空间受到了侵犯,因此选择尽量避免与她交流互动。

美国人类学家爱德华·霍尔将人与人之间交往的空间距离划分为四种:公众距离(public distance)、社交距离(social distance)、个人距离(personal distance)及亲密距离(intimate distance)。在此基础上,他对这四类安全距离进行了详细总结,概括了在不同场合下人际

---

[1] Remland M S, Jones T S, Brinkman H. Interpersonal distance, body orientation, and touch: effects of culture, gender, and age[J]. Journal of Social Psychology, 1995, 135(3): 281.

交往的距离和意义，如图 12-2 所示。

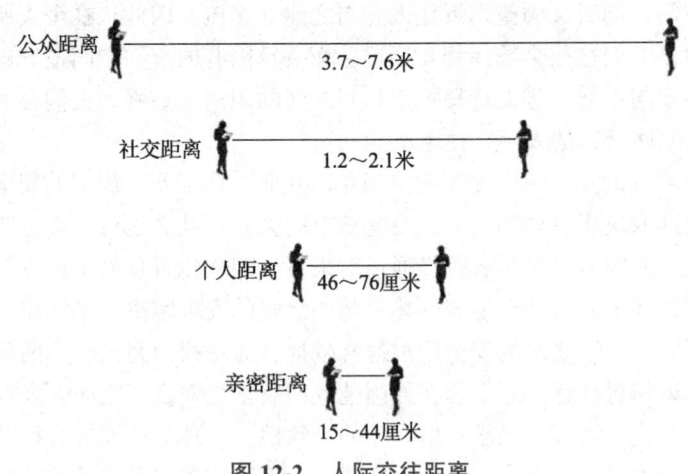

```
公众距离  ┠─────── 3.7~7.6米 ───────┨

社交距离       ┠───── 1.2~2.1米 ─────┨

个人距离            ┠── 46~76厘米 ──┨

亲密距离                ┠ 15~44厘米 ┨
```

图 12-2 人际交往距离

公众距离通常为 3.7~7.6 米，适用于公众演讲的场合，比如，在表演者与观众、政客与民众、名人与崇拜者之间。在这个理想距离上，人们可以看到、听到演讲者，但是无法触碰到彼此。此时的肢体语言将显著影响人们对演讲者的态度。例如，演讲者昂首阔步行走，给人们留下目标明确、地位重要的印象。

社交距离一般为 1.2~2.1 米，它适用于公开场合。一般而言，这一距离可以满足公务交谈的需要，但对于私密谈话则显得疏远。在社交距离下，人们可以观察对方的表情和动作，对微表情的解读相对后两种距离稍弱，且基本不能触碰到对方的身体。

个人距离即私人空间，一般为 46~76 厘米。这个范围适用于朋友、家庭成员或相对熟悉的人之间的交往。在这个范围内，沟通参与者彼此感觉亲近，更容易建立私人关系。但有时候，由于具体情境，如双方地位、熟悉程度、性别差异等，沟通者可能因为建立亲近关系而感到不适，从而影响沟通效果和人际关系。个人距离主要应用于非公开场合，在这个范围内，虽然可以观察到微妙的表情和动作，但不能轻易触碰到对方的身体。

亲密距离一般为 15~44 厘米，适用于配偶、伴侣、子女和亲密的朋友之间。在这个距离范围内，人们可以窃窃私语、进行爱抚，轻松观察到对方的微妙表情和动作。然而，这种距离不太适用于公开场合。

在社交活动中，选择合适的人际交往距离的关键通常包括：判断场合的公开或非公开性，理解与他人的关系、对方的背景以及交往的性质和初衷。在一些商务交流场合里，很多人在初次相遇时会因缺乏了解而难以获取足够的信息去进行判断，此时或许可以通过在选择一个设定距离后再去观察对方脚步移动去判断人际交往距离是否合适。实际的人际交往距离受到多种因素的影响，包括文化背景、性格特征等。因此，在交往中，应灵活运用这一方法，并结合其他现场因素进行判断，以确保人际关系的顺畅和舒适。

12.3.2 商务社交中的肢体接触礼仪

在商务社交行为中常常会有一些肢体接触，如握手等，目的是促进友好交流与合作。

有研究表明，一定的身体接触可以增进沟通者之间的亲近感和好感。在肢体接触方面，常见的商务社交礼仪包括握手、拥抱和贴面礼等。

握手是一种在商务场合频繁使用的礼仪，初衷在于帮助会面双方建立积极友好的联系和合作发展的意向，是人际交往接触的一种典型形式。握手作为一种商务沟通礼仪，通常是使用右手并让掌心与对方的右手接触，握手的力度适中，动作自然（见表 12-1）。握手时间一般在三秒左右，当然也常会根据具体情境和双方关系的不同而有所不同。虽然握手有一定的礼仪规范，但其核心还是服务于信息传递与情感表达。例如，1972 年 2 月，美国总统尼克松访华时，他作为客人主动伸出手与周恩来总理握手，表现出美国愿意打破当时中美之间僵局的诚意，而周恩来总理则进行了得体而合适的回应，双方紧密握手长达一分钟，也极大程度地推动了谈判进程。这显示了在一些特殊场合，握手的礼仪也可以有所变通，以达到更好的交流效果。

表 12-1　握手的基本规则

	行　　为	具　体　规　范
礼貌	使用右手	使用右手与人握手。如果右手被其他物品占用，则应首先腾空右手再与人握手
	准确姿态	握手时最好与他人保持一步距离，双足立正，上身微微前倾，稍加用力上下晃动三到四次。女性的动作可以更为温和
	热情大方	眼睛温和地与对方对视，面带微笑
	时间合适	一般以三秒左右为宜
禁忌	先后错序	社交场合，一般由尊者或主人首先伸手
	心不在焉	握手时务必注意力集中，表现对对方的尊重
	不摘手套	握手前务必摘下手套，避免令对方感觉不受尊重
	掌心下压	握手切忌掌心下压，这一动作含有蔑视的含义
	用力不当	握手应适当用力，过于软弱会令对方感觉缺乏诚意，过于用力则会令对方感到冒犯与挑战
	卑躬屈膝	握手时身体只需微向前倾，切忌低头或大幅度地弯腰，这样的动作会令人产生缺乏自信、猥琐粗鄙的印象
	错误用手	握手切忌使用左手、滥用双手或交叉握手

拥抱作为一种常见的商务礼仪，已经逐渐成为人们熟悉的问候方式之一，在西方国家更是常见。通常的商务拥抱礼仪是在双方相对站立一步远的位置进行，当然具体情况也根据当地文化、双方关系和会面情境而定。一般而言，男性的拥抱方式常见于单臂拥抱，或者肩膀互相碰触，抑或一边拥抱一边握手，以表达见面的热忱。在进行拥抱礼仪时，也有一些禁忌需要注意以确保行为得体合宜。首先，忌环抱住对方的腰部，以避免过于亲昵。其次，忌将手搭在对方的肩膀上，同样也是显得过于亲密，不适合商务情境。总体而言，商务礼仪性拥抱是一种常见的肢体交流互动，在具体文化情境中可遵循相应的礼仪规范，以帮助促进积极的沟通与交流。

贴面礼在一些西方国家较为流行，即在见面时两人以面相贴进行问候。这个动作要求双方的节奏保持一致，同时需要展现出开放、积极迎接的态度。值得注意的是，贴面礼常

见于商务社交场合。当客户、同事或合作伙伴向你行贴面礼时，通常表示双方稳定友好的关系和积极合作发展的意向。在真实商务社交环境中，无论是同性还是异性，也不论处于哪个国家，这些商务性质的肢体接触属于高度依赖文化情境的礼仪，因此务必充分了解对方的文化背景，并作出相应的回应。

12.4 沟通的动态平衡

自诞生以来，沟通一直以传递信息与交流情感作为其本质与核心目标。然而，沟通的内涵与外延则随着社会的多元化发展日益丰富。为人们实现相互理解与建立相互信任的过程发挥着愈发重要的作用。从专业学科的角度来看，沟通作为人际交往行为，也是一种兼具科学性和哲学思考的综合实践。一方面，有效的沟通需要具备一定的逻辑性和系统性，在理性分析的基础上，通过传递信息、表达情感和回应去实现沟通目标；另一方面，沟通也是一种对立与和谐、变化与平衡的动态艺术，是在多元关系和复杂情境中不断追求理解与合作的过程。

在实践中，理想的高效沟通对个体的灵活性要求较高。在充分理解沟通的本质和形式（本书前 5 章），并掌握具体情境的策略、方式和方法的基础上（本书第 6～11 章），个体还需要具备敏锐的洞察力以关注动态环境中的变化，从而根据具体的时机、场合及人际关系灵活调整沟通策略（本章），即在对立中寻求统一，在复杂中追求简单，在变化中寻找平衡。良好的沟通并非固定模式的简单复制，而是一种有意识的、动态的适应行为，只有在不断权衡和调整各因素之间关系的基础上，才可能实现真正的高效沟通。

12.4.1 沟通的核心功能

本书开篇提到哈贝马斯的交往行为理论，并指出良好的沟通行为必须建立在三个维度的交互之上：信息传递、情感交流以及信任建立。这些维度揭示了沟通不仅是一种工具性行为，更是一种价值性行为，体现了个体间的寻求合作与共识的意识。

信息传递是沟通的首要功能，这一功能不仅意味着对现实信息的传递，更是个体意识的外显。在管理情境中，信息传递贯穿于问题定位、情境分析、目标设定、任务分配与反馈等环节。有效的信息传递要求信息内容具备准确性、完整性和时效性。无论是发送者还是接收者，都需要基于对信息的理性分析和逻辑加工，才能完成有效沟通。意识不仅帮助个体理解信息的含义，还能够引导个体根据语境对信息作出适应性调整。例如，在危机管理中，领导者需要及时收集和传递关键信息，为组织成员提供清晰的行动指导。这种基于信息交流的沟通注重理性逻辑和事实依据，是沟通动态平衡的理性维度。

沟通不仅关乎理性，更关乎情感。在沟通的过程中，情感的流动是沟通行为的重要补充维度，情感交流为沟通注入温度，增强了人际交往的黏性。情感不仅能够调节个体对信息的接受态度，还会通过反馈的形式影响沟通双方的行为。例如，当信息传递时附带积极情感（如信任与支持），接收者更倾向于采纳发送者的观点。在团队中，沟通者通过表达关怀、同理心和认同感，能够激发团队成员的归属感和认同感。例如，一位经理在面对团队

第 12 章 沟通的权衡：时空情境

士气低迷时，通过真诚的鼓励与肯定，能够帮助团队重塑信心，从而实现更佳的工作状态。情感交流的作用还体现在冲突管理中。当冲突发生时，沟通者可以通过情感化的表达缓解对立情绪，为双方提供共同解决问题的契机。

信任是有效沟通与协作的核心。哈贝马斯认为，交往行为依赖于双方对彼此行为的合理预期和诚意的认可。在沟通中，信任不仅能够降低信息不对称带来的不确定性，还能提升双方的合作意愿。良好的沟通必须建立在信任的基础上，信任不仅是情感维度的深化，更是信息交流得以持续进行的保障。通过发送者与接收者之间的信息与情感交换，双方逐步建立对彼此的信任。这种信任是一种动态生成的机制，其质量会随着沟通的频率、内容和情感深度而不断变化。具体来说，领导者通过透明的沟通机制和一贯的诚信行为，可以逐步积累团队成员的信任，进而提升组织沟通的效率。

在沟通实践中，认知（cognition）与情绪（emotion）作为沟通行为的底色[1]，为上述三大功能提供了深层支持。认知决定了沟通行为的选择性，沟通者在进入任何对话与交流情境时，都会基于自身的底层认知形成对沟通目标、环境、对方特征以及潜在结果的理解和预测。这一认知过程不仅涉及逻辑推断与经验框架，还深深根植于个人的信念体系（beliefs），如文化背景、教育经历、成长环境与导师影响等。首先，信念作为最深层次的认知基础，是沟通者对世界"如何运作"的根本理解，这些信念塑造了沟通者对于关系、权力、道德或情境的看法。其次，信念决定价值观（values），即沟通者认为"什么最重要"。价值观为沟通目标提供了明确的方向和重点，帮助沟通者筛选关键信息。再次，价值观影响态度（attitudes），即沟通者对沟通情境的具体看法和回应方式，态度反映了个人在沟通时的情绪倾向与应对策略。最终，态度直接决定了沟通行为（behavior），即沟通者在特定情境下的具体表现。行为是底层信念和价值观在现实互动中的外在体现。例如，在团队协作中，一个崇尚合作与尊重信念的人，会主动倾听团队成员的意见，表现出合作精神；而一个信奉竞争至上的人，则可能更倾向于强硬表达个人观点，甚至在沟通中占据主导地位。

情绪，作为另一个支撑并影响沟通的底色，是认知所形成理性策略的有效补充，赋予沟通行为以情感的动力和感染力。与认知相比，情绪更为柔性，能够直接影响沟通者与接收者的互动质量。例如，积极的情绪如信任、支持和理解，可以有效降低沟通过程中的阻力，增强信息的接受度；而消极情绪如怀疑、焦虑或敌意，则可能导致沟通失败，甚至破坏双方关系。在图 12-3 中，情绪与认知通过双向的互动机制，影响行为层面的沟通效果。认知驱动沟通策略的选择，而情绪则通过非语言信号（如语调、面部表情、肢体语言）潜移默化地影响接收者的情绪反馈。良好的情绪管理能够帮助沟通者在复杂情境中维持冷静、积极的状态，进一步促进沟通目标的实现。例如，在解决冲突时，情绪的控制与表达决定了沟通能否朝向建设性的方向发展，而非进一步激化矛盾。

认知与情绪并非孤立存在，而是相互依存、彼此影响的动态关系。在沟通行为中，认知为情绪提供了理性框架，使沟通者能够清晰理解情绪的来源和表达方式，避免情绪泛滥或失控；而情绪则反过来影响认知的有效性，通过情感共鸣强化信息传递的效果。例如，

---

[1] Source: Munter, Mary, Hamilton, Lynn. Guide to Managerial Communication (10th Ed). Dolan, R. J. (2002). Emotion, cognition, and behavior. Science, 2014, 298(5596): 1191-1194.

当个体处于焦虑状态时，其认知判断可能变得模糊，导致沟通策略失当；而当情绪积极且稳定时，个体的认知能力将更为敏锐，沟通效果也会更好。图 12-3 揭示了沟通行为的本质：在沟通行为的实践中，个体需要通过不断调整认知与情绪之间的关系，实现二者的平衡与协调。这种平衡不仅可以帮助个体在理性与情感之间找到合适的沟通切入点，还能在动态变化的沟通环境中保持沟通的有效性与稳定性。

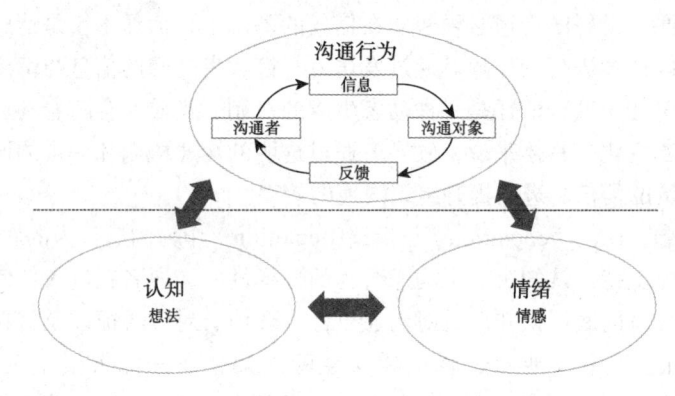

图 12-3　沟通、认知与情绪

12.4.2　沟通的对立与平衡

沟通行为不仅需要科学的逻辑支撑，还蕴含了哲学意义上的对立与统一。有效的沟通本质上是一种平衡艺术，需要在变化与稳定之间寻找最佳路径。沟通中的时机、场合、人际距离等因素彼此相互依存，形成了一种动态平衡的关系，而这种平衡又是沟通有效性的关键所在。

在沟通的过程中，时机、场合和人际距离等因素往往表现出一定的对立性。哲学中的辩证法认为，对立是事物发展的动力源泉，沟通也不例外。只有在对立中寻找可能性，沟通行为才能获得动态调整的灵活性。例如，面对不同的人际关系时，沟通可能需要采取正式与非正式的不同策略；在不同的时机下，沟通的内容与语气也需要灵活调整。

动态平衡的概念来源于哲学中的和谐理论。和谐并非静态的状态，而是对立双方在变化中寻求的短暂稳定。正如前面的章节中所提到的"刺猬法则"，个体之间需要保持适度的距离，以避免过于亲密带来的不适，同时也要防止疏远导致的隔阂。例如，人际距离的动态平衡即沟通双方在物理空间与心理空间中找到的舒适点。同时，动态平衡也并不意味着简单的妥协，而是寻找对立双方的共同利益点。管理者需要通过对文化背景的理解和尊重，创造一个包容性的沟通环境，以实现文化间的和谐。例如，在跨文化团队中，成员可能会因文化差异导致沟通障碍。

动态平衡的哲学意义在沟通中有着深远而重要的实践价值。就哲学层面而言，动态平衡并非一种静止或一成不变的状态，而是一种在不断流动与调适中追求和谐、整合与创造的新境界。在沟通的过程中，这种平衡体现为言语与非言语之间，情感表达与理性分析之间，以及个体需求与集体利益之间的协调与适应。通过维持这种动态平衡，沟通者能更有效地建立共识，减少冲突，促进合作。首先，个体需要在多变的沟通情境中保持敏锐的适

第 12 章　沟通的权衡：时空情境

应能力，具体表现为根据沟通对象的特点、沟通目标的需求以及沟通场合的变化灵活调整策略。其次，沟通行为的动态性也要求个体能够在多样化的沟通模式中找到共性，形成统一的沟通风格。例如，在正式场合中保持职业性，在非正式场合中注重情感互动，这种灵活性能够帮助沟通者建立更为广泛的信任网络。

总的来说，以上立足哲学的沟通分析揭示了沟通行为中对立与平衡的复杂关系。动态平衡的最终目标是从变化中发现规律，从而建立稳定的沟通机制。沟通者需要认识到每一个沟通场景都是独特的，同时也需要把握共性与变通的原则，在动态变化中寻求最优的沟通策略。

当然，我们也谦逊地承认，动态平衡的哲学维度远不止于此，它牵涉到对于人性、认知、文化以及伦理层面的更深远思考。这是一个庞大而复杂的研究领域，笔者在本书的这一部分仅能点到为止。然而，对于有志于深入探索沟通艺术的大家，笔者将在书的最后一章提供进一步的研究方向和资源，为有志于深入理解这一领域的大家提供更广阔的理论空间与实践方向。

本章小结

整体而言，本章聚焦于沟通发生的情境，从时间与空间两个维度对沟通情境进行了详细介绍。12.1 节以沟通的时间背景为主要内容，将沟通的时机划分为宏观与微观两类，对其分别进行了明确的定义，并介绍了时机选择时需要考虑的重要因素。在此基础上，12.1 节引申讨论了关于沟通之中时间安排与节奏把握的相关内容。

12.2 节以沟通的空间环境为主要内容，对沟通发生的场合进行了清晰的定义，展示了与沟通场合选择相关的重要因素，在此基础上介绍了空间内部陈设安排与私属空间管理的基础知识。12.3 节在 12.2 节的基础上加以延伸，介绍了人际交往距离的概念和商务社交场合的相关礼节。

从第 1 章至本章的前半部分，本书通过对共同行为进行不断地分类与拆解从不同种类、不同维度为大家展示了不同沟通行为的各种特点。本章的 12.4 节则引入了一个总领各类沟通活动的核心——沟通的动态平衡。这一理念强调了沟通在对立与和谐、变化与平衡间不断取舍的艺术性，引导大家在多元关系和复杂情境中通过沟通行为不断追求相互理解与合作共赢。

通过本章的学习，大家可以更好地理解恰当的沟通时机与场合对沟通效果的重要影响，掌握一些具体的时空影响因素和操作方法，并且站在理性与感性交织、对立与合作相融、科学与艺术并举的角度全面地理解沟通行为，并在未来生活工作的各种沟通中实现更加满意的效果。

课后练习与讨论

1. 宏观与微观沟通时机分别可以划分为哪些方面？在实际沟通中应该对其进行哪些思考？
2. 应该如何安排合适的沟通时间？在沟通过程中如何把握时间节奏？
3. 什么是沟通的场合？在实际沟通中应该从哪些方面选择沟通场合？

4. 沟通者应该如何规划沟通场合的内部空间？
5. 不同的交往距离分别展示了怎样的亲密度？
6. 商务社交中，涉及肢体接触时有哪些礼仪要求？

案例模拟

阅读下文材料，分析小清出现人际沟通困扰的原因。

小清以卓越的成绩毕业于一所名校，职场表现也非常出色，业绩屡次名列前茅。然而，她在人际沟通方面却频频遇到问题。最近，她察觉到同事们好像不太愿意与她合作，一起聚餐也不再邀请她。甚至在今天公司晨会后，她发现一直以来欣赏她的主管似乎对她的支持有所减弱。对于自己是否犯错，她感到困惑，甚至开始考虑是否需要换一家公司。

今天的晨会由集团公司总经理亲自主持，具有重要意义。每个部门经理带领两位核心团队成员参与。小清很高兴她的部门经理选择带她参加此次晨会。会议的最后环节是各自发表对公司的意见，这是例行程序。然而，对她来说，这变成了一次意外的机会。她从公司管理到个人工作提升等多个方面进行了长达十几分钟的发言，提出了各种意见和建议。

一开始，部门经理还带着微笑，仿佛对新人时刻为公司着想感到满意。然而，随着她言辞的深入，情况逐渐变得尴尬。好像公司里除了她，其他同事都没有付出努力一样。其他同事开始显露反驳的迹象。最终，部门经理中断了小清的发言，补充了几句后将话题转交给其他部门的同事。小清略显遗憾，似乎还有一些话未能说出口。

即测即练

自学自测　扫描此码

教师服务

感谢您选用清华大学出版社的教材！为了更好地服务教学，我们为授课教师提供本书的教学辅助资源，以及本学科重点教材信息。请您扫码获取。

❯❯ 教辅获取

本书教辅资源，授课教师扫码获取

❯❯ 样书赠送

企业管理类重点教材，教师扫码获取样书

清华大学出版社

E-mail: tupfuwu@163.com
电话: 010-83470332 / 83470142
地址: 北京市海淀区双清路学研大厦 B 座 509

网址: https://www.tup.com.cn/
传真: 8610-83470107
邮编: 100084